高职体育与健康教程

主　　编	王磊义	饶　浩	林洋洋		
副主编	崔　燕	赖周林	刘　东	韦立阳	
编　　委	黄毅杰	朱世霞	刘　倩	张　杰	
	邓　丽	蔡翠萍	何　流	周美玲	
	刘　军	刘　源	王　继		

北京理工大学出版社
BEIJING INSTITUTE OF TECHNOLOGY PRESS

版权专有　侵权必究

图书在版编目（CIP）数据

高职体育与健康教程 / 王磊义，饶浩，林洋洋主编. -- 北京：北京理工大学出版社，2024.5
ISBN 978-7-5763-4098-3

Ⅰ. ①高⋯　Ⅱ. ①王⋯ ②饶⋯ ③林⋯　Ⅲ. ①体育-高等职业教育-教材 ②健康教育-高等职业教育-教材　Ⅳ. ①G807.4 ②G717.9

中国国家版本馆 CIP 数据核字（2024）第 108930 号

责任编辑：时京京　　**文案编辑**：时京京
责任校对：周瑞红　　**责任印制**：施胜娟

出版发行 /	北京理工大学出版社有限责任公司
社　　址 /	北京市丰台区四合庄路 6 号
邮　　编 /	100070
电　　话 /	（010）68914026（教材售后服务热线）
	（010）68944437（课件资源服务热线）
网　　址 /	http://www.bitpress.com.cn

版 印 次 /	2024 年 5 月第 1 版第 1 次印刷
印　　刷 /	三河市天利华印刷装订有限公司
开　　本 /	787 mm×1092 mm　1/16
印　　张 /	17
字　　数 /	390 千字
定　　价 /	49.00 元

图书出现印装质量问题，请拨打售后服务热线，负责调换

前言 Preface

党的二十大报告明确提出："广泛开展全民健身活动，加强青少年体育工作，促进群众体育和竞技体育全面发展，加快建设体育强国。"学校体育教育是青少年体育工作的重要内容，也是学校课程体系的重要组成部分，领会二十大精神，响应二十大号召，加强学校体育教育工作，培养学生体育运动习惯，增强学生体质和健康意识，满足新形势下学校教育质量全面提升的需求，是时代赋予学校教育的重要使命，也是建设社会主义体育强国的阶段性任务。

职业教育与普通教育是两种不同教育类型，具有同等重要地位。高等职业教育是职业教育的重要组成部分，高等职业院校体育课程对落实立德树人的根本任务，培养德、智、体、美、劳全面发展的高素质劳动者和技术技能人才，具有独特和不可替代的作用。

为贯彻全国教育大会精神并落实《中华人民共和国职业教育法》和《高等学校课程思政建设指导纲要》，编者结合多年从事高等职业院校体育教学和科学研究的实践经验编写本书。本书彰显了高等职业院校体育课程的教育性、健康性、职业性和文化性；把思想政治教育贯穿人才培养体系，全面推进高校课程思政建设，发挥好每门课程的育人作用。

全书共十八章，分上、下两篇，分别是基础理论篇和运动实践篇。基础理论篇重点突出最新的理论观点，以体育基本理论为框架，着重于健康理论，注重对体育文化内涵的把握，充分利用体育多功能的特征与健康多元化内涵的一致性，涵盖与职业相关的素质培养方面的知识，努力构建以大健康为导向的体育理论体系，使体育教育与健康教育得以有机结合。运动实践篇安排了高校较普及的常规体育运动项目，增加了学生喜闻乐见的时尚体育项目，旨在激发学生的学习兴趣，增强学生的体育参与意识，提高体育技能，最终养成良好的锻炼习惯和健康的行为方式。

本书概括起来有以下特点。

1. 适用性。本书紧扣体育运动内在规律、职业教育规律和学生认知规律，编排时对内容进行了有针对性的选择和有机整合，既保证各部分内容的相对独立性，又使它们间形成有机的统一，使本书可以适应当前高职体育各种教学模式改革的需要。

2. 可读性。本书根据当今信息技术发展特点和青年学生的阅读习惯进行编写，叙述通俗易懂，便于学生把握相关重点和难点。基础理论篇每章均列出教学目的，提出思考题；运动实践篇则采用了图文并茂的方式，以利于学生理解和掌握相关知识点，并在各章节增加相关信息化教学链接，便于学生自主学习。

3. 实用性。本书贯穿"以人为本"的教育理念，内容选取根据"必需、够用"的原则，以终身体育理念、能力养成和职业发展所需体能与素养养成为主线，具有较强的针对性和实用性。

本书在编写过程中参考了有关学者的研究成果和相关资料，在此，致以诚挚的谢意！限于编写人员的水平，不妥之处在所难免，恳请读者批评指正，以便我们进一步修订和完善。

2023 年 11 月

上 篇

第一章　高职体育与体育文化 ········ 3
　　第一节　体育文化概述 ········ 4
　　第二节　体育文化与校园文化 ········ 6
　　第三节　高职体育教育 ········ 8

第二章　体育锻炼与健康 ········ 11
　　第一节　体育锻炼对身心的影响 ········ 12
　　第二节　体育锻炼的原则与科学方法 ········ 14

第三章　运动卫生与医务监督 ········ 19
　　第一节　体育运动卫生与医务监督 ········ 20
　　第二节　体育运动中常见的不良生理反应及处置 ········ 23
　　第三节　常见运动损伤的预防与处理 ········ 26

第四章　体育与职业发展 ········ 31
　　第一节　营养是身体健康的基础 ········ 32
　　第二节　职业性疾病的预防与体育康复 ········ 38

下 篇

第五章　田径运动 ········ 49
　　第一节　田径运动的分类 ········ 50
　　第二节　田径运动基本技术 ········ 51

第六章　武术运动 ········ 61
　　第一节　武术运动概述 ········ 62
　　第二节　武术运动基本动作 ········ 64
　　第三节　武术套路 ········ 68

第七章　游泳运动 ········ 93
　　第一节　游泳运动概述 ········ 94

第二节　游泳运动基本技术 ... 94

第八章　篮球运动 ... 103
　　第一节　篮球运动概述 ... 104
　　第二节　篮球运动基本技术 ... 105
　　第三节　篮球运动基本战术 ... 113

第九章　排球运动 ... 115
　　第一节　排球运动概述 ... 116
　　第二节　排球运动基本技术 ... 118
　　第三节　排球运动基本战术 ... 125

第十章　足球运动 ... 127
　　第一节　足球运动概述 ... 128
　　第二节　足球运动基本技术 ... 129
　　第三节　足球运动基本战术 ... 136

第十一章　网球运动 ... 139
　　第一节　网球运动概述 ... 140
　　第二节　网球运动基本技术 ... 140
　　第三节　网球运动基本战术 ... 148

第十二章　羽毛球运动 ... 151
　　第一节　羽毛球运动概述 ... 152
　　第二节　羽毛球基本步法 ... 153
　　第三节　羽毛球运动基本技术 ... 156
　　第四节　羽毛球运动基本战术 ... 163

第十三章　乒乓球运动 ... 165
　　第一节　乒乓球运动概述 ... 166
　　第二节　乒乓球运动基本技术 ... 166
　　第三节　乒乓球运动基本战术 ... 175

第十四章　健美操运动 ... 177
　　第一节　健美操运动概述 ... 178
　　第二节　健美操运动的基本动作 ... 180
　　第三节　大众健美操基本套路 ... 185

第十五章　健美运动 ... 199
　　第一节　健美运动的起源与发展 ... 200
　　第二节　健美动力的概述 ... 200
　　第三节　健美运动的内容与分类 ... 201
　　第四节　健美运动基本练习方法 ... 202

第五节　健美运动基本动作技术 203
第十六章　瑜伽运动 219
　　第一节　瑜伽的概念、起源和发展 220
　　第二节　瑜伽运动的类别 220
　　第三节　瑜伽运动的作用 221
　　第四节　瑜伽练习的内容与方法 223
第十七章　体育舞蹈 235
　　第一节　体育舞蹈概述 236
　　第二节　体育舞蹈综合知识 238
　　第三节　体育舞蹈套路 240
第十八章　定向越野 255
　　第一节　定向越野的分类与准备 256
　　第二节　定向越野的技术和指导 258
参考文献 262

上篇

第一章　高职体育与体育文化

学习重点

1. 通过本章节的学习，了解体育文化，认识体育文化的特性与价值
2. 理解奥林匹克运动的文化内涵

体育文化具有坚韧不拔、锲而不舍、顽强拼搏的特征，这也是人类发展不可缺少的品质。体育运动是一种物质力量，也是一种精神力量，这种力量体现为运动员在竞赛中所表现出来的崇高精神、顽强意志、良好作风和高尚品德及其对全社会精神和道德风貌所产生的强大的激励作用。人们追求公平、规范的竞争，体育文化本身就是人类社会公平、规范竞争的典范。体育文化的内涵就是在保证竞技体育公平竞争的前提下，培育人们的公平、平等和规范的观念。通过体育运动建立公平、民主的社会氛围，树立公平、民主、竞争、团结、友谊的群体意识，这对于调节人与人、人与集体、人与社会的关系是不可缺少的。

第一节 体育文化概述

体育文化有广义与狭义之分。广义的体育文化是指体育运动本身所蕴含的、围绕体育运动所形成的一切物质文明与精神文明的总和。狭义的体育文化是指体育运动某一方面的文明因素。我们按照"文化"的一般定义把"体育文化"概括为三个层次：表层是运动形式，包括身体运动形式及所使用的场地、器材等物质形态；中层是体育体制，包括体育的社会组织形态和教学训练体制；深层是体育观念，包括身体观、运动观、健康观等。

一、体育文化的起源与发展

（一）体育文化的起源

关于体育文化的起源有多种说法，较有代表性的有以下五种。

1. 劳动起源论

劳动创造了人类，劳动也创造了体育文化。总的来说，人类的文化是通过人类的灵巧双手和睿智大脑创造出来的。早期人类在恶劣的自然环境中求生存，学会了奔跑、跳跃等体育技能，并在追捕猎物等活动中发展了速度、耐力、力量、灵敏性等各种身体素质。文字的发明促成了脑力劳动和体力劳动的第二次分工，这个时候的体育鲜明地体现为以生存为直接目的而进行的各种能力训练。

2. 军事起源论

在人类社会早期，人与人之间为争夺狩猎得来的猎物而产生冲突，后来则演变为部落之间的武装冲突。各部落为了提升自己的力量进行了有组织的身体训练，如摔跤、使用飞镖与棍棒等技能。在反对外来民族压迫的斗争中，体育运动起到了整顿军队的作用。在和平时期，每一个国家、每一个民族也都需要体育运动。

3. 游戏起源论

原始人在获得丰富的猎物或在丰收之后，会聚集在一起以游戏或歌舞的形式进行庆贺，并以欢唱和舞蹈表达内心的喜悦。由此衍生了一些来自劳动形态中的动作，后来加以演化就形成了跑、跳、投等体育技术动作。

4. 宗教起源论

原始社会的生产力水平低下，又受到季节和自然环境的困扰。由于科学知识匮乏，原始人对大自然中风、雨、雷、电等一系列自然现象怀有敬畏之心，认为天地间有神灵存在。他们为求助自然恩赐，开始祭祀天地并逐渐形成了原始的宗教活动，由此派生出各种体育活动。

5. 教育起源论

由于生产劳动的发展和社会的进步，那些在战争、游戏中演变出来的运动技能、技巧，必须通过劳动教育的方式传授给后代。这既延续了上述各种技能，又使人类在实践中不断改进运动技术，形成了具有文化内涵的体育生活。

（二）体育文化的发展

体育历史与人类历史一样悠久，在人类文明的历史长河中，体育文化经历了一个逐渐发展的过程，是人类文化的重要组成部分。然而，人类在与自然的斗争中，在很长一段时间里对体育文化的认识是处在不自知的。

历史资料表明，真正感受到体育文化对人类社会发展产生的直接影响还是在欧洲文艺复兴之后。20世纪50年代，随着世界各国经济文化、科学技术的迅速发展和人民生活水平的日益提高，体育由学校扩展到社会，走进千家万户，逐渐深入到社会的每一个角落。因此，体育在内容及形式上不断丰富，其影响与作用远远超出了学校中身体教育的范畴。于是，体育的外延被扩大，社区体育应运而生。与此同时，随着竞争意识不断渗透到人体技能的较量上，竞技体育蓬勃兴起，并随着时间的推移，逐渐形成了今天如此灿烂夺目的体育文化。

综上所述，体育文化的产生与发展是在人类从原始社会走向现代文明社会的过程中各种因素相互作用的结果。体育文化是人类在改造自然、创造文明的过程中，由生存本能转变为生产生活技能时，通过劳动和游戏、教育以及合理的竞争方式逐步形成的人类社会特有的文化现象。

二、体育文化的特性与价值

（一）体育文化的特性

体育文化的实质性含义是"体育人文化"或"人文化体育"。它是人们在体育生活和体育实践过程中，以身体形态变化和动作技能所表现出来的具有运动属性的文化。体育文化和一个地域或民族的物质文明、精神文明的发展密不可分，与人们的体育生活紧密联系在一起，反映了本民族传统的体育特征，具有传统性。中国体育文化是在儒家文化的长期影响下形成的，它追求"统一""中和""中庸"之道，重视修身养性。

（二）体育文化的价值

1. 奥林匹克运动的文化价值

奥林匹克精神表现为参与、竞争、奋斗、公正、友谊、和平，这也正是体育运动所追求的境界。现代体育的发展促进了奥林匹克组织体系的完善，国际奥林匹克委员会本身就是现代体育国际化的产物。现代体育的发展还大大丰富了奥林匹克运动会的内容，不仅表现在奥运会项目的逐渐增多和规模的不断扩大上，还表现在奥林匹克活动越来越丰富多彩的内容和形式上，并使以体育运动为载体的奥林匹克运动成为人类文明的重要力量。

2. 竞技体育的文化价值

体育与人类的生存、发展紧密相连，人类创造了体育，也创造了体育文化。体育文化是一种竞技运动文化。正是人类对这种竞技运动文化进行了改造，才使经济、文化不断地创新与发展。正如《奥林匹克宪章》所指出的："奥林匹克主义是增强体质、意志和精神，并使之全面发展的一种生活哲学。"体育正向着竞技与艺术相结合、形体美与心灵美相结合的形态发展。

3. 大众体育的文化价值

体育是人们相互沟通和建立友谊的重要手段。进入文明社会以后，体育运动所具有的公平、友好的精神在不同国度、不同种族、不同文化参与者之间架起了沟通和友谊的桥梁。在运动场上，人们不分国家与地域，不分肤色与种族，不分宗教与文化，坦诚相见，从而达到促进世界和平的目的。体育运动不仅使个体得到全面的发展，它所倡导的公正、民主、诚实等理念也促进了和谐社会的建立。被誉为"现代奥林匹克之父"的顾拜旦认为，如果人人都表现出良好的体育精神，整个社会就会向更文明的方向迈进。

4. 校园体育的文化价值

校园体育文化作为学校教育的重要组成部分，对培养身心健康及具有创新精神和实践能力的高素质人才具有十分重要的作用。

第二节 体育文化与校园文化

体育文化的存在体现了人的一种社会需求，使得体育从单纯的肌肉活动、与文化隔离的状态中脱离出来，成为一种特殊的社会文化现象。它既是体育又是文化，既是锻炼又是娱乐，既是运动又是教育，既能观赏又能参与。在现代教育与现代体育这两大人类文化体系的交汇处，存在着一种独特的社会文化现象——校园体育文化，它是整个体育文化体系中的一部分，也是整个教育文化体系中的一部分。

一、校园文化

（一）校园文化的内涵

校园文化是以校园为空间，以学生、教师为参与主体，以课余活动为主要内容，以文化的多科学、多领域广泛交流及特有的节奏为基本形态，且具有时代特点的一种群体文化。校园文化是一个多层次、立体化的概念，涵盖了物质文化、精神文化、生活文化、艺术文化、行为文化、体育文化、社团文化、科技文化等多方面的范畴，它在活跃、调节师生的工作和学习生活，增添生活情趣的同时，也能提高学生的艺术欣赏能力和文化素养。校园文化可以陶冶学生的思想道德情操，培养其良好的个性和高雅的审美情趣，有利于学生的身心健康发展。校园文化还具有激励、凝聚功能，可以提高学生对学校的荣誉感和责任感，激发学生拼搏进取、奋发向上的精神。实际上，校园文化开展的过程就是学生自我教育、自我修养、自我提高的过程。

校园文化是一种氛围、一种精神，是一个学校发展的灵魂，对学生的人生观、价值观产生着潜移默化的影响。精神文化是校园文化的核心，高等院校的文化品位主要通过校园文化的建设来提升。健康、向上、丰富、有序的校园文化，对学生的个性、品格形成具有渗透性、持久性和选择性。

（二）竞技体育与校园文化

竞技体育文化是体育文化的核心，它向学生传授基本运动技术、战术、规则，是提高学生体育文化水平的重要载体。竞技运动项目作为我国学校体育教学内容已延续了几十年，是师生课余进行体育锻炼、丰富校园文化生活的一种重要手段。毫无疑问，竞技体育已经是校园体育文化不可分割的一部分。

目前，我国高校的体育教学内容是以竞技运动项目为轴线。尽管在推行素质教育的今天也进行了一些体育教学改革，但就主体而言，竞技体育仍是当前学校体育教学的主要内容。

二、校园体育文化

（一）校园体育文化的内涵

校园体育文化是指在学校这一特定的范围内所呈现的一种特定的体育文化氛围，是师生在教学和实践过程中所创造的体育精神财富和物质财富的总和，即学校师生在体育教学、健身运动、运动竞赛、体育设施建设等活动中形成和拥有的所有的物质和精神财富，以及体育观念和体育意识。它是以学生为主体，以课外体育文化活动为主要内容，以校园为主要活动空间，以校园精神为主要特征的一种群体文化。这种特定的文化氛围是和学校的培养目标、校风校纪等相关联的。

校园体育文化作为社会亚文化的一种特有现象，其发展离不开学校体育这片沃土。学校体育是校园体育文化的基础，也是学校教育的重要组成部分，具有培养学生的体育能力、运动兴趣及习惯，增强学生体质，促进学生身心健康发展等功能。校园体育文化的灵魂与核心就是校园精神，而校园精神是深层次的群体意识。有人把学术文化比作校园精神文化之首，把体育文化比作校园精神文化之躯。体育文化作为校园精神建设的一种途径和形态，构成了校园文化不可缺少的一部分。校园体育文化是一种有着深刻内涵和丰富外延的独特的文化现象，它与校园德育文化、智育文化、美育文化等一起构成了校园文化群，又与竞技运动文化、群众体育文化一起组成了广义的体育文化群。

（二）校园体育文化在大学人文素质教育中的作用

体育文化的传播就是大力弘扬符合社会发展的人文精神。校园体育文化是维系学校发展的一种精神力量，在培育校园精神、促进校园精神文明建设、营造学校人文气息中起着重要的作用。

1. 有助于培养大学生的竞争意识

现代社会是一个充满竞争的社会，而竞争意识又是与竞技体育息息相关的。体育运动最讲公平，不徇私情；最讲现实，不论资历；最讲务实，不图虚妄。这就要求每一个参与者都应当尽自己最大的能力去竞争，特别是在一些有直接对抗性的运动项目中，如足球、篮球、拳击等。在体育运动和竞赛活动中，不存在除个人身体、心理以外的任何不平等，大学生可以充分发挥自己的潜能，展现自己的力量。

2. 有助于培养大学生良好的社会道德感与合作精神

在竞技体育中，各项运动都必须遵守严格的规则，人们只能在规则允许的情况下努力创造成绩，任何违反规则的行为都会遭到惩罚。同时，在一个集体项目中，每个人都有自己的角色，每个角色都有其特定的行为要求，人们必须依角色要求行动，这有利于培养人们遵纪守法的观念和行为。竞技体育始终遵循着"机会均等、优胜劣汰"的基本原则，严格的规则和公正的裁判可以培养大学生公平竞争的观念。通过竞技体育，大学生也可以学习和锻炼如何正确对待竞争中的失误和失败，磨炼坚强的意志，增强抗挫折能力，培养良好的体育道德。

3. 有助于塑造大学生的优良品质

竞技体育既有助于培养大学生的乐观精神和自信心，使大学生形成敢于竞争、追求成功、超越自我的优良品质，又有助于培养大学生的领导与服从、自我展示与自我约束的良好行为。研究表明，有体育竞赛经历的学生能显示出较好的个人修养和社会适应性，表现出更高的组织领导能力。这是因为竞技体育为承担责任、进行决策、影响他人等重要品质提供了锻炼的机会。另外，竞技体育能培养服从裁判、遵守规则、尊重他人等品质，要求个人具有自我约束或自我牺牲的精神及豁达的心胸，这些品行都是个人立足于社会的重要条件。

4. 有助于提高大学生对社会的适应能力

在体育运动尤其是体育竞赛中，每一项竞赛都有获胜者，但赛场上没有常胜将军，任何人都要承受挫折，要经受失败的痛苦。大学生作为参赛者要做到胜不骄、败不馁，失败了就总结经验、吸取教训，而不是一直沉浸于失败中；尤其是在比赛中当自己落后于对手时，只有不气馁、顽强拼搏，才能最后战胜对手。

第三节 高职体育教育

改革开放以来，我国的高等职业教育得到了快速而健康的发展。作为高等教育的一个重要类型，高等职业教育人才培养模式的基本特点是：以培养技术应用型专门人才为根本任务，以适应社会需要为服务目标，以培养技术为主线，强调学生具有适度的基础理论知识、较强的技术运用能力、较宽的知识面和较高的综合素质。高职体育教育是高等职业教育课程体系的重要组成部分，它应更多地体现高等职业教育的特点，而非照搬本科院校的体育教学模式。因此，高职体育教育应围绕人才培养模式，体现鲜明的职业特性。

一、高职体育教育的本质属性

高职体育教育包括体育课程、运动竞赛、学生课余体育活动等，是学校教育的重要内容。高职体育课是必修课程，是学生进行体育锻炼、掌握运动技术与技能的主要途径，是提高学生体质、增进学生健康、促进学生全面和谐发展、培养高素质的技能型应用型人才的主要载体。

随着人们对健康内涵认识的深化，学校体育教学逐步从注重运动技术教学向强调身心愉悦发展方向转变。高等职业教育与普通本科教育虽同属高等教育，但在培养模式与规格上，两者有着明显的区别。高职体育教育有以下两大属性。

1. 健康属性

体育学科的本质属性，是让学生通过体育课程教学，树立"健康第一"的指导思想，掌握管理、促进自身健康的技能（增进健康层面），掌握一定的体育运动技能，养成终身体育锻炼的习惯。

2. 职业属性

利用体育锻炼的手段和体育文化的承载，着重发展本专业今后从业和胜任工作岗位所需的身心素质，以增强学生就业与从业的竞争力（服务专业层面）。通过体能的提高，使学生尽早适应工作岗位环境。

二、体育教育与职业素质培养

（一）未来职业劳动的工作特点

高等职业教育是培养生产、管理、服务一线的技术应用型人才，专业和职业贴近度高，高职学生今后的工作特点是脑力劳动和体力劳动相结合。

(1) 类型。根据职业特点，身体姿态相对固定。
(2) 劳动强度。不同类型和工种，劳动强度存在很大差异。
(3) 劳动环境。劳动环境往往会有一些空气或环境污染。
(4) 重复动作。职业劳动的某些工作，需要经常重复的活动，很容易造成某些身体部位负担过重，产生过度疲劳，甚至出现职业病。

（二）体育教育在职业素质培养中的作用

1. 提高自学能力

自学能力是指一个人独立学习的能力，也是一个人获取知识的能力。它是一个人多种智力因素结合和多种心理机制参与的综合性能力，是现代人应具备的基本能力，人一生中大部分知识是通过自学获得的。自学能力也是衡量一个人可持续发展能力的重要因素。高等职业教育是按职业岗位需求来设置课程体系的，不同于普通本科按学科知识开设课程。在知识的传授过程中，高等职业教育强调"必需、够用"，其毕业生能直接上岗工作，所以特别强调学生的自学能力。

参与体育活动，掌握一定的运动技能，一般要经过观察—模仿—练习—反馈等几个过程。在这几个过程中，教师不可能都在现场全程指导，需要学生具有自主学习的能力。如要提高投篮的准确度，就必须不断改进投篮的姿势，当老师帮你纠正动作后，要靠自己多练、多体会、多总结，从错误和失败中不断体会动作要领，提高运动技术水平。从这个意义上说，参与体育实践可以有效地提高参与者的自学能力和独立解决问题的能力。

2. 提高动手能力与身体活动能力

高等职业教育强调学生的动手能力要强。经常进行体育锻炼，能有效地提高参与者的动手能力。

体育是以身体运动为基本手段促进身心发展的活动。在职业劳动中，身体的活动能力在许多工种的劳动中显得尤为重要。身体的活动能力，可以通过体育锻炼的方式加以提高，如通过力量练习来提高建筑工的手臂力量，通过平衡木练习来提高空乘服务员的平衡能力等。

3. 提高组织表现能力

高职学生工作后一般都成为生产、服务一线的工作人员，在其职业生涯中，良好的组织表现能力是非常重要的一种职业能力。参加体育锻炼，特别是体育竞赛，无论是参赛队员还是组织者，都要对活动过程中的细节进行协调处理，这对学生的组织协调能力是很好的锻炼。另外，体育竞赛一般都是在公众场合进行，需要个体在活动中克服自卑、胆怯的心理，勇敢面对对手，充分展示自我，完成比赛任务，因此，体育活动是提高学生表现能力的有效方式。

4. 提高社会适应能力

在复杂的社会结构中，每个人在社会中都具有一定的地位，充当特定的角色。体育的社会性功能，在于能培养参与者适应社会的角色观念。在体育活动环境中，参与者可以以更直接、更生动和更集中的方式接触、体验近似于社会上所能遭遇到的各种情景，如竞争、冲突、分享、合作、共处、避让、包容、突变、角色转换、赞扬、批评、成功、失败、规范和处罚……从而不断增强自我调控的意识和能力。从这个意义上说，体育活动是提高高职学生的社会适应能力的最佳实践平台。

5. 提高创业素质

创业素质即创业应具备的思想素质、心理素质和能力素质，主要包括创业意识、创业精神和创业能力等。高职学生毕业后在创业的过程中，必然会遇到这样那样的困难与障碍。参与体育实践给人以成长与历练的机会，它激励人们在遇到困难、挫折的时候，勇敢抗争，正确对待挫折与失败，进而在挫折中成长，学会坚强。体育锻炼有利于锻炼学生顽强、刻苦的意志和积极进取的品质，克服自身的惰性，培养组织观念，为今后走向社会打下良好的创业基础。

三、职业与体育锻炼

学校对学生实行专门化教育，不同专业要求掌握不同的专业技能，而不同的专业技能需要相应的体能作为保证。体育教学应围绕专业、工种的实际需要，进行有针对性的身体锻炼，这对强化学生专业体能、提高教学质量具有积极意义。高职体育除进行运动技能传授外，也要进行职业体能训练，强化本职业所需的关键身体素质，预防职业活动可能引发的职业疾病，掌握康复运动能力，形成良好的职业状态与修养。

（1）机电、驾驶、建筑、纺织和医护等以站立为主或行走为主的专业。这类专业从业者容易产生下肢淤血、血流不畅、膝关节炎等身体问题，严重的可能出现驼背、异常体形或心血管疾病。在个人进行体育锻炼时，可以做一做徒手体操运动，如伸展运动、体前屈运动、旋转运动、全身放松运动等；通过健身跑、球类等活动，可以增强心血管和运动器官的功能；通过保健操、健美操、太极拳等锻炼方法，可以促进血液循环，消除血液中乳酸的堆积；采用按摩方法或参加娱乐性体育活动，可以放松心情，消除肌肉紧张和疲劳。

（2）电子、计算机专业的工种（如无线电安装员、装配工、绘图员、缝纫工和打字员等）长期低头、含胸，长时间坐立，颈前屈，脑部供血受限，眼睛长时间处于紧张状态，容易出现眼痛、流泪、驼背、颈椎不适、神经衰弱和肥胖等现象。这类职业需要发展一般耐力、手指协调性、动作的准确性、触觉的敏感性、注意力的专注及反应的速度。在进行体育锻炼时，可以做个人体操运动，如耸肩运动、扩胸运动、转体运动及转动手腕运动等；通过篮球、排球、羽毛球等球类运动，可以增强手指、手腕、手臂的力量及灵活性、准确性；通过长跑、自行车或跑步机等健身活动，可以提高循环和呼吸系统功能。

（3）护理、导游、农业、航海等室外劳动操作专业一般劳动强度较大，对运动功能和心肺功能要求较高，消耗体力较多，容易过度疲劳，导致疾病。在进行体育锻炼时，在全面发展身体素质的基础上，应重点发展力量、速度与灵活性，选择如健美操、器械体操、各种弹跳练习等，也可经常参加游泳、长跑、球类等活动，以增加心血管系统的功能，同时积极参加娱乐性活动，以达到消除疲劳、恢复体力的目的。

第二章　体育锻炼与健康

学习重点

1. 通过本章学习，了解体育锻炼的重要性，掌握合理的运动方法
2. 学会根据自身情况，制订体育锻炼计划

　　深入探究运动处方的核心概念和细节，揭示体育运动与人体营养之间的密切联系。学习常见的运动保健知识，学习制订科学的健身计划，帮助维持健康的身体状况和积极向上的心态。持之以恒地参与体育锻炼，培养科学的锻炼意识。

第一节 体育锻炼对身心的影响

一、体育锻炼对身体的影响

(一) 体育锻炼对身体形态的影响

身体形态包括体格、体形、体态等。体育锻炼对身体形态的良好作用，主要体现在以下三个方面。

1. 对骨骼的影响

体育锻炼可促进人体血液循环和新陈代谢，确保有充足的营养物质供应给骨骼，从而促进骨细胞生长、骨密质增厚，也有利于肌肉和韧带牢固地附着在骨骼上。科学研究和实践都表明，坚持体育锻炼的人的骨骼要比一般人粗壮、坚固，骨的抗折、抗弯、抗压和抗扭曲性都较强，骨骼的承受能力和生长发育也较好。

2. 对肌肉的影响

实践表明，坚持体育锻炼的人的肌肉重量要比一般人增加10%～15%，他们显得肌肉丰满、结实、匀称、协调和有弹性。

3. 对关节、韧带的影响

体育锻炼增强了关节周围肌肉和韧带的收缩性与弹性，同时也使关节囊和韧带增厚，并提高伸展性，从而增加了关节的牢固性和柔韧性，关节在活动时灵活、敏捷、幅度大。

骨骼、肌肉、关节等对良好身体形态的形成起着至关重要的作用。另外，体育锻炼能消耗更多能量，减少多余能量的储存，避免脂肪堆积，是锻炼肌肉、防止肥胖的最佳、最有效的方法。

(二) 体育锻炼对身体机能的影响

1. 改善心肺功能

体育锻炼能增强人体氧运输系统的功能，使心肺功能更强，身体更健康。此外，体育锻炼能改善人体的物质代谢过程，减少脂肪在血管壁的沉积，保持并增进血管壁的良好弹性，对预防心血管疾病有积极的作用。

2. 改善神经系统的功能

体育锻炼项目繁多、内容丰富、动作变化复杂，使人体肌肉活动转换频繁。在体育锻炼过程中，神经系统要做出准确、及时和协调的反应与综合处理。这一方面要求提高大脑的工作能力，即调动更多的脑细胞参与工作；另一方面要求提高大脑皮质兴奋与抑制转换的灵活性。

体育锻炼可使大脑对氧的利用率从25%增加到32%，保证了充足的氧和其他营养物质供给神经系统，从而促进脑细胞的生长发育。

3. 改善消化系统的功能

体育锻炼可以改善神经系统和心血管系统的生理功能，保证有足够的血液、氧和其他营养物质供给消化系统，为提高消化与吸收能力奠定物质基础。

进行体育锻炼时，人体代谢活动大大加强，代谢率大幅度提高，增加了人体能量的消耗。体育锻炼可以促进消化酶的分泌，加强胃肠的蠕动，提高人体对食物的消化能力，避免因食物在肠胃滞留时间过长而导致胃肠疾病。

体育锻炼可以促进体内释放更多的脑啡肽、内啡肽等，使人心情愉快，增强食物的消化与吸收能力。

二、体育锻炼对心理的影响

（一）体育锻炼对心理健康的促进作用

有专家认为，人类已经从"传染病时代""躯体病症时代"进入"精神疾病时代"。联合国劳工组织的调查报告显示，心理疾病将会成为 21 世纪最严重的健康问题。一般认为，心理疾病是由生理、心理和社会三方面的因素引起的，其中心理、社会因素是主要因素。常见的心理疾病有神经症、心理社会适应不良引起的综合征和人格障碍等。

体育锻炼作为一种有效增进身体健康的手段，也可以有效防治心理疾病。这一假设首先在临床心理学的研究中得到了验证，一些心因性疾病（如消化性溃疡、原发性高血压等）经过体育锻炼这一辅助治疗后，会有明显好转。此外，体育锻炼能明显改善抑郁和焦虑。

"抑郁是心理的感冒。"抑郁是一种弥散性的心理状态，不仅会对一个人的情绪产生影响，还会影响到人在日常生活中的行为。抑郁是一种深度消沉状态，以情绪持续低落、兴趣丧失为主要特征。焦虑是由于不明确的威胁而产生的担忧、惧怕等不舒适感。焦虑使人感到紧张、不自在、忧虑和担心。心理学研究表明，焦虑水平过高会分散和阻断注意过程，干扰记忆和思维，使人出现不安、紧张、焦躁、烦恼等情绪，这些不良情绪会导致神经系统机能失调，进而诱发精神疾病或心理异常。

进行持续性的、有规律的、中等强度的体育锻炼，可有效减轻个体的焦虑和抑郁，提高其心理健康水平。每周 3 次、每次 1 小时左右的中等强度的运动量，更有利于改善个体的焦虑和抑郁状态。此外，不同的锻炼方式对个体心理产生的效益也不一样。总的来说，社交性运动会产生比独立性运动有更好的心理效益，更有利于降低个体的焦虑和抑郁水平。

（二）获得较大心理效益的锻炼方式

并非任何形式的体育锻炼都能产生心理效益，只有科学的体育锻炼才与一定的心理效益相联系。对不同的个体，怎样为其制订适当的锻炼计划，或者对于心理疾病患者，怎样为其开具锻炼处方，使其体育锻炼产生最佳的心理效益，是一个十分重要的问题。美国学者伯格及其同事提出了五个能够获得较大心理效益的锻炼方式。

1. 令人愉快的身体活动

使体育锻炼产生最佳心理效益的前提是锻炼者从活动中获得乐趣和享受。产生最佳心理效益的体育锻炼首先必须是令锻炼者愉快的身体活动，这一点是毋庸置疑的。

然而，对愉快和乐趣的追求存在个体差异。同样的锻炼方法，对一些人的情绪可能起积极作用，对另一些人可能不起作用，甚至起消极作用。例如，一些人在恶劣气候条件下锻炼时体验到巨大的乐趣，而另一些人则可能因为不良天气而无法体验到锻炼的乐趣。

2. 有氧练习或者有节奏的腹式呼吸的身体活动

许多研究表明，有氧练习与心境改变有关，如慢跑与幸福感的提高相联系。消遣性游泳在许多方面与慢跑类似。两种练习不仅在形式上是有氧的，而且是个体化的、周期性的、动作有节律的身体活动。

除了有氧这一因素外，腹式呼吸运动也是体育锻炼产生心理效益的重要途径。我国传统的健身术一直很重视有节奏的腹式呼吸对健康的积极作用，太极拳、气功等强调使用腹式呼吸，这是腹式呼吸有利于产生积极情绪的实例。

3. 回避人际竞争的身体活动

首先，竞争活动会因失败而产生消极情绪。对许多人来说，失败会带走许多有益的情绪，如兴奋、自我效能感、自豪感、胜任感以及控制感等。其次，竞争活动会使锻炼者产生过度训练倾向，过度训练和随后的耗竭与健康及幸福感的下降相关。最后，竞技运动可能会增加锻炼者的应激反应。当然，这个方式未必适合每个人，也有一些人的情绪正是在挑战与竞争中得到改善的。

4. 自控性的身体活动

这类身体活动泛指那些结果可预测的、动作具有节奏感和重复性的体育锻炼，如慢跑和游泳等。这类身体活动为锻炼者独处、沉思、反省提供了机会，使其将注意力集中于脑力的恢复上，对于其心境状态的调节具有积极的意义。

5. 坚持锻炼，每次锻炼至少 20 min

要维持身体锻炼的心理效益并使之长期发挥作用，就必须使锻炼形成一种规律，长期坚持，养成习惯。此外，每次锻炼的时间不少于 20 min；否则，多数情况下是不会获得心理效益的，因为可能相应的心理效益还未出现，身体活动就已经结束了。

第二节 体育锻炼的原则与科学方法

一、体育锻炼的原则

（一）全面性原则

全面性原则是指通过体育锻炼，身体形态、机能、素质和心理品质等都得到全面和谐的发展，这也是体育锻炼的目的。为此，一方面尽可能选择对身体有全面影响的运动项目；另一方面，也可以某一运动项目为主，辅以其他运动项目。

（二）经常性原则

经常性原则是指应坚持长期的、有规律的体育锻炼。生命在于运动，运动贵有恒。人体各方面的素质只有在经常性的体育锻炼中才能得到增强。

（三）渐进性原则

渐进性原则是指体育锻炼的要求、内容、方法和运动负荷等都要根据每个人的实际情况而定，要求由易到难，运动负荷由小到大，逐步提高。体育锻炼效果要经过一个由量变到质变的逐渐积累的复杂过程才得以实现。

（四）个别性原则

个别性原则是指每个参加体育锻炼的人应根据自己的实际情况，选定锻炼内容和方法，安排运动负荷。每个参加体育锻炼的人的情况都不相同，如年龄、性别、健康状况、锻炼基础、营养条件、生活及作息制度等。因此，锻炼者应根据自身状况，从自身实际出发，使锻炼的负荷符合自身情况，以达到良好的锻炼效果。

（五）自觉性原则

自觉性原则是指进行体育锻炼是出自锻炼者的内在需要和自觉行动。锻炼在于自觉，锻炼者应把锻炼的目的、动机和树立正确的人生观联系起来，这样才有助于形成或保持对体育锻炼的兴趣，调动和发挥自身更大的主动性和积极性，获得更好的锻炼效果。

二、制订体育锻炼计划

"凡事预则立，不预则废。"体育锻炼也不例外。要想取得良好的锻炼效果，实行"计划锻炼"是最好的方式。有效的体育锻炼计划能够增进身体健康，提高身体技能水平，同时改善心理健康水平。

（一）体育锻炼计划的含义与制订原则

体育锻炼计划是以增强体质、增进健康、提高身体素质为目的而制订的一系列符合个人身体状态、针对性强且行之有效的科学运动方法。根据制订目的，体育锻炼计划可分为健身性、预防性、治疗性和竞技性四种。学校体育锻炼计划以健身性和竞技性为主。

制订体育锻炼计划的基本原则：个体化；根据实际情况不断修订、调整；以全身耐力为基础；保持安全界限和有效界限。

（二）体育锻炼计划的内容

一个科学的锻炼计划应包括锻炼项目、锻炼强度、锻炼频率、锻炼时间、锻炼效果评价。选择体育锻炼内容时，必须从个人的年龄、性别、健康状况、体质状况和兴趣爱好等实际情况出发，遵循实效性、全面性原则；同时，注意科学组合，以达到最佳效果。

针对不同的体质和健康状况，体育锻炼内容的选择应各有侧重。通常情况下，身体强健者对体育锻炼有着极高的热情，并能承受较大的运动负荷，因此可根据其实际情况和兴趣，选择1~2项运动作为健身手段。体育锻炼应根据人体发展的规律，运用各种身体练习和自然因素培育、发展体质，实现锻炼身体的目的。

体育锻炼效果是指系统的锻炼对身心所产生的影响，表现在身体形态与机能的改善、身体素质的提高、某项运动技能的掌握与巩固、适应环境和抵抗疾病的能力的增强、健康水平的提高等方面。此外，锻炼者应及时了解锻炼效果，从而修订锻炼计划。

可见，进行体育锻炼时，除了应遵循体育锻炼的原则、合理选择体育锻炼的内容与方法、安排适宜的运动负荷外，还应及时了解体育锻炼效果，有目的地修订锻炼计划，达到增强体质、增进健康的目的。

三、科学运用运动处方

（一）运动处方的含义与分类

运动处方是以促进锻炼者身心健康为目的，依据运动锻炼的原理和原则，结合锻炼者的医学检查资料（包括运动试验、体力测验和心理测试），按其健康状况、体力状况、心血管机能状况、生活环境条件、运动爱好、心理特质等个体特征，以处方形式制定的安全有效的具体健身方案。它对锻炼者选择运动项目和运动强度、把握运动时间和运动频率等方面具有重要的指导作用。

按应用的目的和对象不同，运动处方通常分为以下三类。

第一，竞技训练运动处方，对象是运动员，以达到提高身体素质和运动技能为目的。

第二，预防保健运动处方，对象是健康人，以达到增强体质、提高健康水平为目的。

第三，临床治疗运动处方，对象是成人病患者，以治疗疾病、提高康复医疗效果为目的。

（二）运动处方的制定原则

1. 因人而异原则

运动处方必须因人而异，切忌千篇一律。要根据每一个锻炼者的具体情况制定出符合其身体客观条件及要求的运动处方。不同的疾病，运动处方不同；同一疾病在不同的病期，运动处方不同；同一个人在不同的功能状态下，运动处方也应有所不同。

2. 有效原则

运动处方的制定和实施应使锻炼者的身体功能和情绪状态有所改善。在制定运动处方时，要科学、合理地安排各项运动项目；在运动处方的实施过程中，要按质、按量认真完成训练。

3. 安全原则

锻炼者应保证在安全的范围内运动，若超出安全的界限，则可能发生危险。在制定和实施运动处方时，应严格遵循各项规定和要求，以确保安全。

4. 全面原则

在运动处方的实施过程中，应注意维持人体生理和心理的平衡，以达到"全面健康"的目的。

（三）运动处方的内容

运动处方的内容包括运动目标、准备活动、锻炼模式和整理活动等。

1. 运动目标

运动目标有长期目标和短期目标之分，除此之外，还要制订体能维持目标，帮助锻炼者克服各种障碍努力达成目标。因锻炼者性别、年龄、职业、爱好及身体情况等的不同，具体的运动目标也不同，如强身健体、预防疾病、健美减肥、消遣娱乐或提高运动成绩等。

2. 准备活动

准备活动是指锻炼前进行的短暂练习活动（一般约占练习总时间的1/4），通常包括低强度慢跑、小运动量热身操或伸展性练习，目的是加强肌肉、韧带的柔韧性及弹性，扩大肌肉活动幅度，提高中枢神经系统的兴奋性，以及全身的物质代谢水平。准备活动不仅能提高运动能力，而且能预防运动损伤的发生。

3. 锻炼模式

锻炼模式是运动处方最主要的组成部分，包括运动方式、运动强度、运动时间和运动频率。

（1）运动方式。从氧的代谢过程来看，有效促进身体健康的运动方式包括有氧运动、无氧运动和混合运动。在选择以增进健康为目的的运动方式时，应考虑三个条件：恒长运动、有一定节律（无呼吸紊乱和憋气现象）的持续运动、近于全身的运动。

现代运动处方中常见的运动方式包括有氧运动、伸展运动和力量性运动，这三种运动方式更容易达到全面锻炼的最佳效果。有氧运动包括健步走、慢跑、走跑交替、游泳、滑冰、跳绳及骑自行车等耐力性运动项目。伸展运动包括广播体操、太极拳、气功、健身操等。力量性运动包括中等强度的足以发展和维持去脂体重的力量训练，如仰卧起坐、举重、引体向上、俯卧撑等。

（2）运动强度。运动强度是单位时间内的运动量，是运动处方定量化与科学性的核心。影响运动强度的主要因素是运动速度和运动负荷量。如大学生 100 m 快速跑后，心率可达到 180 次/min 以上，而慢跑 1 min 后心率一般在 130 次/min 左右，显然前者运动强度大，后者运动强度小。在体育运动中，跑、跳、攀登等运动项目的运动强度较大，而走、爬、投、掷等运动项目的运动强度则相对较小。

（3）运动时间（持续运动的时间）。运动目的和运动强度不同，运动时间也不同。运动时间和运动强度的配合，可明显地改变运动量。

（4）运动频率（每周锻炼的次数）。运动频率与运动效果密切相关。有关研究表明，对于以增强肌肉力量为目的的体育锻炼，隔天锻炼可达到最佳效果；而以保健和增强耐力为目的的体育锻炼，每周锻炼 3~4 次是最适宜的运动频率。

4. 整理活动

整理活动是指在主要锻炼结束后应立即进行的 5~15 min 的低强度练习。例如，慢走就可以作为跑步锻炼后的整理活动。人在剧烈运动后，身体的许多变化并不能随着运动停止而立即恢复正常，只有通过整理活动才能使心跳、呼吸逐渐平静下来。此外，整理活动还能使肌肉在逐渐放松的情况下继续促进血液流动，促使血液从肌肉返回心脏，避免因心血输出量突然减少、血压下降而引起头晕、心慌甚至休克。

第三章　运动卫生与医务监督

> **学习重点**
> 1. 了解体育运动中常见生理反应的症状
> 2. 掌握体育运动中常见运动损伤的急救与处理
>
> 　　运动中常见生理反应是指在体育运动过程中机体内部或外部所产生的各种短暂不适反应，其发生与个体体质有关，也与体育运动的运动形式和动作技术有关。因此，我们需要掌握运动中生理反应发生的规律，了解运动期间正常的生理反应和应对方法，掌握常见的急救知识和技能，做好各项预防工作，把身体不适反应的发生率降到最低，从而保证学生身体健康，保证体育教学的正常进行。

第一节 体育运动卫生与医务监督

体育运动卫生与医务监督是以解剖、生理、生化、病理等知识为基础，以体育锻炼者的健康状况和运动能力为研究内容的一门学科。它涉及运动训练场地、器材、环境及对体育锻炼者的健康、安全和运动能力的监控等问题。此学科与运动训练实践紧密结合，应用性强，直接对运动训练或体育锻炼过程进行监控，为制订运动训练计划或体育锻炼计划提供科学依据。其作用在于了解体育锻炼者身体机能状况以及运动训练或体育锻炼后的恢复状况，及时发现问题，对运动过程进行调控，预防运动性疾病，优化运动训练或体育锻炼效果。

一、体育运动卫生

（一）运动饮食卫生

1. 运动与饮食的时间搭配

（1）运动结束后休息 1 h 左右方可进食。

（2）在进行持续 1 h 以上的中高强度运动前 1.5~2 h，可补充少量易消化的食物，防止运动时因血糖偏低、体力不支而影响运动效果。

（3）饭后休息一段时间，一般 1~2 h 以后再跑步或进行其他体育锻炼是适宜的。若饭后立即进行锻炼，会造成消化道缺血，不但胃肠的蠕动减弱，而且消化液的分泌也会减少，引起消化不良，甚至腹痛。

2. 饮食

运动前的饮食很重要，不能空腹运动，否则会导致运动持续时间短、强度过小，运动结束后还容易引发暴饮暴食。

（1）一天中不同的时间段进行运动时的饮食。

清晨：空腹喝杯水，低血糖者至少要喝杯蜂蜜水再进行运动。

下午：运动时间若选择在 17~19 点，则 16 点左右应补充一杯酸奶和一个水果。

晚上：运动时间若选择在晚饭后，则晚饭要尽可能清淡。因为油腻的食物会加重肠胃负担，需要更多的时间消化。

（2）进行不同强度的运动时的饮食。

30~60 min 运动时间：若选择中低强度的运动，如快走、慢跑之类，则不需要额外补充食物，正常摄取一日三餐即可。如果进行力量训练，则运动前补充一杯酸奶或牛奶。

1~3 h 运动时间：运动前不要因担心体力不支而大量进食。为了保持充足体能，正确的做法是在运动期间补充含糖的运动饮料或者果汁，也可以补充 1~2 片粗粮饼干。

3 h 以上运动时间：运动前的饮食要易消化，以碳水化合物为主，搭配一些鱼肉和蔬菜。运动期间必须间断性地补充事先准备的一些食物，如苏打饼干、粗粮饼干等。

3. 补水

运动前：运动前半小时补水 150~200 mL，或运动前 1 h 补水 300 mL。

运动中：中低强度运动时，每 20 min 补水 150~200 mL，如高温天气每小时补水量可达 1 L。运动强度较高时，建议选择低糖的运动饮料或果汁。剧烈运动时，则应选择淡盐水或含盐饮料，补充因大量出汗而流失的钠，同时保持体内的电解质平衡。

运动后：运动结束时，补充 150~200 mL 水，半小时后方可大量补充水。

总之，运动时的补水原则就是"少量多次"。同时还需注意，应尽量选择常温下的水或运动饮料，不要选择冰镇水，防止过度刺激肠胃，促使血管剧烈收缩，影响肠胃健康。

（二）女子体育运动卫生

1. 女子体育运动注意事项

（1）增加有氧运动。女子心肺功能比男子弱，因此女子体育运动应重视增强心肺功能。增强心肺功能的有效方法是做有氧运动，如慢跑、健步走、游泳等。这些运动项目不仅可以增强心肺功能，而且可以消耗多余脂肪，有利于健康与健美。

（2）加强腹肌和骨盆底肌的锻炼。位于腹腔周围的肌肉群及腹腔底部下口处的骨盆底肌，共同维持着人体正常的腹压，保持着各脏器的正常位置和功能。从女性生理特点来看，加强这些肌肉的锻炼对女子健康有重要意义。女子可多做仰卧起坐、仰卧举腿等练习，少做剧烈运动和使腹压升高的练习，如憋气练习。

（3）参加体形健美练习。健美操、韵律操、艺术体操、舞蹈等运动很符合女性对美的爱好和追求，也有利于形体的健美。

2. 女子经期的体育卫生

月经是女子进入青春期的正常生理现象，在体育运动过程中，必须根据身体的具体情况认真对待。

（1）月经期身体正常的女子可参加适当的体育活动，如做广播操、打乒乓球等。这些活动可以改善盆腔的血液循环，减轻盆腔的充血现象，有助于瘀血的排除。不要进行长跑、跳远、跳高、足球和篮球等剧烈运动。此外，体育运动还可调节大脑皮质的兴奋和抑制过程，减轻全身的不适反应。一般来说，月经的第 1、2 天可以进行少量轻微运动，第 3、4 天则可增加运动量，第 5、6 天可以照常运动。

（2）月经期身体的反应能力、肌肉力量、灵活性都下降，因此运动量要小，运动强度不宜过大、时间不宜过长，否则会导致卵巢功能失调或月经紊乱。另外，致使腹压明显升高的憋气和静力性动作也应少做，以免引起子宫移动或子宫受压造成经血过多。

（3）月经期不宜游泳，因为子宫内膜脱落、流血，子宫膜形成了创面，一旦冷水和细菌进入子宫，一方面会造成需要排出的血液和分泌物遇冷凝固而不能排出，引起痛经等不良反应；另一方面会使细菌随水浸入，引起发炎，危害健康。

（4）若经期感到腰酸背痛、全身不适、恶心、头痛、头晕，下腹有痉挛性疼痛等不良反应，应停止锻炼。

二、体育运动的医务监督

（一）体格检查

体格检查即对人体形态结构与机能发展水平进行检测和计量，主要包括以下三个方面。

1. 询问疾病史和运动史

疾病史就是既往病史。询问运动史主要是询问锻炼者参加体育活动的情况，了解其是否经常参加体育活动、参加活动的项目和年限、有无过度训练或运动性伤病史及目前情况。

2. 体表检查

检查锻炼者是否有皮肤病、静脉曲张、黏膜有无黄染、出血点，甲状腺和浅表淋巴结是否肿大；检查脊柱、胸廓、上下肢及足弓形态，并判断人体直立位的姿势等。

3. 一般临床物理检查

（1）心血管系统检查，主要检查脉搏的频率，听诊心跳速率、节律、心音强度及有无杂音，并测量血压。

（2）形态测量，目的是了解人体的形态、发育状况，判断体育锻炼的效果，同时发现存在的问题，以便采取有效的改善措施。

（3）功能检查，包括运动系统功能检查，通常检查肌力、关节活动度或柔韧性；肺通气功能检查，通常测量肺活量、时间肺活量、最大通气量、肺泡通气量；心肺功能检查，通常进行哈佛台阶试验（Harvard Step Test）、PWC170机能试验、屏息试验等；神经系统功能检查，通常观察反应时、闪烁值、膝跳反射情况等。

（4）化验检查，包括血液常规检查、尿液常规检查、血液生化检查等。

（5）特殊检查，包括X线检查、心电图检查、超声心动图检查、脑电图检查等。

（二）体育运动中的自我监控

体育运动中自我监控的方法包括主观感觉和客观检查。

1. 主观感觉

主观感觉主要包括一般感觉、运动心情、不良反应、睡眠、食欲、排汗量六个方面。若运动量适宜，运动后会有微汗和轻度的肌肉酸疼，休息后即可恢复，次日精力充沛，食欲和睡眠良好。若运动量过大，运动后会大汗淋漓、气喘、易激动，脉搏在运动后15min尚未恢复常态，次日周身乏力、酸疼、不思饮食。若运动量不足，运动后身体无发热感、无汗。

2. 客观检查

（1）脉率。经常参加体育运动的人，安静时的脉率较慢。脉率与训练水平有关，一般经过半年训练后脉率可下降3~4次/min，经过一年训练后脉率可下降5~8次/min。这主要是通过系统训练，支配心脏的交感神经张力下降，迷走神经张力相对占优势的结果。如发现脉率比平时增高12次/min或以上，表明机能反应不良。如脉搏有节律异常应进行心电图检查。

（2）体重。参加系统的体育运动后，体重变化的情况可分为三个阶段：第一阶段，体重有逐渐下降的趋势，这是由于机体失去了过多的水分和脂肪，这个阶段一般持续3~4周，在此阶段，体重一般下降2~3 kg，即相当于自身总重量的3%~4%，对体形较胖或参加系统训练前较少活动者，体重下降的幅度还要大些；第二阶段，体重稳定，在此期间，运动后减轻的体重在1~2天内得到恢复；第三阶段，体重有所增加，并保持在一定的水平，这是因为肌肉等组织逐渐发达。

（3）肌力。经常参加体育运动的人的握力和背力等肌肉力量会逐渐增强，如肌力下降则表示机能不良。

（4）运动成绩。坚持进行合理训练，运动成绩能逐渐提高或保持在较高的水平，动作的协调性逐渐变好。如果照常训练而成绩没有提高反而下降，动作协调性遭到破坏，熟练的动作不能完成，则可能是功能状况不良的反应，是早期过度训练造成的。

第二节 体育运动中常见的不良生理反应及处置

一、肌肉痉挛

肌肉痉挛俗称抽筋，是肌肉产生不自主的强直收缩现象。痉挛的肌肉僵硬、疼痛难忍，所涉及关节的伸屈功能会出现一定的障碍。

（一）原因

（1）疲劳，身体疲劳会影响肌肉的正常生理功能，使血液循环和能量、物质代谢发生改变，肌肉中会有大量的乳酸堆积，肌肉的收缩与放松很难协调一致，致使肌肉痉挛产生。

（2）电解质不平衡，运动中大量出汗，人体内电解质通过汗液大量流失，尤其是在炎热的天气。电解质与肌肉的兴奋性有关，流失过多，肌肉兴奋性增高过快，可导致肌肉痉挛。

（3）寒冷的刺激，在寒冷的天气，如游泳时肌肉受到低温刺激的影响，兴奋性增高，易使肌肉发生强直性收缩。

（4）肌紧张，肌肉连续过快收缩，而放松时间太短，肌肉的收缩与放松不能协调一致，引起肌肉痉挛。这在训练水平不高的运动员身上较为多见。

（二）处理方法

（1）发生肌肉痉挛时，不要紧张，先检查并确定何处的肌肉产生痉挛，再针对此处的肌肉加以处理。

（2）发生肌肉痉挛时，通常只要向相反的方向牵引痉挛的肌肉，疼痛便可得到缓解。处理时要注意保暖，牵引时用力要均匀，以免造成肌肉拉伤。

（3）腹部发生肌肉痉挛时，可做背部伸展运动以拉长腹肌，还可以热敷腹部或按摩腹部。

（4）小腿发生肌肉痉挛时，可伸直膝关节，勾起脚尖，双手握住脚用力向上牵引。

（5）游泳时发生肌肉痉挛，可先吸一口气，仰浮于水面，并立即求救。在水中自救的方法是用没痉挛的一侧手握住痉挛的脚趾，用力向身体的方向拉，同时用痉挛一侧的手按住痉挛腿的膝盖，帮助膝关节伸直，待痉挛缓解后再慢慢游向岸边。

（三）预防

（1）加强身体锻炼，提高身体素质，尤其应注意耐寒力及耐久力的提高。

（2）运动前，必须认真做准备活动。

（3）在高温天气运动或进行长时间剧烈运动后，应及时补充电解质。身体疲劳时，应充分休息后再运动。

（4）游泳下水前应先用冷水淋浴，并做好准备活动。

二、运动性肌肉酸痛

平时不经常参加体育锻炼的人，或者长时间中断体育活动又重新参加体育锻炼的人在进行超负荷的运动或训练后，所表现出的明显的肌肉酸痛称为运动性肌肉酸痛。锻炼者除肌肉酸痛外，还有肌肉僵硬现象，轻者仅有压疼，重者肌肉肿胀，妨碍活动。

（一）原因

(1) 运动时氧气供应不足，致使代谢物乳酸在肌肉中堆积，产生肌肉酸痛。
(2) 肌肉的张力和弹性急剧增加，引起肌肉结构成分的物理性损伤，最终导致肌肉酸痛。
(3) 肌肉的神经调节发生改变，产生肌肉痉挛，导致肌肉酸痛。

（二）处理方法

(1) 休息能减缓肌肉酸痛，并促进血液循环，加速代谢物的排出。
(2) 静态伸展、牵伸肌肉可加速肌肉的放松，缓解拮抗肌的紧张，有助于痉挛肌肉的恢复。
(3) 拍打酸痛部位或对酸痛部位进行按摩，使肌肉放松，促进肌肉血液循环，有助于损伤修复，缓解痉挛。
(4) 对酸痛的局部肌肉进行热敷，可促进血液循环，促进新陈代谢。

（三）预防

(1) 锻炼安排要合理，刚开始锻炼时，运动量应由小到大、由慢到快、循序渐进。
(2) 锻炼后，用温热水沐浴，以减轻肌肉酸痛。
(3) 牵伸肌肉，加速肌肉的放松和拮抗肌的缓解，以缓解肌肉紧张。
(4) 认真做准备活动和整理活动。
(5) 出现肌肉酸痛时，可变换肢体练习的方式，缓解局部肌肉的酸痛，消除疲劳。

三、运动中腹痛

运动中腹痛是由剧烈运动引起的一时性的机体机能紊乱，常常是由胃肠痉挛、肝脾区疼痛、腹直肌痉挛、腹部慢性疾病等引起的。

（一）原因

(1) 胃肠痉挛的产生多因饮食不当、暴饮暴食、吃得过饱、喝得过多（尤其是冷饮），吃的是产气食物和不易消化食物（豆类、薯类、牛肉等）。
(2) 肝脾区疼痛，如果发生在运动起始阶段，原因多为准备活动不足。剧烈运动会使呼吸变得不均匀、没有节律、频率过快，造成呼吸肌疲劳，甚至痉挛。
此外，呼吸短浅，胸膜腔内压较高，也会妨碍下腔静脉的回流，造成肝、脾瘀血性肿大，或肝、脾被膜紧张而引起疼痛。肝、脾悬重，韧带紧张牵扯，亦可引起疼痛，多发生在运动中后期。
(3) 腹直肌痉挛主要是由运动时大量排汗、盐分丧失、水盐代谢失调所致。
(4) 腹部慢性疾病。锻炼者患有慢性阑尾炎、溃疡病、慢性盆腔炎等，参加剧烈活动时，由于受到振动和牵扯而产生运动中腹痛。

（二）处理方法

（1）发生运动中腹疼，要迅速、准确判断原因，停止训练并送医院急救。
（2）在没有明确诊断前，腹痛不能服用止痛药，以免掩盖病情造成误诊。
（3）发生运动中腹痛，可适当减速、调整呼吸，并以手按压腹部。
（4）如属胃肠痉挛，可用针刺或手指点揉内关、足三里、大肠俞、阳陵泉、承山等穴位，亦可即刻注射阿托品 0.5 mg 或口服"十滴水"。如属腹直肌痉挛，可做局部按摩和背伸动作，拉伸腹部肌肉。

（三）预防

（1）锻炼要讲究科学性，合理安排膳食，不吃冷饮和难以消化的食物，饭后 1~2h 再进行剧烈运动。
（2）准备活动要做得充分合理，一般要由慢的身体练习开始，逐渐加大运动量和强度。运动过程中应注意呼吸节奏，失水较多时应注意及时补水。

四、极点

在进行剧烈运动的开始阶段，植物性神经系统的机能动员速率明显滞后于躯体神经系统，导致内脏器官的活动满足不了运动器官的需要，出现一系列的暂时性生理机能低下综合征，主要表现为呼吸困难、胸闷、肌肉酸软无力、动作迟缓且不协调、心率剧增及精神萎靡等，这种机能状态称为极点。

（一）原因

极点产生的主要原因是内脏器官的机能惰性与肌肉活动不相称，致使供氧不足，大量乳酸堆积使血液 pH 值朝酸性方向偏移。

（二）处理方法

极点出现后，要以顽强的意志坚持运动下去，同时加强呼吸、调整步速。这样经过一段时间后，动作变得轻松有力，呼吸变得均匀自如，身体不适感逐渐消失，这种状态称为"第二次呼吸"。

（三）预防

（1）运动前做好准备活动，使内脏器官适应身体剧烈运动的需要。
（2）刚开始运动时，要根据自己的身体条件、训练水平等掌握好运动的速度。
（3）运动时注意呼吸的节奏，有意识地使自己的呼吸逐渐加深。
（4）经常进行体育锻炼，增强心脏等内脏器官的活动能力和各器官的协调性。

五、运动性中暑

运动性中暑是指肌肉运动时产生的热量超过身体散发的热量，造成体内过热的状态，其主要表现是：精神紊乱或焦虑、呕吐、腹泻、血压升高、皮肤干燥。

（一）原因

(1) 先天性原因，如慢性特发性无汗症。
(2) 后天性原因，如汗腺功能紊乱、患有传染病、皮肤曾被烧伤、药物影响等。

（二）处理方法

(1) 场地急救，最重要的是保持锻炼者呼吸道畅通（必要时在气管内插管），并测量其血压、脉搏、直肠温度，严重者要及时送往医院抢救。
(2) 住院治疗，包括降温、心脏监护、输液，必要时进行透析等。

（三）预防

(1) 炎热季节应避免在一天中最热的时间进行运动。每运动 50 min 至少休息 10 min。
(2) 运动前、运动中、运动后应及时补充水。

六、运动性昏厥

运动过程中，脑部血液突然供给不足，到一定程度时，发生暂时性知觉丧失的现象称为运动性昏厥。其主要表现：开始时感到头昏眼花、心悸气短、恶心呕吐、出冷汗，继而面色苍白、手脚发凉、呼吸缓慢、眼前发黑，最终因失去知觉而昏倒。

（一）原因

长时间剧烈运动，四肢回流血液受阻，或突然进入激烈运动状态（如疾跑、冲刺），或在极度疲劳下继续勉强锻炼，或久蹲后骤然站起，或疾跑后急停，或空腹状态下锻炼出现低血糖等，都可能引起运动性昏厥。

（二）处理方法

一旦锻炼者出现运动性昏厥，就应及时平卧，松解衣领和腰带，使脚高于头部。接着，同伴对其进行由小腿向大腿、心脏方向的按摩，促进血液快速回流到心脏，也可点按人中穴、合谷穴。
如发生呼吸障碍，即刻进行人工呼吸。
症状轻微者可由同伴搀扶慢走，并协助做伸展运动和深呼吸等。

（三）预防

(1) 平时应经常参加体育锻炼，以增强体质。
(2) 运动过程中要控制运动负荷，防止过度疲劳。

第三节 常见运动损伤的预防与处理

一、运动损伤产生的原因

体育运动过程中发生的损伤，称为运动损伤。运动损伤产生的原因有以下几个方面：

（1）缺乏合理的准备活动。准备活动的目的是进一步提高中枢神经系统的兴奋性，增强各器官系统的功能活动，使人体从相对的静止状态过渡到紧张的活动状态。

（2）错误的技术动作。错误的技术动作违反了人体结构的特点及运动时的力学原理，从而造成运动损伤。

（3）运动负荷过大。运动负荷超过了锻炼者可以承受的生理负担量，尤其是局部负担过大，易使身体发生劳损。

（4）身体功能和心理状态不良。睡眠或休息不好、生病受伤或伤病初愈及疲劳时，人的警觉性和注意力减退，反应较迟钝，此时参加剧烈运动或做难度较大的动作练习会造成运动损伤。

（5）违反规则或动作粗暴。在比赛中不遵守比赛规则，或在教学训练中相互逗闹、动作粗暴、故意犯规等。

此外，运动场地不平，有小碎石或杂物；跑道太硬或太滑；沙坑没掘松或有小石块，坑沿高出地面；运动器械维护不良或年久失修，器械安装不牢固或安放位置不妥当等都有可能造成运动损伤。

二、常见的运动损伤

（一）运动性休克

运动性休克是在剧烈运动时产生的低血压情况，又称重力休克。

1. 征象

运动性休克有轻度、中度、重度三种。

轻度：锻炼者自觉头昏、耳鸣，眼前发黑或冒金星，恶心、面色苍白、软弱无力。

中度：锻炼者头昏加重，或因意识模糊而昏倒，即使有同伴搀扶也无力支撑身体，面色苍白，四肢发凉，出冷汗，恶心或呕吐，呼吸减慢，心率减速，脉搏细弱，血压轻度下降。

重度：锻炼者意识模糊，知觉丧失，面色苍白，四肢厥冷，周身大汗或无汗，呼吸浅表，心率慢并伴有节律不齐，脉弱缓或摸不到，血压下降甚至测不出，瞳孔缩小或扩大，对光反射迟钝或消失，也可出现抽搐、大小便失禁等症状。

2. 原因

剧烈运动后，如果站立不动，会使下肢的毛细血管和静脉失去肌肉收缩时产生的挤压作用，血液由于重力作用而淤积于下肢扩张的静脉和毛细血管里。此时，全身血容量虽无改变，但有效血循环量却急剧减少，导致人体各重要脏器血流灌注量不足，组织缺血、缺氧，或因无氧代谢增加，机体发生严重的代谢紊乱和机能障碍，丧失了适应和抵抗能力，导致运动性休克。

3. 处理

当锻炼者出现休克先兆或轻度休克时，同伴应立即搀扶，尽可能让其继续行走，使下肢肌肉收缩，促使血液回流，直到症状消失。出现中度休克时，锻炼者应平卧，头部放低，两脚抬高，或由同伴二人抬其两下肢，由小腿向大腿做按摩或揉搓，使血液尽早回流入心脏。当锻炼者出现重度休克时，除上述处理外，可针刺或掐点人中、百会、涌泉、合谷、十宣等穴。在知觉恢复前，不可让其喝任何饮料或服药。如有呕吐，应将其头偏向一侧，

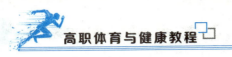

也可做 50% 葡萄糖静脉注射等抗休克处理。重度休克的锻炼者经现场急救后，应及时转医院抢救。

4. 预防

平时加强体育锻炼，使身体适应激烈运动。运动前，做充分的准备活动。运动结束后应做好整理活动并深呼吸。

（二）脑震荡

在运动中，如果头部相互碰撞或头部摔倒在地上，容易导致脑震荡，锻炼者会出现一时性的神志恍惚和意识丧失。

1. 征象

受伤时，锻炼者神志昏迷，脉搏徐缓，肌肉松弛，瞳孔稍大但能对称，神经反射减弱或消失。清醒后，锻炼者常有头痛、头晕、恶心及呕吐感。运动后，锻炼者还可能情绪烦躁，注意力不集中，出现耳鸣、心悸、多汗、失眠、记忆力减退等现象。

2. 原因

头部受到外力击打后，导致大脑中负责平衡的膜半规管、椭圆囊、球囊等感受器官功能失调，引起意识和功能的一时性障碍。

3. 处理

单纯性的脑震荡并不可怕，可怕的是不能及时发现更严重的头部损伤。因此，应立即到医院做进一步检查，以防颅内损伤严重，危及生命。脑震荡无须特殊治疗，一般只需卧床休息，给予镇痛、镇静等对症药物治疗，减少外界刺激，并要消除锻炼者对脑震荡的畏惧心理。

（三）踝关节扭伤

踝关节扭伤是一种十分常见的运动损伤，俗称崴脚。

1. 征象

伤后踝关节内侧或外侧有明显的压痛，内、外踝有明显肿胀，局部有瘀血，踝关节活动受限，行走困难。

2. 原因

外力促使足踝部活动超过其最大活动范围，踝关节周围的肌肉、韧带甚至关节囊被拉扯撕裂，出现疼痛、肿胀和跛行。

3. 处理

（1）立即停止运动，分辨伤势轻重。伤势轻，可以自己处置；伤势重，则必须到医院请医生诊断和治疗。

（2）伤势轻时，应立即用冰袋或冷毛巾敷局部，使毛细血管收缩，减少出血，减轻肿胀和疼痛。冷敷的同时或冷敷后可用绷带、三角巾等布料加压、包扎踝关节四周。

（3）伤势重时，最好用担架把患者送往医院做进一步诊断救治。如发生或怀疑发生骨折，则应先固定包扎。如为开放性骨折，则在加压包扎止血后再将骨折处固定。

注意，受伤后切忌推拿、按摩受伤部位，切忌立即热敷，热敷须在受伤 24～48 h 后进行。

（四）运动性骨折

骨或软骨的完整性或连续性遭到破坏的运动损伤，称为运动性骨折。

1. 征象

（1）休克。对于多发性骨折、骨盆骨折、股骨骨折、脊柱骨折及严重的开放性骨折，患者常因广泛的软组织损伤、大量出血、剧烈疼痛等产生休克。

（2）畸形。骨折端移位可使患肢外形发生改变，主要表现为缩短、成角、延长。

（3）异常活动。正常情况下肢体不能活动的部位，骨折后出现不正常的活动。

（4）骨擦音（骨擦感）。骨折后两骨骨折端相互摩擦撞击会产生骨擦音（骨擦感）。

2. 原因

（1）直接暴力。外来的暴力直接作用于骨骼某一部位而使该部位发生骨折，常伴有不同程度的软组织损伤。

（2）间接暴力。间接暴力作用身体时通过纵向传导、杠杆作用或扭转作用引发骨折。如从高处跌落足部着地时，躯干因重力关系而急剧向前屈曲，使胸腰脊柱交界处的椎体发生压缩性或爆裂性骨折。

（3）积累性劳损。长期、反复、轻微的直接或间接损伤致使肢体某一特定部位发生的骨折就是积累性劳损，又称疲劳骨折。如远距离行走易导致第二、第三跖骨及腓骨下 1/3 骨干骨折。

3. 处理

凡有疑似骨折的患者，均应按骨折处理，一切动作要谨慎、轻柔、稳妥。

（1）首先要抢救生命，如患者处于休克状态中，应以抗休克为首要任务。

（2）闭合性骨折有穿破皮肤、血管的危险，应尽量消除显著的移位，然后用夹板固定骨折处。

（3）在大血管出血时，先止血。若骨折端已戳出伤口，并已污染，但未压迫神经、血管时，不应立即复位，以免将污物带进创口深处。

（4）若在包扎创口时，骨折断端已自行滑回创口内，则送患者到医院后，务必向医师说明情况。

注意，骨折急救时，最重要的就是用妥善的方法把发生骨折的肢体固定起来。

（五）关节脱位

关节脱位又叫关节脱臼，是指组成关节各骨的关节面失去正常的对合关系，使关节的功能丧失。

1. 征象

关节脱位除有明显的患部疼痛、肿胀外，最主要的特征是关节功能的丧失。

2. 原因

在跌倒或受外力冲击时，关节囊破裂、骨端脱出而发生关节脱位。

3. 处理

关节脱位时要限制活动，以免加重伤势，并且争取时间及早复位，即用正确的手法将脱出的骨端送回原处，然后予以固定。如果对骨骼组织不熟悉，就不要随意复位。复位不成功，应将脱位的关节用绷带等固定好，并送医院处理。

对于一般的关节脱位，也可在现场进行复位。复位原则是放松局部肌肉，按损伤时的作用力向反方向牵引，首先拉开，然后旋转，用力不要过猛，复位后用绷带固定。对于较严重的关节脱位，应及时到医院进行复位。

（六）运动性软组织损伤

由于运动不当而引起的各种急性外伤或慢性劳损及风寒湿邪侵袭等原因造成的人体皮肤、皮下浅深筋膜、肌肉、肌腱、腱鞘、韧带、关节囊、滑膜囊、椎间盘、周围神经血管等组织的病理损害，统称为运动性软组织损伤。

1. 征象

疼痛、肿胀、畸形、功能障碍。

2. 处理

（1）急性闭合性软组织损伤的处理。

急性闭合性软组织损伤是由于某一刻的受力或非生理性运动导致的局部软组织损伤，皮肤及黏膜保持完整，伤处与外界没有相通。其处理原则如下。

①早期。损伤后即刻采用制动、冷敷、加压包扎和抬高患肢等一系列处理方式。严禁对伤处进行按摩和热疗。

②中期。伤后24~48 h，出血停止，急性炎症消退，局部瘀血，肉芽组织正在形成，组织正在修复。可采用热疗、按摩、药物等多种方法，同时安排小运动量的功能康复练习。

③后期。损伤基本恢复，肿胀、压痛等局部征象基本消失。这一阶段的处理重点是增强肌肉力量，恢复关节活动度，通常以功能锻炼为主，治疗可采用理疗、按摩等方法。

（2）开放性软组织损伤的处理。

①擦伤。由于创口较浅，可用生理盐水洗净创口，创口周围用75%的酒精消毒，局部擦以红汞或紫药水，不必包扎。关节附近擦伤经消毒处理后，一般不采用暴露疗法，因为干裂易影响关节运动，一旦发生感染，就易波及关节。因此，关节附近多采用消炎软膏或多种抗生素软膏涂抹，并用无菌敷料覆盖包扎。另外，对于出血比较严重的还要进行止血处理。

②撕裂伤。撕裂伤中，以头、面部皮肤撕裂伤最为多见，如篮球运动中，眉弓被对方胳膊肘碰撞引起眉际皮肤撕裂等。若撕裂的创口较小，经消毒处理后，用粘膏或创可贴黏合即可；撕裂创口较大，则须止血，缝合创口。若伤情和污染较重，应注射破伤风抗毒血清，并选用抗生素进行治疗。

③刺伤和切伤。如田径运动中被钉鞋或标枪刺伤，滑冰时被冰刀切伤，其处理方法基本与撕裂伤相同。

第四章　体育与职业发展

学习重点

1. 熟悉常见职业病的预防
2. 针对未来职业需求，科学制订和实施职业体能训练计划，让身体保持较高的体能水平

高职院校以培养国家需要的实用型高技能人才为主要目标。学生毕业后所从事的职业岗位工作客观上对其体能提出了不同的要求，要适应紧张而单调的流水作业；要承受机械的振荡、噪声的干扰；要经得住特殊气味及高温强冷的侵袭；要能在高、难、险的环境下完成高精度的生产任务，等等。这就需要未来的高职人才不仅具有较高的职业技术操作能力，还应当具备较强的体能，表现出与职业技术密切相关的力量、耐力、速度、灵敏度等状态。

第一节 营养是身体健康的基础

身体健康是工作和生活的基础，一切的工作都需要健康的身体作为保障。经常参加运动可以提高大脑皮层的兴奋性，使大脑对于外界的刺激更加准确灵敏，整个机体的工作能力将会因此得到提高。

一、合理膳食

民以食为天。食物是生命之源，健康之本。为了维持生命与健康，保证正常的生活与劳动，人们每日必须摄取一定数量的食物，从中获取各种营养素。人们把获取和利用食物的过程称为营养过程，把食物中具有营养功能的物质称为营养素。

（一）维持生命的基本营养素

营养素是指食物中可以被人体吸收利用的物质，一般分为六大类，即糖、脂肪、蛋白质、维生素、矿物质和水。

1. 自然界分布最广泛的营养素——糖类

糖类是人体内最主要的能源物质，由碳、氢、氧三种元素组成，其中氢和氧之比为2∶1，与水相同，故有碳水化合物之称。营养学上所称的碳水化合物包括食物中的单糖、双糖、多糖和膳食纤维。

（1）糖类的不平凡功绩。人类从膳食中取得热能最经济和最主要的来源是糖类。我国居民膳食结构中，60%~65%的热能由糖类提供。糖类在人体内转化的热能，不仅数量多，而且速度快。糖类还可促进其他营养素的代谢，它可与蛋白质、脂肪结合成糖蛋白、糖脂，组成抗体、酶、激素、细胞膜、神经组织和核糖核酸等具有重要功能的物质。糖类还具有保肝解毒作用，当肝糖原储存充足时，肝有很强的解毒作用。

（2）糖类与健康。当糖类缺乏时，人体会表现为热能缺乏，出现消瘦、生长缓慢、低血糖、头晕和无力，甚至休克。当糖类过量时，会导致肥胖、血脂升高。

（3）糖类来源。我们可以从一日三餐的主食中摄取大量的淀粉——糖类，以供日常生活、工作的需要。多糖类主要存在于谷类、米、面、土豆中，双糖类存在于蔗糖、牛奶、糖果及甜食中，单糖类存在于水果、蜂蜜中。

（4）供给量。我国食物推荐供给量表中对糖类未做明确规定。一般认为，糖类在总热能摄入量中占60%~65%为宜。

2. 常被人们误解的能源物质——脂肪

人们一谈到脂肪就与肥胖联系在一起，尤其是年轻女性更是害怕食物中的脂肪，认为脂肪就是坏东西。其实脂肪在人体内有着极其重要的作用，人体如果没有脂肪，人的生命也就停止了。脂肪是由一分子甘油和三分子脂肪酸化合组成的。脂肪酸又有饱和脂肪酸、不饱和脂肪酸之分。一般来说，动物脂肪含饱和脂肪酸多，植物油含不饱和脂肪酸多。脂肪酸在人体内不能合成而必须每日由食物供给，它是维持人体正常生长发育和健康所必需的，故称为必需脂肪酸。

（1）脂肪的作用。脂肪是保持健康体魄的必需物质，是人体的"燃料库"。脂肪是组成人体细胞的重要成分，它有利于脂溶性维生素 A、维生素 D、维生素 E、维生素 K 的吸收，以维持人体正常的生理功能。体表的脂肪可隔热保温，减少体热散失，保护脏器。食物中的脂肪可增加食物的美味，提高人的食欲和维持饱腹感。

（2）脂肪与健康。当脂肪摄入不足时，会出现皮肤干燥、脱发等状况，影响机体的正常生长发育。当脂肪摄入过多时，会使机体过于肥胖，导致心血管疾病的发生。

（3）脂肪来源。动物性脂肪来自肉、鱼肝油、骨髓及蛋黄等食物，其中以肥猪肉中的脂肪含量最高（90.8%）。动物性食物主要提供饱和脂肪酸，但鱼类例外，内多含不饱和脂肪酸。植物性食物中的油料作物，如大豆、花生、油菜籽、葵花籽及核桃仁等含油量较丰富，且以不饱和脂肪酸为主。

（4）供给量。我国居民脂肪的推荐供给量（以脂肪能量占总能量的百分比）：儿童与青少年为 25%～30%，成年及中老年人皆为 20%～25%。另外，不饱和脂肪酸的摄入量也不是越多越好，一般认为，不饱和脂肪酸/饱和脂肪酸≥1 即可。

3. 生命载体——蛋白质

蛋白质是一切生命的物质基础。如果把人体作为一座建筑物，那么蛋白质就是构成这座大厦的建筑材料。人体是由细胞构成的，蛋白质是构成细胞的主要成分。蛋白质由 20 多种氨基酸组成，由于氨基酸组成的数量和排列顺序不同，使得人体中蛋白质多达 10 万种以上，这就构成了千差万别、丰富多彩的生命世界。

（1）蛋白质的生理作用。蛋白质是构成和修补人体组织的主要原料，它是人体肌肉、内脏、皮肤、毛发、大脑、血液和骨骼等组织的组成部分。人体的代谢、更新需要蛋白质的参与；人体受到外伤后，需要大量的蛋白质对损伤的组织进行修补；各种酶和激素对体内生化反应进行调节，维持机体正常的免疫功能，维持机体内的体液平衡，传递遗传信息，这些无一不是蛋白质在起作用。没有蛋白质，就没有生命。

（2）蛋白质与健康。若蛋白质缺乏，成年人表现为肌肉消瘦、机体免疫力下降、贫血，重者将产生水肿，未成年人表现为生长发育停滞、贫血、智力发育差、视力差；蛋白质在体内不能储存，多了机体无法吸收，若过量摄入蛋白质，将会因代谢障碍产生蛋白质中毒甚至死亡。

（3）蛋白质的来源。食物来源：鱼、蛋类、豆制品、坚果（如花生、葵花籽、杏仁）、肉类（如牛肉、猪肉、鸡肉及羊肉）、小麦和乳制品等。

（4）供给量。我国推荐的每日膳食中蛋白质供给量：成年轻体力劳动者男 70 克、女 65 克，并随劳动强度增加而增加。蛋白质的供给量按能量计算，占总能量的 11%～14%。其中，儿童青少年为 13%～14%，以保证膳食中有充足的蛋白质供给生长发育的需要；成年人为 11%～12%，可以确保维持正常的生理功能。

4. 维生素家族

维生素也称维他命，是维持人的生命与健康所必需的有机化合物。它存在于天然食物中，人体不能合成，需要量甚微。每种维生素各有特殊生理作用，是既不参与机体组成也不提供热能的有机物。维生素分为两大类：水溶性维生素（维生素 C 族、维生素 B 族）和脂溶性维生素（维生素 A、维生素 D、维生素 E 及维生素 K 等）。

5. 人体内的无机元素——矿物质

矿物质是构成人体组织的重要原料，是维持正常生理功能不可缺少的重要元素，可帮助调节体内酸碱平衡、肌肉收缩、神经反应等。人体内的无机盐和微量元素约占体重的4%，大致可分为常量元素和微量元素。常量元素包括钙、磷、钠、氯、镁、钾和硫7种；微量元素有铁、锌、碘、硒、镍、钼、氟、铜、钴、铬、锰、硅、锡和钒14种。两者之间的差别在于常量元素在机体中的含量超过0.01%，膳食中的摄入量超过100毫克/天，而微量元素则低于此值。

6. 生命的源泉——水

水是生命的"摇篮"，是生命赖以生存的重要条件。水是人体内含量最多的一种化学物质。人们对水的需求仅次于氧气。水可以促进体内的一切化学反应，转运生命必需的各种物质及排除体内不需要的代谢产物，通过水分蒸发及汗液分泌散发热量来调节体温，对关节滑液、呼吸道及胃肠道黏液均有良好的润滑作用。泪液可防止眼睛干燥。唾液有利于咽部湿润及吞咽食物。一个人可以7天不吃饭，但不能3天不喝水。健康的成年人每天的水需要量为2 500毫升左右，来源于饮料与食物。

（二）合理营养为你搭建健康基础

1. 平衡膳食

食物所含的营养素各不相同，任何一种食物都不能在质和量上满足人类营养的全部需要，必须通过各种食物相互搭配方能达到合理营养的要求。通常将这种全面达到营养要求的膳食称为合理膳食或平衡膳食。

2. 平衡膳食的"金字塔"

1997年，中国营养学会就颁布了《中国居民营养膳食指南》，向人们介绍了膳食"宝塔"，原则上规范了每天的进食合理量，所以，人们又将其称为平衡膳食的"金字塔"。这个平衡膳食金字塔具体内容如下（具体推荐量对单个成人而言）。

第一层：谷类食物，每天应该吃300～500克；

第二层：蔬菜和水果类，其中蔬菜400～500克，水果100～200克；

第三层：鱼、禽、肉、蛋等动物性食物，其中鱼虾类50克，畜、禽肉50～100克，蛋类25～50克；

第四层：奶类和豆类食物，其中奶类及奶制品100克和豆类及豆制品50克。

第五层（塔尖）：油脂类，每天不超过25克。

3. 确定你的最佳营养方案

为了确定最佳营养搭配，在了解影响营养需求量（如年龄、性别及运动负荷等）的同时，还必须对环境污染、心理压力、遗传因素、营养状况和膳食结构有所把握。作为大学生，可遵循以下膳食饮食指南。

（1）提倡进食多种食物，以谷类为主。青少年要多吃谷类，供给充足的体能。

（2）多吃蔬菜、水果和薯类。多吃蔬菜和水果可以预防癌症。青少年对铁的需要量高于成人。铁是组成血红蛋白的必要成分，如果膳食中缺铁，就会造成缺铁性贫血，特别是女性在经期，每天至少要补充15～30毫克铁。蔬菜中的油菜、韭菜含有丰富的铁。

（3）坚持每天摄入奶类、豆类及其制品。青少年每日摄入一定量奶类和豆类食品，能补充生长发育所需的钙。

（4）经常吃鱼类、禽类、蛋类等，少吃肥肉和荤油，每周最少吃一次海鱼，并经常吃些海带。青春发育期的女孩,要常吃海产品增加碘的摄入。蛋白质是组织器官增长及调节生长发育和性成熟激素的原料。蛋白质摄入不足会影响青少年的生长发育。因此,膳食中应含有充足的动物性食物和豆类食物。

(5) 进食量要与热能消耗相平衡,保持适宜体重。
(6) 日常膳食应清淡,每天的进盐不宜超过 6 克。
(7) 不要饮酒和吸烟。
(8) 应选购没有污染、符合卫生标准的食物。

总的来说,每天的合理膳食,可概括为"一二三四五六七",即一袋牛奶,每餐二两粮,三份高蛋白(如蛋类、豆类、鱼类等),饮食四原则(有粗有细、不甜不咸、三四五顿、七八分饱),500 克蔬菜水果,6 克盐(约两小平匙),7 杯水(包括汤),长期坚持下去,将有利于身体健康。另外,烹调方法上应注意蔬菜不宜煮得太久,炒菜忌油温过高,要动植物油兼用,煮粥、炒菜忌放碱。

二、适合你职业的营养提示

(一) 对 IT 一族的营养提示

现代生活方式导致久坐、经常熬夜、活动少的人越来越多。在这种情况下,想要维系健康,确实不是很容易的事。工作生活中出现 X 线和低频电磁辐射,容易引起自主神经失调、忧郁症,还会使人经常感到眼睛疲劳、肩酸背痛。如果在缺水、营养不足、维生素缺乏的状况下长时间地在计算机前工作,身体对辐射的抵抗能力将下降,就更容易患病。为了防止电脑操作者患上职业病,这里给从业者一些健康提示。

(1) 多吃蛋白质含量高的食物,这些食物具有调节神经系统的作用。应多吃瘦肉,如瘦猪肉、牛肉、羊肉、鸡肉、鸭肉、鱼及豆制品。IT 一族尤其要多吃豆类食品。

(2) 多吃富含维生素的食物。这类食物具有调节身体抵抗力的作用,我们每天摄入体内的维生素中,70%的维生素来自蔬菜。含维生素丰富的蔬菜有韭菜、菠菜、青蒜、金针菇、番茄及黄瓜等。此外,水果中维生素含量也极为丰富。

(3) 多吃含磷脂高的食物。这类食物是大脑的"能源"之一。含量丰富的食物有蛋黄、鱼、虾、核桃、花生、牡蛎、乌贼、银鱼及青鱼等。

(4) 多吃健眼的食物。IT 一族要有意识地多食用保护眼睛的食物,保护眼睛的健康,防止近视及其他眼疾的发生。健眼的食物有动物内脏、牛奶、羊奶、奶油、小米、核桃、胡萝卜、青菜、菠菜、大白菜、西红柿、黄花菜、空心菜、枸杞子及各种新鲜水果。

(5) 多吃防辐射损伤的食物。研究表明,脂肪酸、维生素缺乏可降低机体对辐射的耐受性。多吃蛋类、牛奶、肝、花菜、卷心菜、茄子、扁豆、胡萝卜、黄瓜、番茄、香蕉和苹果等食物,有益于提高机体对辐射的耐受性。此外,电脑操作者在工作 1~2 个小时后,应做一下全身性的身体活动,向远方瞭望。注意膳食结构和劳逸结合,保证适当的睡眠,可增强身体的抵抗力,防止相关疾病的发生。

(二) 对重体力劳动者的营养提示

钢铁冶炼工人、机床操作工人、钢筋混凝土工人及搬运工人等重体力劳动者劳动强度大，能量消耗多，需氧量高，物质代谢相对旺盛。特别是夏天，常在高温环境下劳动，机体的基础代谢率增高，热能消耗增加，摄入的蛋白质分解代谢加速，体内的氯化钠、钾、镁及水溶性维生素、水等也随之消耗更多，唾液、胃液、肠和胰液分泌减少，食欲容易下降。为了保证重体力劳动者的身体健康，这里给从业者一些健康提示。

（1）要补充足够热量，主食应以大米、面、粗粮等为主，同时食用富含蛋白质的食物，如瘦肉、禽类、鱼类、蛋类、奶类和豆类及其制品。

（2）多吃新鲜绿叶和红色蔬菜（如胡萝卜、番茄）、海带、禽蛋及水果等富含钾、钙的食物。饮食以清淡易于消化的食物为主，品种应多样化，并具有良好的色香味，以增进食欲。

（3）补充的水分最好分多次饮用，这样可以使排汗减慢，防止食欲减退，并可减少水分蒸发。

（4）适当吃一些清热解暑的食物，如冬瓜薏仁汤、绿豆海带粥、荷叶清热粥、胡萝卜马蹄饮、芦根茶、竹叶茶、菊花菜及西瓜等。

（三）对营销一族的营养提示

在当今社会中，营销人员忙碌的身影随处可见。他们整日奔波，经常是舟车劳顿、三餐不定时，甚至饥一餐饱一餐。时间一长，极易引起营养不良，从而诱发各种慢性病。为了保证营销人员的身体健康，这里给从业者一些健康提示。

（1）增加能量的摄入。营销人员的体力和脑力活动均需要消耗大量的能量，因此应多吃些热量高的食物。

（2）补充优质蛋白质，以动物性蛋白为主，可多吃一些动物肝脏、瘦肉、鸡、鱼、蛋、奶、乳类及豆制品。

（3）多吃一些淀粉和纤维含量丰富的食物，如豆类、马铃薯、米、面、水果及蔬菜等。

（4）为保持神经系统的正常功能，促进消化，预防头痛眩晕，保护记忆力，应经常吃一些富含维生素B的食物，如玉米、麦片、小米、香菇、牛奶、瘦肉、绿色蔬菜及水果等食品。

（5）增加碱性食物的摄取。疲劳是由于人体内环境偏酸而引起的，多食碱性食物能中和酸性环境，使人消除疲劳。碱性食物有柑橘、苹果、海带及新鲜蔬菜等。

（6）增加抗疲劳的食物摄入。营养学家通过研究发现，多吃富含维生素C族和维生素B族的食物能使人消除和缓解疲劳。这类营养素能把人体疲劳时所积存的代谢物尽快处理掉。维生素C和维生素B含量丰富的食物有鲜枣、柑橘、番茄、马铃薯、肉类、动物肝肾及乳制品等。

（7）避免吃过咸的食物。

（四）对夜班一族的营养提示

"夜班族"由于正常的昼夜生物节律被打乱，加之白天睡眠环境比较差，常常会受到日光、噪声等因素的影响，睡眠时间和质量都不能得到保障。不少人上完夜班后，由于休息不好，体力和脑力得不到补偿与恢复，时间一长，会出现头昏、精神萎靡、食欲不振等症状，造成疲劳的积累，影响身体健康。为了保证"夜班族"的身体健康，这里给从业者一些健康提示。

（1）摄取充足的热量。营养学家认为，营养合理首要的一条，就是摄入的总热量必须满足需要量。夜班族除了一日三餐外，还应加吃一顿夜餐。夜间劳动一般比白天消耗体力大，要想保持精力充沛，需补充多营养、易消化、富含水分的食物。

（2）要增加蛋白质摄入量。多吃瘦肉、鲜鱼、蛋类、奶类及豆制品，补充人体必需的各种氨基酸。

（3）要多吃富含维生素的蔬菜和水果，特别是富含维生素A的动物肝脏、蛋黄、鱼子、黄豆、番茄、胡萝卜、菠菜、红薯和红辣椒等食物，提高夜班工作者对昏暗光线的适应力，从而防止视疲劳，也可以在医生的指导下适量服用一些复合维生素。

（4）合理安排用餐时间。以夜班时间为晚上10点到次日清晨6点为例，早餐的时间可安排在6:30—7:00，午餐的时间为11:00—12:00，晚餐的时间为下午4:00—5:00，夜餐的时间为子夜0:00—0:30。另外，为刺激和增进食欲，三餐的饭菜应品种多样，但夜餐应尽量清淡、可口，切忌太油腻，以免影响睡眠质量。

（五）对航空人员的营养提示

航空人员对身体要求很高，因其职业的特殊性，在高空高速飞行中常会遇到缺氧、低气压、加速度、噪声和振动等复合作用，这对机体消化和代谢功能会产生一定的影响，表现为消化腺分泌减少、胃排空时间延长、味觉异常及胃肠胀气。为了保证航空人员的身体健康，这里给从业者一些健康提示：

（1）供给适量的蛋白质和维生素B族，可提高飞行耐力。

（2）飞行前不宜摄入过多的脂肪，因为飞行中胆汁分泌会减少，脂肪消化会受到影响。

（3）航空人员宜选择高糖类、低脂肪和含适量蛋白质的饮食。高糖类饮食可提高机体对低压和缺氧的耐受力。

（4）注意补充一定量的维生素，如维生素B、维生素B_2、维生素C等，能提高缺氧时细胞酶的活力，加强组织呼吸功能和对氧利用率，提高飞行耐力。

（5）食物应易于消化，要少而精。注意少吃含纤维素和产气多的食物，如豆制品、薯类、韭菜及芹菜等。

（6）可适当吃些清淡可口又富含糖、蛋白质的食品，如面包、点心、面条、绿叶蔬菜、瘦肉、蜂蜜等。

（7）飞行日为四餐制，非飞行日可为三餐制。要合理安排进餐时间，通常早餐在飞行前1~1.5 h进食，午餐在飞行前两小时进食，禁止空腹或饭后立即飞行。

（六）对运动一族的营养提示

饮食对于运动表现非常重要，足够而均衡的饮食可使运动技能表现更趋完美。经常参加健身运动的人，如果缺乏合理的营养保证，消耗的营养物质得不到及时的补充，机体将处于"亏损"状态，运动疲劳将得不到及时的消除。所以在运动后，可以通过合理的营养膳食来补充消耗的能量和营养物质。为保证身体健康，这里给这类人群一些健康提示：

（1）对大多数运动一族来说，饮食应包括：60%~70%的糖类，12%的蛋白质以及18%~28%的脂肪。一般来说，健身运动者和其他人一样应该严格控制脂肪的摄入量（尤其是饱和脂肪酸）。爱好运动的人消耗的热量常高于正常人，所以，饮食中需要额外的热量，糖类是最佳的能量来源。糖类，特别是来自谷类的糖类应占摄入总热量的70%。

（2）应多补充蔬菜和水果。每天至少食用1 000克新鲜蔬菜，品种最好有2~3种，以新鲜深色蔬菜为佳。

（3）从事剧烈的运动时，人体需要依靠大量出汗达到机体散热的目的，这也会导致大量的水分和电解质经由汗液流失。所以，运动后及时补充水分和电解质非常重要。一般来说，健身运动后补充的饮料以糖盐水为最佳，也可饮用菜汁、果汁、咸菜汤等。补充水分的多少可根据口渴的程度适当调整。补充水分的方式以少量多次为宜，不宜一次大量饮水。

（4）运动后的饮食要求。①运动后忌立即进食，至少休息1小时后进食；②食物要细软易于消化，忌暴饮暴食；③饮食要有规律，每餐基本做到定时定量，一日以三餐为宜，必要时可加餐一次。

第二节 职业性疾病的预防与体育康复

一、扁平足

扁平足就是足弓塌陷。长期保持站立姿势，会导致足部负担过大，若加上鞋子不适，容易引起足部疼痛，严重时则会引发扁平足。

（一）运动疗法的作用

运动疗法可以改善与加强小腿、踝、足部的血液循环，增强胫骨前肌、腓肠肌、胫骨后肌、屈指长肌及足部肌肉韧带的力量与弹性，以维持足弓的正常生理曲度，加强足弓对生理负荷的承受能力。此外，还应同时加强腰、腿部肌肉的锻炼。

（二）预防与运动疗法

防治扁平足的主要方法是做矫正体操。矫正体操的重点是锻炼胫骨前肌、腓骨长肌、胫骨后肌、屈指长肌及足部肌，如在足尖走、足跟走、足外侧走、踢毽子以及坐位时进行足内翻、足趾屈伸和分开并拢、足趾夹物等练习。每日可锻炼1~2次，每次20~30分钟。

二、下肢静脉曲张

下肢静脉曲张是指下肢浅静脉系统处于伸长、蜿蜒而曲张的状态。

（一）致病原因

病因除个别因患先天性静脉壁薄弱导致的病变外，多因长时间站立或重体力劳动导致腹压增大，加重了下肢静脉内的压力，久而久之引起静脉扩张、延伸，甚至曲张，最终导致静脉瓣膜机能不全。

（二）运动疗法的作用

体育锻炼有助于预防和改善下肢静脉曲张。通过体育锻炼，肌肉规律性收缩使深部静脉血液回流加速。此外，运动可增加足踝关节的柔软度，而足踝关节柔软度的增加有助于减少下肢静脉曲张。

(三) 预防与运动疗法

1. 预防

（1）平时可多做双腿上下摆动或蹬夹练习，多做腿部按摩。

（2）站立时，不要总用两条腿一起支撑全身重量，可有所侧重，让两条腿轮换休息。

站立时，要经常踮起脚来，让脚后跟一起一落活动，或经常进行下蹲练习。上述动作都能使小腿肌肉强烈收缩，减少静脉血液积聚。

（3）每晚睡觉前，要养成用热水洗脚的习惯，忌用冷水洗脚。用热水洗脚，可消除疲劳，有利于睡眠。

2. 运动疗法

下肢静脉曲张的人，因静脉瓣膜有损坏，应尽量避免进行像举重、跳远、短跑及投掷等会引起腹压增高的活动，但可以从事游泳、慢跑、自行车及跳绳等运动。仰卧蹬骑自行车对于防治单纯性下肢静脉曲张有较好的效果。对于那些症状轻或尚未出现明显病痛的患者，可配穿医用弹力袜或绑腿，进行诸如健身跑、自行车、体操等肢体运动，有助于下肢有规律的运动与肌肉舒缩，从而发挥小腿"肌肉泵"的作用，防止腿部静脉淤血。各种呼吸练习有助于调节胸腹腔的压力，所以在运动中应注意调节呼吸。运动后可抬高肢体或做向心性按摩，可以促进下肢静脉的血液回流。平时也可做一些医疗操，如平卧于床，抬高患肢45°维持1~2分钟，或直抬腿向上向下运动数分钟，每日练习2~3次。

三、下背痛

下背痛又称腰背痛，是指一组以下背、腰骶和臀部疼痛为主要症状的综合征。

(一) 致病原因

下背疼痛是现代人的文明病。下背痛的致病原因较多，病理机制复杂，但是各种原因的下背痛均在不同程度上与腰部肌肉疲劳和收缩能力下降有着互为因果的关系。如礼仪小姐、餐厅服务员、警察等群体长时间站立，因为肌肉、韧带等组织长时间支持腰椎处于同一个姿势，久之过度耗损，导致肌肉等组织僵硬、疲劳。此外，长时间坐姿不正确，也会导致腰椎和骨盆肌肉组织僵硬、腰椎与骨盆关节长期错位，因而造成脊椎关节组织的退化变形。

(二) 运动疗法的作用

运动可增加背部肌肉的柔软度与关节的灵活度，同时可增强肌肉的强度和耐力，进而增强全身的气血循环，缓解身心疲劳。适度运动有助于预防酸痛或帮助消除腰酸背痛，是治疗下背痛最主要的方法，也是有效的方法。

(三) 预防与运动疗法

预防下背痛的方法主要是保持正确的姿势，如站立时尽量使头部、颈部、胸椎及腰椎保持直线，不要驼背，也不要使腹部过度前挺。选择运动项目时应考虑轻量的运动，如太极、气功和游泳。此外，还应注意适度休息，如在长时间工作时，每工作一段时间后要起身做个简单的伸展操，以免肌肉长期处于紧张的状态。

四、颈椎病

颈椎病是一种常见病，是指颈椎间盘退行性变、颈椎骨质增生以及颈部损伤等引起颈段脊柱内外平衡失调、刺激或压迫颈部神经、血管而产生一系列症状。主要症状是颈部和背部的功能障碍和疼痛，表现为颈部、肩部、上肢麻木和头晕。

（一）致病原因

长时间伏案劳作，会使颈椎长时间处于屈曲位或某些特定体位，这不仅会使颈椎间盘内的压力增高，而且也会使颈部肌肉长期处于非协调受力状态。颈部的肌肉细长而不丰厚，易受牵拉劳损，椎体前缘相互磨损、增生，再加上扭转、侧屈过度，会进一步导致损伤而引起各种病变。

（二）运动疗法的作用

运动疗法可以松解因炎症而粘连的组织，牵伸肌肉，减轻痉挛，加强局部血液循环，减轻局部疼痛等症状。同时，运动疗法可以加强颈肩部肌肉力量、改善关节灵活性，使肌肉的收缩运动与放松运动有机地结合起来，能明显减轻疼痛症状，改善运动功能。

（三）预防与运动疗法

(1) 在工作（劳动）中可经常做几秒钟的抬头动作，活动颈部。
(2) 在业余活动中要重视颈部的活动。
(3) 加强颈肩部肌群力量和柔韧性练习。

五、腰肌劳损

腰肌劳损是指腰骶部肌肉、筋膜以及韧带等软组织的慢性损伤，导致局部无菌性炎症，从而引起腰臀部一侧或两侧的弥漫性疼痛。主要症状为腰或腰骶部酸痛或胀痛，部分有刺痛或灼痛感。

（一）致病原因

坐位姿势一般是弓起背部向前微倾的状态。采取这种姿势，腰部肌肉超负荷做功，处于持续的紧张状态，会使小血管受压，供氧不足，代谢产物堆积，刺激局部而形成损伤性炎症。此外，急性腰扭伤也是导致腰肌劳损的重要原因。

（二）运动疗法的作用

运动疗法可以增强腰背部肌肉的力量和耐力，增加脊柱的稳定性及灵活性。运动中，腰部肌肉有规律地收缩和松弛，可使腰部血液循环得到改善，腰部组织新陈代谢得到提高，从而松解因炎症而粘连的组织，牵伸肌肉，减轻痉挛，减轻局部疼痛等症状。同时，运动疗法可以改善腰骶部的活动功能，改善和纠正由病变引起的腰部肌力平衡失调，保护脊柱和腰部组织结构。

（三）预防与运动疗法

（1）工作时要经常变换体位，纠正不良姿势。

（2）平时要加强腰背肌及脊椎间韧带的锻炼和保护。在体育运动或搬抬重物前要做好准备活动，防止突然用力使腰部扭伤。

（3）在业余体育活动中，可以每天倒走几次，每次 3~5 分钟。

（4）经常参加太极拳、五禽戏、健身操等项目的锻炼，这些传统的健身方法对预防腰肌劳损很有益处。

（5）加强腰部肌群力量和柔韧性练习。

六、腕管综合征

腕管综合征是腕部正中神经受到卡压而引起的一种神经病症。主要症状为食指中指疼痛、麻木和拇指肌肉乏力，一般以夜间发病较重，最终可能会导致神经受损和手部肌肉萎缩。

（一）致病原因

腕部的腕骨和腕横韧带共同组成了一个管状结构，即腕管。当正中神经穿过腕管时，往往会因为受到卡压而导致一定程度上的感觉神经和运动神经功能的障碍。

（二）运动疗法的作用

运动疗法可以消除由手腕反复进行相同姿势的频繁劳动而引起的组织水肿，加速血液循环，减轻局部疼痛等症状。同时，运动疗法可以增强肌肉力量和腕关节的柔韧性、灵活性，改善腕部肌肉的新陈代谢，加大关节的活动范围，从而降低手腕发病的风险。

（三）预防与运动疗法

（1）平时应养成良好的坐姿，不论工作或休息，都应保持良好的手和手腕的姿势。如电脑的键盘应正对着你，如果斜摆在一边，可能会导致手腕过度弯曲紧绷；把椅子调整到最舒适的高度，坐下时双脚正好能平放在地面；让屏幕处于视线水平或稍低位置；保持手腕伸直，不要弯曲，但也不要过度伸展；肘关节成 90°；坐时背部应挺直并紧靠椅背，而且不要交叉双脚，以免影响血液循环。

（2）每隔半小时，应暂停工作，放松双手，适当做手、臂、肩的放松体操，每天打字不要超过 5 小时。

（3）加强腕部肌肉力量训练。

（四）腕指操

下面提供一套腕指操，可使局部毛细血管舒张，改善血液循环，消除浮肿和淤血。

1. 伸臂抖腕

双手平举伸直，五指并拢，以腕关节为轴做背屈，下弯扇形（约120°），各 10 次。

2. 握拳伸指

双手四指弯曲，握入掌内，拇指快速握住二、三、四指，呈控拳状，然后伸展，五指分叉。反复做 24 次。

3. 四指握拇指

双手拇指弯曲，握入掌内，四指快速屈曲，将拇指握紧，呈握拇拳状，然后伸展，五指分叉。重复做 24 次。

4. 击敲劳宫

手握空拳，敲另一手掌的掌心正中央（即劳宫穴），左右手互换，各做 12 次。

5. 双腕互撞

双手握空拳（或伸直），掌根对敲，互撞 24 次。

6. 腕背相击

双手握空拳，向屈侧微弯，将腕部相击，作用于腕背横纹肌处（即阳池穴）24 次。

7. 敲打合谷

双手握拳，相向对敲第一、第二掌骨之间（即合谷穴）24 次。

8. 对击后溪

双手握拳，相向对敲第五掌骨外侧（即后溪穴）24 次。

七、肩周炎

肩周炎又称为肩关节组织炎，是肩周肌肉、肌腱、滑囊和关节囊等软组织的慢性炎症。肩周炎的患者女性多于男性，左侧较右侧多见，双侧同时发病者少见。

（一）致病原因

肩关节是人体全身各关节中活动范围最大的关节。其关节囊较松弛，关节的稳定性大部分靠关节周围的肌肉、肌腱和韧带的力量来维持。肌腱本身的血液供应较差，而且随着年龄增长会发生退行性改变。办公室工作人员由于长期伏案工作，致使肩部的肌肉韧带处在紧张状态，加之肩关节在生活中活动比较频繁，周围软组织经常受到来自各方面的摩擦挤压，故易发生慢性劳损。

（二）运动疗法的作用

运动可以改善局部血液循环，促进新陈代谢，缓解肌肉痉挛，达到消炎止痛的目的。同时，可松解肩关节周围肌肉、韧带及关节囊的粘连，恢复肩关节的运动功能。

（三）预防与运动疗法

1. 预防

（1）耸肩（旋肩），向前向后旋肩各 20～30 次。

（2）两臂轮流伸直前推 20～30 次。

（3）两手相握提起至头上，超过头顶放下，做 30 次。

（4）两臂用力向前后做有节律的摆动，做 30 次。

2. 运动疗法

（1）甩手站立，两脚同肩宽，两臂轻轻前后摆，并逐渐增大摆动幅度。每天早晚各一次，每次做 50～100 下。

（2）提物站立，两脚同肩宽，上身向前弯，患侧前臂向下做捞物动作。每天早晚各一次，每次做 30~50 下。

（3）划圆圈站立，两脚同肩宽，身体不动，两臂分别由前向后划圆圈，划圆圈范围由小到大。每天两次，每次做 50~100 下。

（4）按摩与被动运动。肩部按摩能达到改善血液循环、减轻肌痉挛和松懈关节粘连的作用。按摩配合被动运动，可增大肩关节的活动范围。但要注意按摩力度，手法一定要轻柔，以免症状加重。

八、视疲劳综合征

视疲劳综合征是以眼部各种不适症状为突出表现的一组症候群。主要表现为眼球酸胀不适或疼痛，视物模糊，不能久视。

（一）致病原因

职场人因长时间盯着电脑屏幕，眨眼次数明显减少（由日常每分钟约 22 次锐减到每分钟 4~5 次），眼睛特别容易干涩，睫状肌易疲劳。如果工作过程中不注意调节视力，就会造成眼睛疲劳以及视力下降。据美国的一项统计显示，一个人一天看电脑持续超过 4 个小时，每周持续 4 天以上，持续一年后，50%~90% 的人会或多或少地出现视疲劳综合征。

（二）预防与运动疗法

1. 预防

（1）眼睛距显示器应在 70 厘米以上，显示器放置位置应比双眼视线略低。

（2）注视屏幕 1 小时后要休息 5 分钟，望望远处，转动眼球，眨眨眼。

（3）把屏幕亮度调整到不使眼疲劳的程度。在电脑前工作时，房间既不能太昏暗，也不能太明亮。理想的办公环境是房间的亮度和屏幕的亮度相同。

（4）避免屏幕上显现出你的脸、灯光以及物体的影像（所有的光影会加倍使眼睛疲劳），要避免室内的光线直接照射在屏幕上而产生干扰光线。光源最好来自电脑使用者的左边或右边。如果你戴眼镜，可给自己配具有防反光功能的镜片。

（5）为防止结膜发干，可在使用电脑时滴一些与眼泪成分相似的眼药水。

（6）眼睛疲劳时，可用淡红茶水煮过的湿巾敷几分钟眼睛，可很快消除充血和疲劳。

2. 运动疗法

（1）转眼法。选一安静场所，或坐或立，全身放松，清除杂念，双目睁开，头颈不动，转动眼球。先将眼睛凝视正下方，缓慢转至左方，再转至正上方，再至右方，最后回到凝视正下方。这样，先顺时针转 9 圈，再逆时针方向转 6 圈，共做 4 次。每次转动，眼球都应尽可能地达到可转动范围的极限。这种转眼法可以锻炼眼肌，改善眼部肌肉疲劳度。

（2）眼呼吸凝神法。选空气清新处，或坐或立，全身放松，双目平视前方，徐徐将气吸足，眼睛随之睁大，稍停片刻，然后将气徐徐呼出，眼睛也慢慢随之微闭，连续做 9 次。

（3）极目法。早晨在空气清新的地方，自然站立，两眼先平视远处的一个目标，再慢慢将视线收回，到距眼睛 35 厘米时，再将视线由近而远转移到原来的目标上。如此反复数次，然后再进行深呼吸运动，对调节眼功能有一定好处。

(4) 熨眼法。此法最好坐着做，全身放松，闭上双眼，然后快速相互摩擦两掌，使之生热，趁热用双手捂住双眼，热散后两手猛然拿开，两眼也同时用劲一睁。如此进行 3~5 次，能促进眼睛血液循环，增进新陈代谢。

九、膝关节疼痛

（一）膝关节疼痛的常见病症

1. 关节炎

由慢性劳损引起关节组织退化。

症状：在早晨起床或久坐之后站立时，感到关节酸痛、活动不灵、偶有声音。

2. 膝韧带损伤

膝韧带损伤由意外扭伤或重复受伤而引起。

症状：疼痛，肿胀，关节活动受限，症状因运动而增加，严重者会影响关节的稳定性。

3. 髌骨软化症

经常走动或站立过多会引起髌骨软化和关节面凹凸不平。症状：髌骨和髌骨周围有压痛，膝痛和膝关节发软，在半蹲或上下楼梯时症状尤为明显。

4. 半月板受伤

半月板受伤由直接碰撞或运动时扭转膝部引致。

症状：微肿，沿膝关节部位有压痛，偶尔关节内似有碍物，影响关节活动。

5. 损伤性滑囊炎

膝关节附近有数个滑囊，分泌滑液润滑关节。扭伤、撞伤或过劳均可引起滑囊炎。症状：微肿，滑囊位置有压痛，关节活动有痛楚，但活动幅度不受阻碍。

（二）致病原因

膝关节是人体主要的负重关节之一。职场人日常工作时下肢活动较多（如走、伏身、半蹲等），经常处于半蹲、半跪姿态，膝关节承受的负荷重，同时肌肉长时间处于紧张用力状态，在膝关节及其周围肌肉力量还不强的情况下，使附着在髌骨上缘的一些筋（股四头肌腱）或韧带（髌韧带）受到损伤。此外，由于关节的肌肉力量差，人们在做各种活动时，可能引起髌骨在膝关节里"不合槽"，使髌骨后面的软骨与后方的股骨不断撞击和摩擦，造成软骨损伤。上述损伤均可引起髌骨附近的脂肪垫及关节束的损伤。这些损伤，都可能引起膝关节酸痛，当受寒、受潮时往往会加剧酸痛。

（三）运动疗法的作用

通过运动疗法，可以加强关节周围肌肉力量，防止肌肉、肌腱和韧带的损伤；增加固定关节韧带的韧性，改善关节血液循环；松解膝关节周围肌肉、韧带及关节囊的粘连，恢复膝关节的功能。

（四）预防与运动疗法

1. 预防

（1）保持体型，避免身体过度肥胖。

（2）增强肌肉训练，增加固定关节韧带的韧性。

（3）避免过多上楼、跪地、下蹲；避免提取过重的物件及长时间走路。

（4）穿着避震力强的鞋，避免穿过高的高跟鞋和硬底鞋，以减少关节所受的压力。

（5）佩戴护膝，可减少及预防损伤的出现。

2. 运动疗法

（1）静立半蹲。双脚分开与肩同宽，慢慢蹲下，使大腿与小腿的夹角保持约120°。上半身平直，胸、腹、颈放松，呼吸自然，两手叉腰。静立半蹲3~5分钟，以后可逐渐延长至10~20分钟。蹲后原地踏步2~3分钟。

（2）扶腿蹲立。双脚分开与肩同宽，两手扶膝盖上部，身体向下蹲，当大腿和小腿夹角成90°时，再立起。如此反复蹲立50~100下，每天做2~3次。

（3）摆臂蹲立。两脚分开同肩宽，脚尖着地，脚跟提起，身体下蹲，尽量使臀部挨着脚跟，同时两臂前摆平举，然后两腿立起，两臂下垂，身体站立。连续蹲立50~100下，每天做2~3次。

（4）半蹲转膝。两膝并拢，两手扶在膝关节上，两腿弯曲成半蹲状，两脚立好不动，将膝关节先向左、前、后旋转，再向右、前、后旋转，每呼吸一次旋转一周。每天做2~3次，每次旋转30~50周。

（5）前后摆腿。立在地上，两手叉腰，先将左腿抬起，前后摆动，幅度逐渐由小到大。摆动10次后再换右腿，每条腿摆动30~50次。

（6）仰卧抬腿。仰卧在垫子上，两腿伸直，交替上抬，逐渐增加高度，每次抬50~100下，每天早晚各一次。

（7）单腿蹦跳。一条腿支撑身体，另一条腿弯曲抬起，然后连续跳跃，每次做20~30下，交替进行。

（8）按摩膝部。坐在垫子或椅子上，露出膝关节，先将两手掌搓热，然后按压膝关节，直到膝关节发热为止，每天按摩两次。

十、焦虑

焦虑是指一种缺乏明显客观原因的内心不安或无根据的恐惧。它可以在人遭受挫折时出现，也可能没有明显的诱因而发生，即在缺乏充分客观根据的情况下出现某些情绪紊乱。应对焦虑，应做到：第一，坚持定期体检；第二，定期进行心理测评；第三，制订健身计划，在工作间隙进行身体锻炼；第四，尽量避免刺激性强的饮食和烟酒；第五，尽可能定期休假，避免长期超强负荷工作。此外，还必须做到以下几点。

（一）运动

长期超负荷运转、工作压力太大已成为威胁现代人健康的杀手。

体育运动对于缓解压力是十分有效且无不良反应的"良药"。经常参加体育运动，能保持轻松、愉快的心情，精力充沛地投入到学习、工作和生活中去。缓解焦虑的运动形式有：

（1）自己喜欢并能享受的运动。从事自己喜欢并能享受的运动，能产生正面的身心效果，如网球、羽毛球、足球、乒乓球、篮球和高尔夫球等。由于是自己喜爱的运动，所以在运动时能够集中精力、保持愉快的心情。心无杂念而且能专注于运动过程和动作的运动，也是舒解压力的有效形式，如太极拳、气功等。如果是兼有活动身体和清静、专心的运动，其缓解压力和促进健康的效果则更佳。

（2）有氧运动。有氧运动是具有节奏韵律，强度适中，可持续长时间的大肌肉活动。在这个过程中，人们不会有呼吸急促、乳酸堆积或肌肉酸痛的不适现象。在做有氧运动过程中，会消耗大量的能量，使人有舒畅愉快的感觉。经常进行有规律的有氧运动可以增强心肺功能或摄氧能力，还可以促进人际交往，对缓解压力有很大好处。

（3）伸展操。伸展操有提神和放松肌肉的作用，尤其是静态伸展操作用更大。静态伸展是指在每个或多个关节处伸展肌肉、肌腱和韧带的活动，每个动作持续时间为20～30秒，可以在全身各部位关节由上而下或由下而上分别伸展。

（4）重量（或肌肉）训练。重量训练也可以缓解压力或减轻神经、肌肉的紧张程度，因为人的肌肉在用力收缩后会更加放松。重量训练或健身活动不一定要到健身房进行，在家中和办公室也可进行，如可在家或办公室里进行伏地挺身、俯卧撑、仰卧起坐、侧卧拉腿和蹲举等练习。

（5）武术搏击练习。当人精神紧张或遇到不称心的事情时，进行武术搏击练习是比较有效的缓解方式。如太极拳具有均匀、柔和、平稳的特点，既能强健筋骨、强化体魄，又能调理脏腑、疏通筋脉、调节精神、调养气血，是缓解身心疲劳的有效方式。又如可以通过做搏击类动作，将心中的抑郁宣泄出来。

（二）放松

1. 意念放松法

静下心来，排除杂念，闭上眼睛，把注意力集中在丹田，想象在丹田有一股气，此时，用腹式呼吸法慢慢呼吸。吸气时，想象丹田中的这股气由腹部逐渐上升到胸部，再上升到头部，直到头顶百会穴；吐气时，想象这股气由百会穴自后向下顺着脖子、脊梁下降，直至回到丹田。这样一吸一呼，反复进行，可达到消除紧张焦虑、自我放松的效果。

2. 肌肉放松法

肌肉放松时，要松开所有的紧身衣物，轻轻地坐在沙发上，手平放于沙发扶手上，双腿自然前伸，头与上身轻轻后靠。整个放松训练按照由下至上的原则，从脚趾肌肉放松→小腿肌肉放松→大腿肌肉放松→臀部肌肉放松→腹部肌肉放松→胸部肌肉放松→背部肌肉放松→肩部肌肉放松→臂部肌肉放松→颈部肌肉放松→头部肌肉放松。放松的要领是先使该部位肌肉紧张，保持紧张状态10秒钟，然后慢慢放松，并注意体验放松时的感觉。每次放松可进行20～30分钟。

（三）其他

开怀大笑也是缓解焦虑、消除压力的好方法，正所谓"笑一笑，十年少"。在学习、工作或生活中，当局面一团糟、无法控制时，不妨放慢节奏，给自己减负。如听听音乐、唱唱歌、弹弹乐器都有助于缓解焦虑情绪。此外，还要多进行有益的社交，当感到失落时，不妨转移目标，在新的群体中获得快乐及自信。

下篇

第五章　田径运动

> **学习重点**
> 1. 了解田径运动的基础知识
> 2. 掌握田径运动的基本技术
> 3. 掌握田径运动的基本战术
>
> 田径运动是各项运动的基础。它能全面地、有效地发展人的身体素质和运动技能，对其他各项运动的技术发展和成绩提高都有很好的作用。因此，各项体育运动都把田径运动作为提高身体素质的训练手段。实践证明，许多优秀运动员特别是球类运动员，都有较高的田径运动能力和素质水平。

第一节 田径运动的分类

田径运动以计时、测距和计分的方法分为田赛、径赛和全能三大类。田赛是指在专业田径场地内的跳跃和投掷的比赛，包括铅球、铁饼、标枪、链球、跳高、跳远、三级跳远、撑竿跳高；径赛是指在专业田径场地内的走和跑的比赛，包括短跑、中长跑、长跑、跨栏、竞走和障碍赛等。表 5-1-1 为中国田径运动比赛项目与分类。

表 5-1-1 中国田径运动比赛项目与分类

类别	项目	成人		少年			
		男子组	女子组	男子甲组	男子乙组	女子甲组	女子乙组
田赛	跳跃	跳高、撑竿跳高、跳远、三级跳远	跳高、撑竿跳高、跳远、三级跳远	跳高、撑竿跳高、跳远、三级跳远	跳高、撑竿跳高、跳远、三级跳远	跳高、跳远	跳高、跳远
	投掷	铅球（7.26 kg）标枪（800 g）铁饼（2 kg）链球（7.26 kg）	铅球（4 kg）标枪（600 g）铁饼（1 kg）链球（4 kg）	铅球（6 kg）标枪（700 g）铁饼（1.5 kg）	铅球（5 kg）标枪（600 g）铁饼（1 kg）	铅球（4 kg）标枪（600 g）铁饼（1 kg）	铅球（3 kg）
径赛	竞走	20 km、50 km	5 km、10 km、20 km				
	短距离跑	100 m、200 m、400 m	100 m、200 m、400 m	100 m、200 m、400 m	60 m、100 m、200 m、400 m	100 m、200 m、400 m	60 m、100 m、200 m、400 m
	中距离跑	800 m、1 500 m、3 000 m	800 m、1 500 m、3 000 m	800 m、1 500 m、3 000 m	800 m	800 m、1 500 m、3 000 m	800 m
	长距离跑	5 000 m、10 000 m	5 000 m、10 000 m				
	跨栏跑	100 m（0.84 m）400 m（0.762 m）	110 m（0.914 m）	110 m（0.914 m）	100 m（0.84 m）	100 m（0.762 m）	
	障碍跑	3 000 m					

续表

类别	项目	成人		少年			
		男子组	女子组	男子甲组	男子乙组	女子甲组	女子乙组
径赛	马拉松	42 195 m	42 195 m				
	接力跑	4×100 m 4×400 m	4×100 m 4×400 m	4×100 m	4×100 m	4×100 m	4×100 m
全能运动		十项 (100 m、跳远、铅球、跳高、400 m、110 m 栏、铁饼、撑竿跳高、标枪、1 500 m)	七项 (100 m 栏、跳高、铅球、200 m、标枪、跳远、800 m)	七项 (100 m 栏、跳高、标枪、400 m、铁饼、撑竿跳高、1 500 m)	四项 (110 m 栏、跳高、标枪、1 500 m)	五项 (110 m 栏、铅球、跳高、跳远、800 m)	四项 (100 m、跳高、标枪、800 m)

第二节 田径运动基本技术

一、跑的基本技术原理

跑是单脚支撑与腾空相交替、蹬与摆紧密结合、动作协调连贯的周期性运动，它是人类生活技能之一。田径运动径赛项目的目的是以最短的时间跑完相应的距离。跑主要是由起动（起跑与加速跑）和途中跑两部分组成。途中跑是全程跑步中距离最长、速度最快的一段，各种技术参数相对较稳定，它是跑的技术动作周期划分的依据。

周期的结构与划分。运动员的身体作为一个整体，在途中跑的一个周期中经历两次单脚支撑状态和两次腾空状态。就一腿的动作而言，在一个周期中经历了支撑和摆动两个时期，这两个时期又被离地、着地、最大缓冲三个阶段分为折叠前摆、下压准备着地、着地缓冲和后蹬四个阶段。当两腿同时处于摆动时期时，人体处于腾空状态，如图 5-2-1 所示。

图 5-2-1 跑的周期划分示意图

影响跑的因素如下。

（1）内力：指肌肉在收缩时产生的力，是人体运动的动力来源。

（2）外力：指人体与外界物体相互作用时产生的力（支撑反作用力、重力、摩擦力、空气阻力)。

(3)步长与步频:决定跑速的主要因素。

(一)短跑技术

1. 起跑

起跑的任务是获得向前的冲力,是身体摆脱静止状态,为起跑后的加速跑创造有利的条件。现代短跑起跑时起跑器主要采用"普通式""拉长式"的安装方法。

普通式:前起跑器距离起跑线一脚半长,后起跑器距前起跑器一脚半长,如图5-2-2所示。

拉长式:前起跑器距离起跑线两脚长,后起跑器距前起跑器一脚长,如图5-2-3所示。

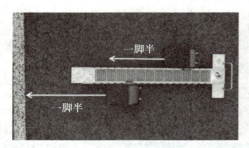

图5-2-2 普通式起跑器

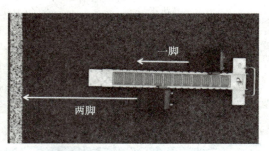

图5-2-3 拉长式起跑器

起跑器的安装应根据个人身高、体形、身体素质和技术水平等情况来选择,其目的是为了充分发挥肌肉的最大力量,获得最大初速度,有助于加速跑的完成。

短跑的起跑过程包括"各就位""预备"和鸣枪三个阶段,如图5-2-4所示。

图5-2-4 短跑的起跑过程

"各就位"时,轻快地走到起跑器前,两手撑地,两脚依次踏在前、后起跑器的抵足板上,后膝跪地,两手收回紧靠起跑线后沿并撑地,两臂伸直,两手间距离鼻尖稍宽,手指成拱形并做弹性支撑,头与躯干保持在同一直线上。身体重量均匀地落在两手、前脚和后膝关节之间。

"预备"时,逐渐抬起臀部,使身体重心向前上方移动,此时身体重量落在两臂和前腿之间,肩部贴近或稍超过起跑线垂直平面,臀部抬起稍高于肩,两小腿趋于平行。前膝关节角度为90°~100°,后膝关节角度为110°~130°,两脚紧贴抵足板,集中注意力听枪声。

"鸣枪"时,两手迅速推地,屈肘前后摆臂,同时两腿快速用力蹬离起跑器,两腿交替积极蹬伸前摆,上体保持适当前倾。

2. 起跑后的加速跑

起跑后的加速跑是从后腿蹬离起跑器到途中跑开始的一个阶段,距离一般为30 m左右,其任务是尽快加速到自己的最高速度。加速跑阶段，最初几步较小，随后逐渐增大步幅。身体前倾的角度随着速度的增大而减小，最后逐渐接近途中跑的姿势。加速跑过程中应注意积极摆臂，充分蹬伸，避免上体过早地立直，从而影响加速的效果。

3. 途中跑

途中跑的任务是继续发展和保持较长距离的最高速度。途中跑是全程中距离最长、速度最快的阶段。在途中跑过程中，头部保持正直，肩部放松，自然屈肘摆臂，上体稍前倾，尽量步幅大、步频快、重心高。

4. 终点跑

终点跑是全程跑的最后一段，任务是尽力保持途中跑的速度跑过终点。终点跑包括终点跑技术和撞线技术。

终点跑技术：要求在离终点 15~20 m 处，尽力保持上体前倾角度，加快两臂摆动的速度和力量，保持途中跑的高速度跑。

终点撞线技术：在运动员跑到离终点线约一步距离时，上体急速前倾，以胸部或肩部撞向终点线上空，并跑过终点线，然后逐渐减慢跑速。

5. 弯道跑技术

200 m 和 400 m 跑，有一半以上距离是在弯道上跑的。为了适应弯道跑，必须改变跑的身体姿势和后蹬与摆动的方向。

（1）弯道起跑和起跑后的加速跑，如图 5-2-5 所示。

图 5-2-5　弯道起跑和起跑后的加速跑

为了便于在弯道起跑之后能有一段直线距离进行加速跑，应将起跑器安装在弯道的右侧，延弯道切线方向。起跑时，运动员的左手撑在距起跑线后沿 5~10 cm 处，使身体对着弯道的切点。

弯道起跑后前几步应沿着内侧分道线的切点方向跑进，加速跑的距离相应比 100 m 跑的加速跑距离短，上体抬起较早。在进入弯道跑时，尽可能地沿着跑道的内侧跑，身体应及时地向内倾斜。

（2）弯道跑技术。从直道进入弯道跑时，身体应有意识地向内倾斜，加大右腿的蹬地力量和摆动幅度，同时右臂亦相应地加大摆动的力量与幅度，以利于迅速地从直道跑进入弯道。身体内倾的幅度大小主要由跑速决定，跑速越快，内倾幅度越大。

从弯道跑进入直道，应在弯道的最后几米处，身体逐渐减小内倾程度，并顺自然跑 2~3 步后转入正常途中跑。

（二）中长跑

中长跑是中距离跑和长距离跑的合称。中跑是对速度耐力要求较高的项目；长跑是以耐力为主的项目。中长跑能改善呼吸系统和心血管系统的功能，发展耐力素质和培养坚毅顽强的意志品质。

中长跑各个项目的完整技术均分为起跑、起跑后的加速跑、途中跑和终点跑四个环节。

1. 起跑和起跑后的加速跑

中长跑的起跑采用站立式起跑。当运动员听到"各就位"口令后，从集合线走到起跑线后，有力腿放在后，两脚前后自然分开适当弯屈，重心落在前脚上，上体稍前倾，前腿异侧臂自然前伸，目视前方，集中注意力听枪声。听到枪声后，两脚用力蹬地，两臂积极配合摆动，使身体摆脱静止状态。

2. 途中跑

途中跑是决定中长跑运动成绩的主要环节。途中跑应强调轻松、省力、节奏好。以下四点对途中跑有重要影响。

（1）着地缓冲。

着地缓冲是为了减少对人体的冲击，减少水平速度的损失，为尽快后蹬创造有利的条件。脚着地前，摆动腿大腿积极下压，小腿顺势前摆并做"扒地"动作，着地腿的膝关节是弯曲的，和足跟几乎在一条垂直线上，这对减少缓冲有积极作用。着地时应用脚前掌或脚前掌外侧先着地，过渡到全脚掌着地。

（2）后蹬与前摆。

跑时，一脚进行后蹬，一脚进行前摆。这是产生跑进动力的阶段，是途中跑技术的主要阶段。

（3）腾空。

后腿蹬离地面，人体进入腾空阶段。腾空时，蹬地腿的小腿应迅速向大腿折叠，形成以髋关节为轴、大腿长度为半径的摆动过程。

（4）上体和两臂。

途中跑时，上体应采取稍前倾的姿势，两肩放松，两臂做前后自然摆动，肘关节角度在垂直位置时可大一些，以利于两臂肌肉的放松。

3. 终点跑

终点跑是各项目中全程结束前的最后一段距离的冲刺跑。终点冲刺的距离，要根据比赛项目、个人特点和战术的需要来确定。速度好的运动员在进入最后一个直道时开始冲刺，耐力好的运动员，冲刺跑开始较早，距离较长。冲刺时，应加大摆臂、加快步频和增加躯干的前倾角度。

4. 步长与步频

跑步的速度是由步长和步频决定的。中长跑运动员应保持适宜的步长和稳定的步频，增强跑的节奏性。有节奏的跑能够使肌肉和内脏器官处于有利的状态，并能推迟疲劳的出现。

5. 呼吸

中长跑时，人体能量消耗较大，有机体需要更多的氧气来维持运动中需氧量和供氧量的平衡。供氧量不能满足需求时，会使步长缩短、步频减慢、跑速下降。可见，呼吸对发挥正确的跑的技术起重要的作用。在跑的过程中应该保持良好的呼吸与步子的节奏的配合，如两步一呼、两步一吸；一步一呼、一步一吸。整个跑的过程中不应有闭气，呼吸方式为鼻和半张口同时呼吸。

（三）接力跑

接力跑是田径运动中唯一以集体形式出现的竞赛项目，由于竞争激烈，成为有强烈吸引力和令人瞩目的项目。接力跑技术包括短跑技术和传、接棒技术两个部分。接力跑成绩决定于各棒次运动员的速度和传、接棒技术,以及传、接棒时机。接力跑项目一般分为男、女4×100 m接力跑和男、女4×400 m接力跑。

1. 4×100 m接力跑技术

(1) 起跑。

持棒起跑:第一棒运动员采用蹲踞式起跑,通常右手持棒,其基本技术类同短跑起跑,但接力棒不得触及起跑线及起跑线前面的地面。持棒的方法一般用中指、无名指和小指握住棒的末端,用拇指和食指分开撑地。

接棒人起跑:第二、三、四棒运动员多采用半蹲式或站立式起跑。第二、四棒选手站在跑道外侧,第三棒选手站在跑道内侧。接棒运动员起跑姿势的选择,主要取决于能否快速起跑和进入加速跑,并能清晰地看到传棒选手以及设定的起动标志。

(2) 传、接棒方法,如图5-2-6所示。

传、接棒时,一般采用不看棒的传、接棒方法,具体可分为以下两种。

上挑式:接棒人手臂自然后伸,手臂与躯干成40°~45°角,掌心向后,虎口张开朝下。传棒人将棒由下向前上方"挑"送到接棒人手中。

下压式:接棒人手臂后伸,与躯干成50°~60°角,掌心向上,虎口向后,拇指向内。传棒人将棒的前端由上向下"压"送到接棒人手中。

图5-2-6 传、接棒方法

(3) 传、接棒时机。

在20 m接力区内传、接棒的双方都能有较高的跑速时是传、接棒的良好时机。一般把这一时机设计在约离接力区末端4.5 m处,其根据是此时传棒运动员仍处于高速跑之中,且接棒运动员也能加速到一定的速度水平。

2. 4×400 m接力跑技术

4×400 m接力跑的传、接棒技术相对简单,但由于传棒人最后跑速已不快,所以接棒人应慢速跑进,目视传棒人,顺其跑速接棒,然后再快速跑出。

第一棒采用蹲踞式起跑,持棒方法同4×100 m接力的第一棒。第二棒采用站立式起跑,通常站在接力区后沿的前面,头部转向后方,看好同队的传棒队员,如果传棒人最后仍有一定的速度,那么接棒人可以早些起跑;如果跑速已比较缓慢,则应晚些起跑;如已筋疲力尽,则要主动接棒,并力争早些完成传、接棒动作。第三、四棒的接棒方法基本同第二棒,传棒人要注意服从裁判安排,并注意在不影响其他接力队跑进的情况下从两侧退出跑道。

二、跳跃的基本技术原理

(一) 跳远技术

跳远是人体通过一定距离的助跑获得较大水平速度后,利用快速起跳产生垂直速度,使人体腾空跃起后落在沙坑的一项体育运动。跳远的完整技术是由助跑、起跳、空中动作和落地四个部分组成的。

1. 助跑

（1）助跑的距离和步数：助跑的距离男子一般为 40~50 m、女子为 30~35 m，根据运动员的身体素质及技术水平来确定。助跑的测定可从起跳板及延长线处开始，用助跑速度向反方向跑，最后一步踏点即为助跑起点。

（2）助跑的方式分两种：一种是站立式起动，另一种是走或跑几步后踏标志线开始助跑。不管哪种方式的助跑都应用前脚起动，做到快速、准确、稳定、按直线、有节奏、有弹性。助跑的最后几步要达到最高速度，倒数第二步步幅稍大，重心略低，踏跳步步幅稍短，重心稍上升，进入起跳状态。

2. 起跳

（1）起跳脚踏板瞬间：助跑最后一步，当摆动腿支撑时，应用力蹬地，使身体尽快向起跳板方向运动，起跳腿快速折叠前摆，并积极下压大腿，使起跳腿快速地以脚跟触板并滚动为全脚掌。

（2）缓冲：在起跳脚着力瞬间由于助跑速度的惯性和身体重力作用，起跳腿踝、膝、髋三关节被动弯曲。

（3）蹬冲：身体重心移到支撑腿上，此时起跳腿蹬直踝、膝、髋三关节；同时摆动腿的大腿积极向前上方摆至水平位置，小腿自然下垂，两臂协调配合，起跳腿同侧臂屈肘摆至身体前上方，异侧臂屈肘摆至身体侧上方，向上顶头、提肩、拔腰。

3. 空中动作

跳远起跳会产生使身体向前的旋转力，空中动作就是要减少身体向前旋转，保持身体在控制空中的平衡，最大限度地利用身体重心抛物线轨迹，把两腿充分地向前伸出，为合理落地做好准备。空中动作可分为蹲踞式和挺身式两种。

（1）蹲踞式。

起跳腾空后，上体前倾，起跳腿大腿上抬并腿，两小腿前伸，两臂前摆，在空中形成"蹲"的姿势，完成落地动作。

（2）挺身式。

起跳腾空后，摆动腿的大腿积极下放，小腿随之向下、向后方摆动，留在体后的起跳腿与向前的摆动腿靠拢。当达到腾空最高点时，身体充分伸展，形成"挺胸展髋"姿势。两臂上举或后摆。然后收腹举腿，双腿前伸，完成落地动作，如图 5-2-7 所示。

图 5-2-7　挺身式

挺身式跳远能较充分地拉长体前肌群，有利于完成收腹举腿和落地时前伸双腿的动作。在腾空后，旋转力矩也较大，易于保持身体的平衡。但空中动作的形式和用力特点与助跑起跳动作之间的衔接不紧密。

4. 落地

从起跳脚离地后，身体重心抛物线的移动轨迹就已被决定。良好的空中动作是合理落地的基础。落地前，双臂快速向后方摆动，有利于双腿向上抬起并向前方伸出。着地前尽量减小双腿与地面的夹角，以便于足的着地点更靠近身体重心轨迹的落点，增加跳跃的距离。双足着地以后，应及时屈膝缓冲，髋部迅速向前移动，双臂快速前摆，使身体特别是臀部迅速移过落地点。

（二）背越式跳高

1. 助跑

快速助跑是背越式跳高技术的特点之一。助跑的任务是获得必要的水平速度，在起跳前及时地调整动作结构及身体姿态，为起跳和顺利地越过横杆创造条件。

背越式跳高的助跑路线大多采用"J"形曲线，如图 5-2-8。这种助跑的全过程，是一条近似于直线接抛物线的曲线。目前，背越式跳高的助跑大多采用 8～12 步或 9～13 步，前段跑直线，后段跑弧线，身体向圆心倾斜。助跑距离视运动员训练水平而定，目的是为了获得较大的水平速度。起动方式有行进起动和原地起动两种。

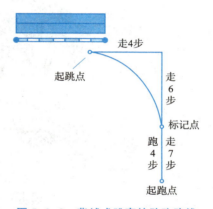

图 5-2-8　背越式跳高的助跑路线

2. 起跳

起跳是跳高技术的关键环节。起跳的任务是迅速改变人体的运动方向，并获得尽可能大的垂直速度，同时还要产生一定的旋转动力，保证过杆动作的顺利完成。

助跑最后一步，起跳腿积极踏向起跳点，保持身体内倾姿势向前送髋和前移躯干，接起跳腿以大腿带动小腿积极下压做向下的扒地动作。着地时以起跳脚的外侧跟部接触地面，继而通过脚外侧滚动至全脚掌，脚尖朝向弧线的切线方向，随着身体由内倾转为垂直，迅速完成缓冲和蹬伸动作。蹬伸动作依次由髋、膝、踝顺序用力。在起跳过程中，摆动腿和两臂协调进行配合。

3. 过杆

过杆是最终决定跳跃成败的重要环节。为了提高过杆的效果，必须形成合理的杆上姿势，缩短身体重心与横杆之间的距离，利用补偿动作，使身体从头到脚依次顺利地越过横杆。

当头和肩越过横杆后，及时仰头、倒肩和展体，并利用身体重心向上的速度，积极挺髋，两小腿稍后收，形成身体背弓姿势。这时两臂置于体侧，当身体重心移过横杆时，及时含胸收腹，以髋部发力，带动大腿和小腿加速向后上方甩腿，使整个身体脱离横杆。

4. 落垫

技术比较简单，在向后上方甩腿之后，保持屈髋伸膝的姿势下落，最后以背部先着垫，并做好缓冲。为了防止损伤，不能做过大的屈膝、屈髋动作，两腿应适当分开，避免两腿撞击脸部。

背越式跳高现场示范如图 5-2-9 所示，背越式跳高技术分解动作示意如图 5-2-10 所示。

图 5-2-9 背越式跳高现场示范

图 5-2-10 背越式跳高技术分解动作示意

三、投掷的基本技术原理

田径运动的投掷类项目最明显的运动学特征就是人体通过持握器械，预先加速，最后用力使手中的器械产生加速度后，按适宜的角度抛射出去，达到最大的远度。田径投掷类项目分为两类：一类为较重球形器械的投掷项目，如推铅球和掷链球；另一类为较轻流线体器械的投掷项目，如掷标枪和掷铁饼。它们既有共同的运动规律，又有各自的特点。

投掷项目的完整技术都是由握持器械、准备姿势、助跑或预加速、最后用力和器械出手后维持身体平衡几个技术阶段组成。下面重点介绍一下推铅球的基本技术原理。

1. 握球和持球（以右手投掷为例）

五指自然分开，将球放在食、中、无名指指根处，拇指和小指扶在球的两侧，手腕背屈。这样可以增加握球的稳定性，防止铅球滑动，充分发挥手腕和手指的力量，使铅球获得更快的初速度。握好球后，将球放在锁骨窝处，贴于颈部，下颌略向右转，右臂屈掌心向内，上臂略低于肩或与肩平齐，左臂自然上举，两眼平视前方，如图 5-2-11 所示。

2. 滑步技术

滑步技术可分为侧向滑步和背向滑步两种。

（1）侧向滑步。

预备姿势：持球后，侧对投掷方向，两脚左右开立，相距 20～30 cm，右脚外侧贴近投

图 5-2-11 握球和持球

掷圈的后沿，左脚前掌着地，上体正直，目视前方或右前方，身体重心落在右腿上。待身体平稳后，上体逐渐向右侧倾斜，左腿向左上方抬起，左臂自然上举。然后，随着回收左腿，右腿下蹲，形成"团身"姿势。此时铅球的投影点要在身体支点的右边，左腿靠近右腿，体重压在右脚上，眼睛看前下方 2~3 m 处。

滑步："团身"动作完成后，首先髋部带动身体重心略向投掷方向移动，使其移离身体的支撑点（右脚）。接着，左腿向投掷方向摆出，同时右腿向投掷方向快速用力蹬伸，上体姿势不变。蹬摆动作完成后，右腿迅速内收，左腿积极落地，形成最后用力前的良好预备姿势。滑步时，右脚离地不要过高，以免身体重心上下起伏过大。滑步结束时，身体仍然侧对投掷方向，铅球的投影点位于右脚外侧的右边，图 5-2-12 所示。

图 5-2-12 侧向滑步

（2）背向滑步。

预备姿势：预备姿势是滑步前的准备动作，它对铅球运行距离有重要的作用，并为滑步动作创造有利的条件。预备姿势一般可分为高姿和低姿两种。目前优秀铅球运动员采用后者较多，即持球后，背对投掷方向，两脚前后开立，相距 40~50 cm，身体重心压在右腿上。右腿弯曲，右脚脚尖贴近投掷圈的后沿，左脚在后，脚尖着地，形成"团身"姿势。这时，躯干与地面基本保持平行，目视前下方 2~3 m 处，如图 5-2-13 所示。

图 5-2-13 背向滑步

滑步动作：滑步的目的是使铅球获得一定的水平速度，并为最后用力创造良好的条件。滑步技术掌握好的投掷者，其滑步推铅球的成绩可以比原地推铅球远 1.5~3 m。决定滑步效果的因素主要有三个方面：一是左腿摆动的力量、速度和方向；二是右腿蹬地的力量、速度和角度；三是左腿摆动与右腿蹬地的协调配合。预备姿势完成后，首先臀部带动身体重心略向投掷方向移动，使其移离身体的支撑点（右脚），以便于滑步和避免身体重心起伏过大。

接着,左腿以大腿带动小腿迅速向抵趾板方向摆出并外旋,右腿积极蹬伸,及时拉收并内旋,两腿摆蹬协调配合,推动身体向投掷方向快速移动,形成最后用力前的良好姿势。以上动作一定要体现出重心后移在先、以摆为主、以摆带蹬、摆蹬结合的特点。

滑步开始时,右脚蹬离地面的方法有两种:一种是前脚掌蹬地,另一种是脚后跟蹬地。前者动作简单、省力、便于拉收右腿,容易掌握,但右腿蹬地不充分、力量小、蹬地角度大,会造成滑步时身体重心上下起伏较大。后者右腿蹬地充分、力量大、蹬地角度小,能减小滑步时身体重心的起伏,更好地发挥水平速度,但对腿部的力量和灵活性要求较高,拉收右腿动作难度大。

3. 最后用力

最后用力是从左脚落地开始至铅球出手结束。最后用力是推铅球技术的关键环节,其任务是:充分利用滑步获得的水平速度,结合最后用力中身体各部分发挥的力量,通过手臂和手指作用于铅球。

最后用力要与滑步紧密结合,用力顺序正确、动作连贯、加速明显,并有牢固的左侧支撑。最后用力动作正确与否直接影响着铅球的出手初速度、出手角度和出手高度。最后用力阶段顺序为:右脚蹬地、转髋、抬上体、挺胸、右手推、手指拨,推铅球的技术动作示意如图 5-2-14 所示。

图 5-2-14 推铅球的技术动作示意

最后用力中,髋轴与肩轴之间的位置关系是正确用力顺序的标志,也是能否充分发挥下肢和躯干肌肉力量的关键。最后用力前,髋轴在前、肩轴在后,使躯干肌群充分扭紧。最后用力开始后,右腿用力蹬伸,推动右髋转动,使肩轴更加落后于髋轴,从而使躯干肌群得到最大限度的扭紧。当髋轴转至接近正对投掷方向时,肩轴迅速转动,赶超髋轴,形成自下而上的用力顺序,使下肢和躯干肌肉的力量得到充分发挥。

4. 维持身体平衡

铅球出手后,运动员采用两腿交换并降低身体重心来缓解向前的冲力,以维持身体平衡,防止犯规。

第六章 武术运动

学习重点

1. 了解武术的基础知识
2. 了解武术的基本动作
3. 熟悉二十四式太极拳的动作要点
4. 熟悉初级长拳的动作要点

武术作为中国传统运动项目，历史悠久，源远流长。武术是以中国传统文化为理论基础，以内外兼修、术道并重为鲜明特点的运动，并在长期生活与斗争实践中，形成了较为系统的技术体系和众多门派。

第一节 武术运动概述

一、武术的特点

（一）寓技击于体育之中

武术最初作为军事训练手段，与古代军事斗争紧密相连，其技击的特性是显而易见的。在实际应用中，其目的在于制服或杀伤对方。它常常以最有效的技击方法，迫使对方失去攻击或反抗能力。

武术作为体育运动，技术动作具有攻防技击的特性，将技击寓于搏斗与套路之中。

（二）内外合一、形神兼备的民族风格

"内外合一"的整体观，是中国武术的一大特色。所谓内，指心、神、意等心志活动和气的运行；所谓外，即手、眼、身、步等形体活动。内与外、形与神是相互联系又相互统一的整体。

武术"内外合一，形神兼备"的特点主要通过武术功法和技法来体现。"内练精气神，外练筋骨皮"是各家各派练功的准则，如太极拳主张身心合修，要求"以心行气，以气运身"；形意拳讲究"内三合，外三合"；少林拳也要求精、力、气、骨、神内外兼修。此外，武术套路在技术上往往要求把内在精气神与外部形体动作紧密结合，完整一气，做到"心动形随""形断意连""势断气连"，以"手眼身法步，精神气力功"八法的变化来锻炼心身。这一特点反映了中国武术作为一种文化形式在长期的历史演进中倍受中国古代哲学、医学、美学等方面的渗透和影响，形成了独具民族风格的练功方法和运动形式。

（三）广泛的适应性

武术的练习形式多样、内容丰富，有竞技对抗性的散手、推手、短兵，有适合演练的各种拳术、器械和对练，还有与其相适应的各种练功方法。不同的拳种和器械有不同的动作结构、技术要求和运动风格，分别适应人们不同年龄、性别、体质的需求。人们可以根据自身的条件和兴趣爱好进行选择练习。同时，武术对场地、器材的要求较低，俗称"拳打卧牛之地"，练习者可根据场地的大小变化调整练习内容和方式，即使没有器械也可以徒手练习、练功。

二、武术的分类

（一）竞赛类

1. 单练
单人对单式、套路进行反复练习，可用于练功和表演、竞赛。
2. 对练
两人或两人以上，按照预定的程序进行的攻防格斗套路，包括：徒手对练，器械对

练，徒手与器械对练等。徒手对练是运用踢、打、摔、拿等方法，按照进攻、防守、还击的运动规律编成的拳术套路；器械对练是以器械的劈、砍、击、刺等技击方法组成的对练套路。

3. 集体项目

集体项目是集体进行的徒手、器械或徒手与器械的演练。在竞赛中通常要求六人以上，可变换队形、图案，也可用音乐伴奏。要求队形整齐、动作协调一致。

4. 散打搏击

两人在一定条件下，按照一定的规则进行斗智较力的对抗练习形式。目前武术竞赛中开展的有散手、推手等。散手是两人按照一定的规则使用踢、打、摔、拿等方法制胜对方的竞技项目；推手是两人遵照一定的规则，使用掤、捋、挤、按、采、挒、肘、靠等手法，双方粘黏连随，通过肌肉的感觉来判断对方的用劲，然后借劲发力将对方推出，以此决定胜负的竞技项目。

（二）传统武术

1. 太极拳

太极拳经过长期的流传，演变出了许多的流派，常见的五大派包括陈式太极拳、杨式太极拳、孙式太极拳、吴式太极拳和武式太极拳。

2. 南拳

南拳是明代以来流行于南方的汉族拳种，以福建、广东为中心，广泛流传于长江以南地区，故称南拳。南拳的特点是：短小精悍、结构紧凑、动作朴实、手法多变、短手连打、步法稳健、攻击勇猛，常伴以声助威，技击性强。

3. 八卦掌

八卦掌是一种以掌法变换和行步走转为主的中国传统拳术，是中国传统武术当中的著名拳种，流传很广。八卦掌最初由河北省文安县人董海川创于清末，他在江南游历时得到道家修炼的启示，结合武术加以整理而成。八卦掌首先在北京一带流传开来，近百年来遍及全国，流派繁多，并传播到国外。

4. 形意拳

形意拳最广泛认可的最初创始人是明末清初山西蒲州人（今永济市）姬际可。形意拳创立之初叫"心意六合拳"，即心与意合、意与气合、气与力合、肩与胯合、肘与膝合、手与足合。现行流传的形意拳为道光年间河北深州人李洛能在心意拳的基础上改革创立而成，形意拳讲究"内意与外形"的高度统一。

5. 咏春拳

咏春拳是一门制止侵袭的技术，是一个积极、精简的正当防卫系统。较其他中国传统武术，更专注于尽快制服对手。咏春拳以"中线理论"为基础，颇具南拳拳术特色，强调使用正确的观念、意识及思维方式，来进行肢体的灵活应用。

6. 其他拳种

传统拳种经长年发展，流派林立，不仅各自完善传承、内外兼修，同时在国内外重大赛事中多有展示，常见的有洪拳、查拳、花拳、炮拳、华拳、戳脚、通臂拳、劈挂拳、螳螂拳、八极拳、少林拳、武当拳等。

第二节 武术运动基本动作

一、基本手形

1. 拳

各部位名称：拳眼、拳心、拳面、拳背、拳轮。

动作说明：五指卷紧，拇指压于食指、中指第二指节上，如图 6-2-1 所示。

2. 掌

各部位名称：掌心、掌背、掌指、掌根、掌外沿。

动作说明：四指伸直并拢，拇指弯曲紧扣于虎口处，如图 6-2-2 所示。

3. 勾

各部位名称：勾尖、勾顶。

动作说明：五指撮拢成勾，屈腕，如图 6-2-3 所示。

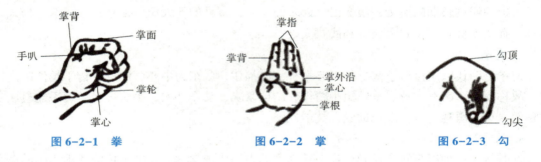

图 6-2-1 拳　　　　图 6-2-2 掌　　　　图 6-2-3 勾

二、基本步法

1. 弓步

动作说明：前脚微内扣，全脚掌着地，屈膝半蹲，大腿成水平，膝部约与脚面垂直；另一腿挺膝伸直，脚尖里扣斜向前方，全脚掌着地，上体正对前方，两手抱拳于腰间，要点：挺胸，立腰；前腿弓、后腿绷，如图 6-2-4 所示。

2. 马步

动作说明：两脚左右开立为脚长 3~4 倍，脚尖正对前方，屈膝半蹲，大腿成水平，眼看前方，两手抱拳于腰间，如图 6-2-5 所示。

图 6-2-4 弓步　　　　图 6-2-5 马步

3. 仆步

动作说明：一腿全蹲，大腿和小腿靠紧，臀部接近小腿，全脚掌着地，膝与脚尖稍外展；另一腿平铺接近地面，全脚掌着地，脚尖内扣，如图 6-2-6 所示。

4. 虚步

动作说明：后脚尖斜向前，屈膝半蹲，大腿接近水平，全脚掌着地；前腿微屈，脚面绷紧，脚尖虚点地面，如图 6-2-7 所示。

5. 歇步

动作说明：两腿交叉屈膝全蹲，前脚全脚掌着地，脚尖外展；后脚跟离地，臀部外侧紧贴后小腿。挺胸、立腰、两腿贴紧，如图 6-2-8 所示。

图 6-2-6 仆步　　　图 6-2-7 虚步　　　图 6-2-8 歇步

三、基本腿法

（一）直摆性腿法

预备姿势：并步站立，两臂侧平举，如图 6-2-9 所示。

1. 正踢腿

动作说明：左脚上步直立，右腿挺膝，脚尖勾起向前额处猛踢；目向前平视，如图 6-2-10 所示。

要点：挺胸、收腹、立腰。踢腿时，迅速收髋、收腹，脚尖勾起绷落，过腰后动作加快，要有寸劲。

2. 侧踢腿

动作说明：右脚上步，脚尖外展；左脚跟稍提起，身体略右转，两臂后举。随着，左腿勾脚向左耳际踢起，右臂上举亮掌，左臂立于右肩前；目向前平视，如图 6-2-11、图 6-2-12 所示。

要点：开髋、侧身、猛收腹。

图 6-2-9 预备姿势　　图 6-2-10 正踢腿　　图 6-2-11 侧踢腿动作一　　图 6-2-12 侧踢腿动作二

3. 外摆腿

动作说明：右脚上步；左脚尖勾紧，向右侧上方踢起，经面前向左侧上方摆动，直腿落在右脚旁；目向前平视，可用掌在面前依次迎击脚面，如图6-2-13、图6-2-14所示。

要点：展髋，腿成扇形外摆，幅度要大。

4. 里合腿

动作说明：同外摆腿，由外向内合，合髋，腿成扇形外摆，幅度要大，如图6-2-15、图6-2-16所示。

图6-2-13 外摆腿动作一　　图6-2-14 外摆腿动作二　　图6-2-15 里合腿动作一　　图6-2-16 里合腿动作一

5. 拍脚

准备姿势，并步站立，双手抱拳，直视前方，如图6-2-17所示。

动作说明：左脚上步；右腿挺膝、绷脚面向上猛力踢摆。同时右拳变掌，于前上方迎击右脚面；目向前平视，如图6-2-18所示。

要点：收腹、立腰。踢腿高度过胸，击拍脚面要准确、响亮。

图6-2-17 拍脚准备姿势　　图6-2-18 拍脚动作

（二）屈伸性腿法

1. 弹腿

预备姿势：同拍脚。

动作说明：支撑腿直立或稍屈，另一腿由屈到伸向前弹出。脚面绷平，力达脚尖，要点：收髋，弹击有寸劲，力达脚尖，如图6-2-19、图6-2-20所示。

图 6-2-19　弹腿动作一　　　图 6-2-20　弹腿动作二

2. 蹬腿
预备姿势：同弹腿。
动作说明：同弹腿，唯脚尖勾起，力达脚跟，如图 6-2-21 所示。
要点：同弹腿。

3. 侧踹腿
预备姿势：插步，如图 6-2-22 所示。
动作说明：右腿伸直支撑；左腿由屈到伸，脚尖里扣，用脚掌猛力踹出，高与腰平，上体倾斜；目视左侧方，如图 6-2-23 所示。
要点：挺膝、开髋、猛踹，脚外侧朝上、力达脚掌。

图 6-2-21　蹬腿　　　　图 6-2-22　插步　　　　图 6-2-23　侧踹腿

（三）扫转性腿法

预备姿势：成左弓步，两掌向前推出，如图 6-2-24 所示。
动作说明：成右仆步，上体前俯，两掌撑地，左腿全蹲；右腿伸直，脚尖内扣，以左脚掌为轴，贴地后扫一周，如图 6-2-25 所示。
要点：转体、俯身、撑地、扫转要连贯协调，一气呵成。

图 6-2-24　预备姿势　　　　图 6-2-25　扫转性腿法

第三节 武术套路

一、二十四式简化太极拳

预备势

身体自然站立，两脚并拢，两手垂于大腿外侧；头正项直，口闭齿扣，胸腹放松；目视前方，如图6-3-1所示。

（一）起势

（1）左脚开立：左脚向左分开，两脚平行同肩宽，如图6-3-2所示。

（2）两臂前举：两臂慢慢向前举，自然伸直，两手心向下，如图6-3-3所示。

图6-3-1 预备势

（3）屈腿按掌：两腿慢慢屈膝半蹲，同时两掌轻轻下按至腹前，如图6-3-4所示。

图6-3-2 左脚开立　　图6-3-3 两臂前举　　图6-3-4 屈腿按掌

（二）左右野马分鬃

1. 左野马分鬃

（1）抱球收脚：上体稍右转，右臂屈抱于右胸前，左臂屈抱于腹前，成右抱球，如图6-3-5所示；左脚收至右脚内侧成丁步，如图6-3-6所示。

图6-3-5 右抱球　　　　图6-3-6 收脚

（2）弓步分手：上体左转，左脚向左前方迈出一步，如图 6-3-7 所示；左脚落地，两掌前后分开，左手心斜向上，如图 6-3-8 所示；成左弓步，右手按至右胯旁，两臂微屈，如图 6-3-9 所示。

图 6-3-7　弓步分手动作一　　图 6-3-8　弓步分手动作二　　图 6-3-9　弓步分手动作三

2. 右野马分鬃

（1）抱球收脚：重心稍向后移，左脚尖翘起外撇图，如 6-3-10 所示；上体稍左转，左手翻转在左胸前屈抱，右手翻转前摆，在腹前屈抱，成左抱球，如图 6-3-11 所示；重心移至左腿，右脚收至左脚内侧成丁步，如图 6-3-12 所示。

图 6-3-10　抱球收脚动作一　　图 6-3-11　抱球收脚动作二　　图 6-3-12　抱球收脚动作三

（2）弓步分手：同前弓步分手，左右相反，如图 6-3-13、图 6-3-14、图 6-3-15 所示。

图 6-3-13　弓步分手动作一　　图 6-3-14　弓步分手动作二　　图 6-3-15　弓步分手动作三

3. 再次左野马分鬃

同前一次的左野马分鬃，如图6-3-16、图6-3-17、图6-3-18、图6-3-19所示。

图6-3-16　左野马分鬃动作一　　图6-3-17　左野马分鬃动作二　　图6-3-18　左野马分鬃动作三　　图6-3-19　左野马分鬃动作四

（三）白鹤亮翅

（1）跟步抱球：上体稍左转，右脚向前跟步，落于左脚后；同时两手在胸前屈臂抱球，如图6-3-20所示。

（2）虚步分手：上体后坐并向右转体，左脚稍向前移动，成左脚虚步，如图6-3-21所示；同时右手分至右额前，掌心向内，左手按至左腿旁，上体转正，目视前方，如图6-3-22所示。

图6-3-20　跟步抱球　　图6-3-21　虚步分手动作一　　图6-3-22　虚步分手动作一

（四）左右搂膝拗步

1. 左搂膝拗步

（1）收脚托掌：上体右转，右手至头前下落，经右胯侧向后方上举，与头同高，手心向上，左手上摆，向右划弧落至右肩前；左脚收至右脚内侧；目视右手，如图6-3-23、图6-3-24、图6-3-25所示。

图6-3-23　收脚托掌动作一　　图6-3-24　收脚托掌动作二　　图6-3-25　收脚托掌动作三

（2）弓步搂推：上体左转，左脚向左前方迈出一步成左弓步；左手经膝前上方搂过，停于左腿外侧，掌心向下，指尖向前，右手经肩上，向前推出，右臂自然伸直，如图6-3-26、图6-3-27所示。

图 6-3-26　弓步搂推动作一　　　　图 6-3-27　弓步搂推动作二

2. 右搂膝拗步

（1）收脚托掌：重心稍后移，左脚尖翘起外撇，上体左转，右脚收至左脚内侧成丁步；右手经头前划弧摆至左前肩，掌心向下，左手向左上方划弧上举，与头同高，掌心向上；目视左手，如图6-3-28、图6-3-29、图6-3-30所示。

图 6-3-28　收脚托掌动作一　　图 6-3-29　收脚托掌动作二　　图 6-3-30　收脚托掌动作三

（2）弓步搂推：同前弓步搂推，左右相反，如图6-3-31、图6-3-32所示。

图 6-3-31　弓步搂推动作一　　　　图 6-3-32　弓步搂推动作二

3. 再次左搂膝拗步

动作与右搂膝拗步相同，左右相反，如图6-3-33~图6-3-37所示。

图 6-3-33　左搂膝拗步动作一　　图 6-3-34　左搂膝拗步动作二　　图 6-3-35　左搂膝拗步动作三

图 6-3-36　左搂膝拗步动作四　　图 6-3-37　左搂膝拗步动作五

（五）手挥琵琶

（1）跟步展臂：右脚向前收拢半步落于左脚后；右臂稍向前伸展，如图 6-3-38 所示。

（2）虚步合手：上体稍向左回转，左脚稍前移，脚跟着地，成左虚步；两臂屈肘合抱，右手与左肘相对，掌心向左，如图 6-3-39 所示。

图 6-3-38　跟步展臂　　图 6-3-39　虚步合手

（六）左右倒卷肱

1. 右倒卷肱

（1）退步卷肱：上体稍右转，两手翻转向上，右手随转体向后上方划弧上举至肩上耳侧，左手停于体前；上体稍左转；左脚提起向后退一步，脚前掌轻轻落地；目视左手，如图 6-3-40、图 6-3-41 所示。

图 6-3-40　右倒卷肱动作一　　　图 6-3-41　右倒卷肱动作二

（2）虚步推掌：上体继续左转，重心后移，成右虚步；右手推至体前，左手向后、向下划弧，收至左腰侧，手心向上；目视右手，如图6-3-42、图6-3-43、图6-3-44所示。

图 6-3-42　虚步推掌动作一　　　图 6-3-43　虚步推掌动作二　　　图 6-3-44　虚步推掌动作三

2. 左倒卷肱

（1）退步卷肱：同前退步卷肱，左右相反，如图6-3-45、图6-3-46、图6-3-47所示。

图 6-3-45　退步卷肱动作一　　　图 6-3-46　退步卷肱动作二　　　图 6-3-47　退步卷肱动作三

（2）虚步推掌：同前虚步推掌，左右相反，如图6-3-48、图6-3-49、图6-3-50所示。

图 6-3-48 虚步推掌动作一　　图 6-3-49 虚步推掌动作二　　图 6-3-50 虚步推掌动作三

3. 再次右倒卷肱

同前右倒卷肱，如图 6-3-51 所示。

4. 再次左倒卷肱

同前左倒卷肱，如图 6-3-52 所示。

图 6-3-51 再次右倒卷肱　　　　图 6-3-52 再次左倒卷肱

（七）左揽雀尾

（1）抱球收脚：上体右转，右手向侧后上方划弧，左手在体前下落，两手成右抱球状；左脚收成丁步，如图 6-3-53、图 6-3-54 所示。

（2）弓步掤臂：上体左转，左脚向左前方迈成左弓步；两手前后分开，左臂半屈向体前掤架，右手向下划弧按于左胯旁，五指向前；目视左手，如图 6-3-55、图 6-3-56 所示。

图 6-3-53　抱球收脚　　图 6-3-54　抱球收脚　　图 6-3-55　弓步掤臂　　图 6-3-56　弓步掤臂
　　　　　　动作一　　　　　　　　　动作二　　　　　　　　　动作一　　　　　　　　　动作二

（3）转体后捋：转体摆臂，上体稍向左转，左手向左前方伸出，同时右臂外旋，向上、向前伸至左臂内侧，掌心向上；上体右转，身体后坐，两手同时向下经腹前向右后方划弧后捋，如图 6-3-57 所示；右手举于身体侧后方，掌心向外，左臂平屈于胸前，掌心向内，目视右手，如图 6-3-58 所示。

（4）弓步前挤：重心前移成左弓步；右手推送左前臂向体前挤出，两臂撑圆，如图 6-3-59、图 6-3-60 所示。

图 6-3-57 转体后捋动作一　　图 6-3-58 转体后捋动作二　　图 6-3-59 弓步前挤动作一　　图 6-3-60 弓步前挤动作二

（5）弓步前按：上体后坐，左脚夫尖翘起，如图 6-3-61 所示；左手翻转向下，右手经左腕上方向前伸出，掌心转向下，两手左右分开与肩同宽，两臂屈收后引，收至腹前，手心斜向下，如图 6-3-62 所示；重心前移成左弓步，如图 6-3-63 所示；两手沿弧线推至体前，如图 6-3-64 所示。

图 6-3-61 弓步前按动作一　　图 6-3-62 弓步前按动作二　　图 6-3-63 弓步前按动作三　　图 6-3-64 弓步前按动作四

（八）右揽雀尾

（1）转体分手：重心后移，上体右转，左脚尖内扣，如图 6-3-65 所示；右手划弧右摆，两手平举于身体两侧；头随右手移转，如图 6-3-66 所示。

图 6-3-65 转体分手动作一　　图 6-3-66 转体分手动作二

（2）抱球收脚：左腿屈膝，重心左移图，如图 6-3-67 所示；右脚收成丁步；两手成左抱球状，如图 6-3-68 所示。

（3）弓步掤臂：同左弓步掤臂，注意左右相反，如图 6-3-69 所示。

图 6-3-67　抱球收脚动作一　　　图 6-3-68　抱球收脚动作二　　　图 6-3-69　弓步掤臂

（4）转体后捋：转体摆臂，同前转体摆臂，左右相反；同前转体后捋，注意左右相反，如图 6-3-70、图 6-3-71、图 6-3-72 所示。

图 6-3-70　转体后捋动作一　　　图 6-3-71　转体后捋动作二　　　图 6-3-72　转体后捋动作三

（5）弓步前挤：同左弓步前挤，注意左右相反，如图 6-3-73、图 6-3-74、图 6-3-75 所示。

图 6-3-73　弓步前挤动作一　　　图 6-3-74　弓步前挤动作二　　　图 6-3-75　弓步前挤动作三

（3）弓步前按：后坐引手，同前后坐引手，注意左右相反，如图 6-3-76、图 6-3-77 所示；同前弓步前按，注意左右相反，如图 6-3-78 所示。

图 6-3-76　弓步前按动作一　　图 6-3-77　弓步前按动作二　　图 6-3-78　弓步前按反方向

（九）单鞭

（1）转体运臂：上体左转，左腿屈膝，右脚尖内扣；左手向左划弧，掌心向外，右手向左划弧至左肘前，掌心转向上；视线随左手运转，如图 6-3-79、图 6-3-80 所示。

（2）勾手收脚：上体右转，右腿屈膝，左脚收成丁步；右手向上向左划弧，至身体右前方变成勾手，腕高与肩平，左手向下、向右划弧至右肩前，掌心转向内；目视勾手，如图 6-3-81、图 6-3-82 所示。

图 6-3-79　转体运臂动作一　　图 6-3-80　转体运臂动作二　　图 6-3-81　勾手收脚动作一　　图 6-3-82　勾手收脚动作二

（3）弓步推掌：上体左转，左脚向左前方迈出成左弓步；左手经面前翻掌向前推出，如图 6-3-83 所示。

（十）云手

（1）转体松勾：上体右转，左脚尖内扣；左手向下、向右划弧至右肩前，掌心向内，右勾手松开变掌，如图 6-3-84 所示。

图 6-3-83　弓步推掌　　图 6-3-84　转体松勾

（2）左云收步：上体左转，重心左移，右脚向左脚收拢，两腿屈膝半蹲，两脚平行向前成小开立步；左手经头前向左划弧运转，掌心渐渐向外翻转，右手向下、向左划弧运转，掌心渐渐转向内；视线随左手运转，如图6-3-85、图6-3-86、图6-3-87、图6-3-88所示。

图6-3-85 左云收步动作一　　图6-3-86 左云收步动作二　　图6-3-87 左云收步动作三　　图6-3-88 左云收步动作四

（3）右云开步：上体右转，重心右转，左脚向左横开一步，脚尖向前；右手经头前向右划弧运转，掌心逐渐由内转向外，左手向下、向右划弧，停于右肩前，掌心渐渐翻转向内；视线随右手运转，如图6-3-89、图6-3-90、图6-3-91、图6-3-92所示。

图6-3-89 右云开步动作一　　图6-3-90 右云开步动作二　　图6-3-91 右云开步动作三　　图6-3-92 右云开步动作四

（4）左云收步：同前左云收步，如图6-3-93、图6-3-94所示。

图6-3-93 左云收步动作一　　图6-3-94 左云收步动作二

（5）再次右云开步：同前右云开步，如图6-3-95、图6-3-96所示。

（6）再次左云收步：同前左云收步，如图6-3-97、图6-3-98所示。

图 6-3-95　再次右云开步动作一　　图 6-3-96　再次右云开步动作二　　图 6-3-97　再次左云收步动作一　　图 6-3-98　再次左云收步动作二

（十一）单鞭

（1）转体勾手：上体右转，重心右移，左脚跟提起；右手向左划弧，至右前方掌心翻转变勾手；左手向下向右划弧至右肩前，掌心转向内；目视勾手，如图 6-3-99、图 6-3-100 所示。

（2）弓步推掌：同前弓步推掌，如图 6-3-101～图 6-3-104 所示。

图 6-3-99　转体勾手动作一　　图 6-3-100　转体勾手动作二　　图 6-3-101　弓步推掌动作一

图 6-3-102　弓步推掌动作二　　图 6-3-103　弓步推掌动作三　　图 6-3-104　弓步推掌动作四

（十二）高探马

（1）跟步翻手：后脚向前收拢半步；右手勾手松开，两手翻转向上，肘关节微屈，如图 6-3-105、图 6-3-106 所示。

图 6-3-105　跟步翻手动作一

图 6-3-106　跟步翻手动作二

（2）虚步推掌：上体稍右转，重心后移，左脚稍向前移成左虚步；上体左转，右手经头侧向前推出；左臂屈收至腹前，掌心向上，如图 6-3-107、图 6-3-108 所示。

图 6-3-107　虚步推掌动作一

图 6-3-108　虚步推掌动作二

（十三）右蹬脚

（1）穿手上步：上体稍左转，左脚提收向左前方迈出，脚跟着地；右手稍向后收，左手经右手背上方向前穿出，两手交叉，左掌心斜向上，右掌心斜向下，如图 6-3-109 所示。

（2）分手弓步：重心前移成左弓步；上体稍右转，两手向两侧划弧分开，掌心皆向外；目视右手，如图 6-3-110 所示。

图 6-3-109　穿手上步

图 6-3-110　分手弓步

（3）抱手收脚：右脚成丁步；两手向腹前划弧相交合抱，举至胸前，右手在外，两掌心皆转向内，如图 6-3-111 所示。

（4）分手蹬脚：两手手心向外撑开，两臂展于身体两侧，肘关节微屈，腕与肩平；左腿支撑，右腿屈膝上提，脚跟用力慢慢向前上方蹬出，脚尖上勾，膝关节伸直，右腿与右臂上下相对，方向为右前方约30°，如图6-3-112所示。

图6-3-111　抱手收脚

图6-3-112　分手蹬脚

（十四）双峰贯耳

（1）屈膝并手：右小腿屈膝回收，左手向体前划弧，与右手并行落于右膝上方，掌心皆翻转向上，如图6-3-113、图6-3-114所示。

图6-3-113　屈膝并手动作一

图6-3-114　屈膝并手动作二

（2）弓步贯掌：右脚下落向右前方上步成右弓步；两手握拳经两腰侧向上、向前划弧摆至头前，两臂半屈成钳形，两拳相对，同头宽，拳眼斜向下，如图6-3-115、图6-3-116所示。

图6-3-115　弓步贯掌动作一

图6-3-116　弓步贯掌动作二

（十五）转身左蹬脚

（1）转体分手：重心后移，左腿屈坐，上体左转，右脚尖内扣；两拳松开，左手向左划弧，两手平举于身体两侧，掌心向外；目视左手，如图6-3-117、图6-3-118所示。

图6-3-117　转体分手动作一　　　图6-3-118　转体分手动作二

（2）抱手收脚：重心右移，右腿屈膝后坐，左脚收至右脚内侧成丁步；两手向下划弧交叉合抱，举至胸前，左手在外，两手心皆向内，如图6-3-119所示。

（3）分手左蹬脚：同右蹬脚，注意左右相反，如图6-3-120、图6-3-121所示。

图6-3-119　抱手收脚　　　图6-3-120　分手左蹬脚动作一　　　图6-3-121　分手左蹬脚动作二

（十六）左下势独立

（1）收脚勾手：左腿收于右小腿内侧；上体右转，右臂稍内合，右手变勾手，左手划弧至右肩前，掌心向右；目视勾手，如图6-3-122所示。

（2）仆步穿掌：上体左转，右腿屈膝，左腿向右前方伸出成左仆步；左手经右肋沿左腿内侧向左穿出，掌心向前，指尖向左；目视左手，如图6-3-123所示。

图6-3-122　收脚勾手　　　图6-3-123　仆步穿掌

（3）弓腿起身：重心移向左腿成左弓步；左手前穿并向上挑起，右勾手内旋，置于身后，如图 6-3-124 所示。

（4）独立挑掌：上体左转，重心前移，右腿屈膝提起成左独立步；左手下落按于左胯旁，右勾手下落变掌，向体前挑起，掌心向左，高于眼平，右臂半屈成弧，如图 6-3-125 所示。

图 6-3-124　弓腿起身

图 6-3-125　独立挑掌动作一

（十七）右下势独立

（1）左落脚勾手：右脚落于左脚右前方，脚前掌着地，上体左转，左脚以脚掌为轴随之扭转；左手变勾手向上提举于身体左侧，高与肩平，右手划弧摆至左肩前，掌心向左；目视勾手，如图 6-3-126～图 6-3-128 所示。

图 6-3-126　左落脚勾手动作一　　图 6-3-127　左落脚勾手动作二　　图 6-3-128　左落脚勾手动作三

（2）右仆步穿掌：同前仆步穿掌，注意左右相反，如图 6-3-129 所示。

（3）右弓步起身：同前弓步起身，注意左右相反，如图 6-3-130 所示。

图 6-3-129　右仆步穿掌

图 6-3-130　右弓步起身

（4）右独立挑掌：同前独立挑掌，注意左右相反，如图6-3-131、图6-3-132所示。

图 6-3-131 右独立挑掌动作一　　图 6-3-132 右独立挑掌动作二

（十八）左右穿梭

1. 右穿梭

（1）右落脚抱球：左脚向左前方落步，脚尖外撇，上体左转；两手呈左抱球状，如图6-3-133~图6-3-135所示。

图 6-3-133 右落脚抱球动作一　　图 6-3-134 右落脚抱球动作二　　图 6-3-135 右落脚抱球动作三

（2）右弓步架推：上体右转，右脚向右前方上步成右弓步；右手向前上方划弧，翻转上举，架于右额前上方，左手向后下方划弧，经肋前推至体前，高与鼻平；目视左手，如图6-3-136、图6-3-137、图6-3-138所示。

图 6-3-136 右弓步架推动作一　　图 6-3-137 右弓步架推动作二　　图 6-3-138 右弓步架推动作三

2. 左穿梭

（1）左抱球收脚：重心稍后移，右脚尖外撇，左脚收成丁步；上体右转，两手在右肋前上下相抱，如图 6-3-139、图 6-3-140 所示。

图 6-3-139　左抱球收脚动作一

图 6-3-140　左抱球收脚动作二

（2）左弓步架推：同前弓步架推，注意左右相反，如图 6-3-141，图 6-3-142 所示。

图 6-3-141　左弓步架推动作一

图 6-3-142　左弓步架推动作二

（十九）海底针

（1）跟步提手：右脚向前收拢半步，随之重心后移，右腿屈坐；上体右转，右手下落屈臂提抽至耳侧，掌心向左，指尖向前，左手向右划弧下落至腹前，掌心向下，指尖斜向右，如图 6-3-143 所示。

（2）虚步插掌：上体左转向前俯身，左脚稍前移成左虚步；右手向前下方斜插，左手经膝前划弧搂过，按至左大腿侧；目视右手，如图 6-3-144 所示。

图 6-3-143　跟步提手

图 6-3-144　虚步插掌

（二十）闪通臂

（1）提手收脚：上体右转，恢复正直；右手提至胸前，左手屈臂收举，指尖贴近右腕内侧；左脚收至右脚内侧，如图6-3-145所示。

（2）弓步推掌：左脚向前上步成左弓步；左手推至体前，右手撑于头侧上方，掌心斜向上，两手分展；目视左手，如图6-3-146所示。

图6-3-145　提手收脚

图6-3-146　弓步推掌

（二十一）转身搬拦拳

（1）转体：重心后移，右腿屈坐，左脚尖内扣；身体右转，右手摆至体右侧，左手摆至头左侧，掌心均向外；目视右手，如图6-3-147所示。

（2）握拳：重心左移，左腿屈坐，右腿自然伸直；右手握拳向下、向左划弧停于左肋前，拳心向下，左手举于左额前；眼向前平视，如图6-3-148、图6-3-149所示。

图6-3-147　转体

图6-3-148　握拳一

图6-3-149　握拳二

（3）搬拳：右脚提收至左脚内侧，再向前迈出，脚跟着地，脚尖外撇；右拳经胸前向前搬压，拳心向上，高与胸平，肘部微屈，左手经右前臂外侧下落，按于左胯旁；目视右拳，如图6-3-150所示。

（4）拦掌：上体右转，重心前移；右拳向右划弧至体侧，拳心向下，左臂外旋，向体前划弧，掌心斜向上上步拦掌，左脚向前上步，脚跟着地；左掌拦至体前，掌心向右，右拳翻转收至腰间，拳心向上；目视左掌，如图6-3-151所示。

（5）弓步打拳：上体左转，重心前移成左弓步；右拳向前打出，肘微屈，拳眼向上，左手微收，掌指附于右前臂内侧，掌心向右，如图6-3-152、图6-3-153所示。

图 6-3-150 搬拳

图 6-3-151 拦掌

图 6-3-152 弓步打拳动作一

图 6-3-153 弓步打拳动作二

（二十二）如封似闭

（1）穿手翻掌：左手翻转向上，从右前臂下向前穿出；同时右拳变掌，也翻转向上，两手交叉举于体前，如图 6-3-154 所示。

（2）后坐收掌：重心后移，两臂屈收后引，两手分开收至胸前，与胸同宽，掌心斜相对；目视前方，如图 6-3-155 所示。

（3）弓步按掌：重心前移成左弓步；两掌经胸前弧线向前推出，高与肩平，宽与肩同，如图 6-3-156 所示。

图 6-3-154 穿手翻掌

图 6-3-155 后坐收掌

图 6-3-156 弓步按掌

（二十三）十字手

（1）转体扣脚：上体右转，重心右移，右腿屈坐，左脚尖内扣；右手向右摆至头前，两手心皆向外；目视右手，如图 6-3-157 所示。

（2）弓腿分手：上体继续右转，右脚尖外撇侧弓，右手继续划弧至身体右侧，两臂侧平举，手心皆向外；目视右手，如图 6-3-158 所示。

（3）交叉搭手：上体左转，重心左移，左腿屈膝侧弓，右脚尖内扣；两手划弧下落，交叉上举成斜十字形，右手在外，手心皆向内，如图 6-3-159 所示。

（4）收脚合抱：上体转正，右脚提起收拢半步，两腿慢慢直立；两手交叉合抱于胸前，如图 6-3-160 所示。

图 6-3-157　转体扣脚　　图 6-3-158　弓腿分手　　图 6-3-159　交叉搭手　　图 6-3-160　收脚合抱

（二十四）收势

（1）翻掌分手：两臂内旋，两手翻转向下分开，两臂慢慢下落停于身体两侧；目视前方，如图 6-3-161、图 6-3-162 所示。

（2）并脚还原：左脚轻轻收回，恢复成预备姿势，如图 6-3-163 所示。

图 6-3-161　翻掌分手动作一　　图 6-3-162　翻掌分手动作二　　图 6-3-163　并脚还原

二、武术长拳（一段位动作）

预备式：两脚并拢直立，两手自然垂于体侧；目视前方。

要求：立身、挺胸、收腹、两脚并拢。

1. 起势

并步抱拳：两拳迅速上提抱于腰间，拳心朝上；同时迅速向左侧甩头；目视左前方，如图 6-3-164、图 6-3-165 所示。

2. 弓步看拳

右脚向右前方上步，两拳体前交叉，左拳在上，拳心向下；右拳在下，拳心朝上，两臂稍弯曲，目视两拳方向，如图 6-3-166 所示。

重心右移，左腿蹬直，右腿屈膝成右弓步。左拳向前冲出，拳心朝下，力达拳面；右拳外旋抱于腰间，拳心朝上，目视左冲拳方向，如图 6-3-167 所示。

图 6-3-164　起势　　图 6-3-165　并步抱拳　　图 6-3-166　弓步看拳动作一　　图 6-3-167　弓步看拳动作二

3. 弓步冲拳

左转，左脚向前上步成左弓步。左臂外旋，左拳收抱腰间；右拳向前快速冲出，力达拳面，拳心朝下，高与肩平；目视前方，如图 6-3-168 所示。

4. 马步格挡

重心后移，身体右转，左脚回收内扣，两腿屈膝成马步；左臂屈肘外旋，向前、向内横格挡，拳面朝上，拳心朝内；右拳收抱腰间，拳心朝上，目视左前方，如图 6-3-169 所示。

5. 弓步劈掌

身体左转，右脚向前上步成右弓步。右拳变掌由后向上、向前抡臂劈出，拇指一侧朝上；目视右前方，如图 6-3-170 所示。

图 6-3-168　弓步冲拳　　图 6-3-169　马步格挡　　图 6-3-170　弓步劈掌

6. 抱拳弹踢

前移，右腿伸直或微屈，左腿由屈至伸向前弹踢；右掌变拳收抱腰间，拳心朝上；目视前方，如图 6-3-171 所示。

7. 双峰贯耳

重心前移，左脚前落成左弓步；两拳向外、向前、向内弧形贯击，拳眼斜朝下，力达拳面；目视前方，如图 6-3-172、图 6-3-173 所示。

图 6-3-171　抱拳弹踢

图 6-3-172　双峰贯耳一

图 6-3-173　双峰贯耳二

8. 虚步护身掌

重心后移，左脚回收成并步；两拳变掌外旋向下掸击后收至腰间，掌心朝上；重心下降，右腿屈膝下蹲，左脚前伸成左虚步，两掌推至体前成立掌，左臂微屈，掌心朝前；右掌附于左肘内侧，掌心朝左；目视前方，如图 6-3-174、图 6-3-175 所示。

9. 马步格挡

向前踏实，脚尖内扣，身体略右转，右脚向后活步，两腿屈膝成马步；左掌变拳，屈肘外旋里格，力达前臂内侧；右掌变拳收抱腰间；目视格挡方向，如图 6-3-176 所示。

10. 弓步冲拳

左转成左弓步；右拳向前冲出，力达拳面，拳心朝下；左拳收抱腰间，拳心朝上；目视前方，如图 6-3-177 所示。

图 6-3-174　虚步护身掌动作一

图 6-3-175　虚步护身掌动作二

图 6-3-176　马步格挡

图 6-3-177　弓步冲拳

11. 弓步双架掌

重心后移，左脚蹬地后撤成右弓步；两拳变掌交叉上架，右掌在外，掌心朝外；目视架掌方向，如图 6-3-178 所示。

12. 提膝勾手

重心后移，右膝提至胸前；两臂微内旋，向下拍击后摆至体后，两掌变勾手，勾尖朝上；目视右前方，如图 6-3-179 所示。

13. 弓步闪身

右脚落于左脚内侧，左脚快速向左侧上步成左弓步；右勾手变掌，摆至胸前后再向右前下方切掌，掌心朝下，力达掌外沿；左勾手变掌，摆至右肩内侧成立掌，掌心朝外；目视切掌方向，如图 6-3-180、图 6-3-181 所示。

图 6-3-178　弓步双架掌　　图 6-3-179　提膝勾手　　图 6-3-180　弓步闪身一　图 6-3-181　弓步闪身二

14. 虚步护身掌

重心右移，身体右转，左脚向右脚并步；两掌外旋下掸后收至腰间；右腿屈膝下蹲，左脚前伸成左虚步；两掌推至体前成立掌，右臂屈膝，右掌附于左肘内侧，掌心朝左；目视推掌方向，如图 6-3-182、图 6-3-183、图 6-3-184 所示。

图 6-3-182　虚步护身掌一　　图 6-3-183　虚步护身掌二　　图 6-3-184　虚步护身掌三

15. 收势

重心右移，两脚碾地，右脚尖外展，左脚尖内扣成右弓步；右臂经上向体右侧打开；目视右手。左脚迅速向右脚并拢，两腿直立，两掌变拳收抱腰间；迅速向左摆头；目视左侧。两拳变掌自然垂于体侧，头向右转正；目视前方，如图 6-3-185、图 6-3-186 所示。

图 6-3-185　收势一　　图 6-3-186　收势二

第七章　游泳运动

学习重点

1. 了解游泳运动的基础知识
2. 了解游泳运动的常见分类
3. 熟悉游泳运动的各种基本动作和技能

游泳是一项全身性的有氧运动，要求运动员具备较高的体能水平和心智素质。在游泳运动中，良好的职业体能训练和运动心智能训练可以共同促进运动员的综合素质和竞技水平的提高。通过全面的训练，运动员能够在游泳比赛中发挥出更好的水平，并在面对各种挑战时保持冷静和自信，取得更好的成绩。

第一节 游泳运动概述

国际上通常把游泳运动分为实用游泳、竞技游泳和花样游泳三大类。

一、实用游泳

军事上、生产上、生活服务上使用价值较大的游泳方式称为实用游泳。例如,爬泳（自由泳）、蛙泳、侧泳、潜泳、踩水（立泳）、水上救护、武装泅渡、反蛙泳（仰泳）。

二、竞技游泳

竞技游泳是按特定技术要求和比赛规则进行竞赛的游泳项目,可以分为在游泳池比赛和在公开水域比赛两大类。例如,自由泳、蛙泳、仰泳、蝶泳（又称海豚泳）和由这四种泳姿组成的个人混合游泳以及接力比赛。竞技游泳主要是以速度来决定名次。

三、花样游泳

花样游泳也称为"艺术游泳",是集舞蹈、体操、游泳等项目于一体的竞技体育项目,对运动员的身材、泳装、头饰、音乐及动作编排都有很高的要求。它分为单人、双人、集体的比赛项目。它是在音乐的伴奏下,通过运动员的肢体在水面上运动,展现各种优美动作和艺术造型,给观众美好的享受,故有"水上芭蕾"之美誉。

第二节 游泳运动基本技术

一、熟悉水性

熟悉水性是指人们在学习游泳技术之前对于游泳的场地——水中环境进行适应。人们长期生活在陆地环境中,一切思维方式、行为动作都习惯了在陆地上的行为方式。然而在水环境中,人的呼吸、站立、前进都会遇到来自水的压力、浮力与阻力的影响而变得困难和不适。因此,要想在水环境中行动自如,首先要熟悉水性。

（一）熟悉水性的目的

1. 克服怕水的心理

对于初学者来说,学习游泳最大的困难是对水的恐惧心理,通过熟悉水性的练习可以有效地消除他们怕水的心理。

2. 学会控制身体平衡

学习游泳的关键技术是控制身体在水中的平衡,人在陆地上行动身体大多是直立的,然而游泳时人俯卧在水中，要保持身体平衡才能漂浮起来，通过四肢划水，利用水的浮力和阻力推动身体前进。熟悉水性、学会控制身体平衡是学会游泳的第一步。

（二）熟悉水性的方法

1. 安全入池

目的：掌握安全进入游泳池的方法。

方法：手扶梯子，背对泳池慢慢进入水池。

2. 水中移动

目的：体验水的阻力。

方法：在浅水区双手划水作前进、后退或左右移动或做相互追赶游戏。

3. 呼吸

（1）陆上模仿练习。

①目的：学习憋气的方法。

②方法：直立、全身放松，闭气10~20 s后吐气，重复3~5次，采用胸式呼吸，口吸口呼，鼻孔不漏气。

（2）水中练习换气。

①目的：学习换气方法。

②方法：站立在水中，吸气后身体下蹲，将头部浸入水中憋气10 s后开始吐气，像鱼吐气泡一样。气快吐完时头开始升出水面，换气后身体再次下潜，重复前面动作过程8~10次，如图7-2-1所示。

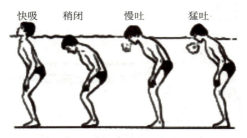

图7-2-1　水中练习换气

4. 漂浮与站立

（1）抱膝浮体与站立。

①目的：体验水的浮力、掌握俯卧转为站立的方法。

②方法：在浅水区域进行，站立在水中，先深吸气后低头，双脚蹬池底，收腹、收大腿，双手抱膝成团身姿势，背部露出水面。憋气漂浮10~20 s后松开双手，双脚落池底站立，重复练习6~8次，如图7-2-2所示。

（2）水中漂浮。

①目的：学习控制身体重心、平衡，掌握水中漂浮的方法。

②方法：双手伸直向前伸，深吸气后将头浸入水中，双脚蹬离池底后身体向前俯卧，身体放松，躯干保持平行并漂浮于水面。20 s后抬头换气，重复练习3-5次，如图7-2-3所示。

图 7-2-2　抱膝浮体与站立

图 7-2-3　水中漂浮

5. 滑行

（1）蹬壁滑行。

①目的：学习水中滑行、体会身体在水面"漂"的感觉，学会控制身体平衡。

②方法：单手扶池边，双脚团身蹬住池壁，转身面向泳池，双脚蹬离池壁，双手尽量前伸，身体前倾，深吸气后低头使身体伸直并前行，如图 7-2-4 所示。

（2）蹬地滑行。

①目的：提高身体控制平衡的能力。

②方法：站立在泳池中，深吸气后低头向下蹲，双脚用力蹬池底，身体前倾、双手尽量前伸，使身体伸直并前滑行，如图 7-2-4 所示。

图 7-2-4　蹬壁滑行和蹬地滑行

二、蛙泳的基本技术

蛙泳技术包括身体姿势、腿部动作、臂部动作、腿、臂、呼吸动作的完整配合。

（一）蛙泳身体姿势

身体俯卧于水中，保持自然伸展，两臂前伸，掌心向下，两脚并拢向后伸直，头略前抬，水齐前额，身体纵轴与前进方向角度为 5°~10°，如图 7-2-5 所示。

图 7-2-5　蛙泳身体姿势

（二）蛙泳腿部动作

蛙泳时腿部动作是推进身体前行的主要动力。腿部动作可分为收腿、翻脚、蹬夹水、滑行，如图 7-2-6 所示。

1. 收腿

双腿平行地收，两个脚掌也是平行的，在收腿过程中逐步分开，但是须保持平行，称轨道式收腿。收腿结束时双膝间距与臀部等宽、大腿与腹部的夹角为 130°~140°。

2. 翻脚

双足跟间距大于双膝间距，脚尖朝外，脚掌朝天。小腿尽可能向大腿收紧，足跟紧靠臀部蓄力，从后面看像一个英文字母"W"。

3. 蹬夹水

由腰腹和大腿同时发力，通过伸髋、伸膝，以小腿和脚内侧同时蹬夹水，先向外、向后、向下蹬水；然后是向内、向上方夹水。向外蹬水和向内夹水是连续完成的，蹬水完成时双脚并拢，双脚内转，脚尖相对。

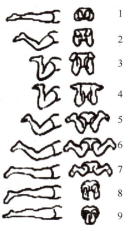

图 7-2-6　蛙泳腿部动作

4. 滑行

蹬夹动作结束后，由于蹬腿的惯性作用，两腿有一个自然滑行的过程。在滑行之前，应迅速将腿升高与水面平行，以减少水的阻力。滑行过程中两腿尽量伸直并拢，腿部肌肉和踝关节自然放松，为下一动作周期做好准备。

（三）蛙泳臂部动作

蛙泳臂部动作可分为开始姿势、抓水、划水、收手和伸臂，如图 7-2-7 所示。

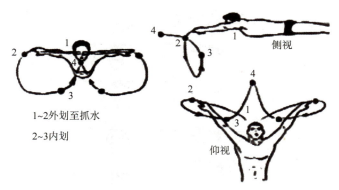

图 7-2-7　蛙泳臂部动作

1. 开始姿势

两臂向前自然伸直与水面平行，并保持一定的紧张，手掌向下、手指并拢。两臂与身体成一条直线，形成良好的流线型。

2. 抓水

手向前伸出后，前臂、上臂内旋，两手掌心略转向斜下方，稍勾手腕，两手分开向斜下方压水，使手掌和前臂有压力感。

3. 划水

当两臂分成40°~50°时，手腕继续弯曲，这时逐渐曲肘，两臂和两手积极向侧、下方划水。划水时，前臂和上臂的夹角接近90°。因为这个角度能发挥最大的力量，同时能很好地利用胸背部的大肌肉群。为了充分利用一切前进力量来提高速度，在进入划水部位时，运动员应以较大的力量做划水动作，以获得前进的最大速度。因此，运动员在划水时出现身体位置上升较高的情况，是合理的。

4. 收手

收手是划水阶段的继续，收手过程也能产生较大的前进作用力和上升力。将手臂做向里、向上收到头前下方，这时臂与肘几乎同时做动作，收手时不应降低划水速度，而是以更快速度来积极完成。收手结束时，肘关节低于手，上臂、前臂成锐角。

5. 伸臂

伸臂动作是由伸直肩关节和肘关节来完成的，肩关节的伸展最初要比肘关节伸展要快，手掌由朝上转为向下，同时向前伸出。快速伸臂动作是现代蛙泳技术的特点之一，它紧密配合腿的动作，因此在伸臂的同时，肩要向前压。

（四）蛙泳动作配合

（1）手与腿的配合 划手腿不动，收手再收腿，先伸胳膊后蹬腿，并拢伸直漂一会儿。

（2）手、腿与呼吸的配合 双手外划时抬头换气腿并拢伸直，手内划时收腿低头憋气，双手前伸过头时蹬腿吐气。

（3）动作节奏：内划抱水时手用力，双手前伸时腿用力，如图7-2-8所示。

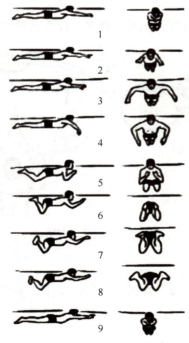

图7-2-8 蛙泳动作配合

（五）蛙泳的练习方法

1. 腿部动作练习

坐在池边，上体后仰，两手后撑，做蛙泳腿的收、翻、蹬夹练习。整个动作过程按3拍节奏进行，如图7-2-9所示；或俯卧凳上或出发台上，按3拍节奏进行蛙泳的收、翻、蹬夹的练习。同伴站在后面，两手抓住练习者双脚，帮助其体会翻脚和蹬夹方向，如图7-2-10所示。

图 7-2-9　腿部动作练习一　　　　　图 7-2-10　腿部动作练习二

2. 手臂动作练习

在浅水区，两脚左右或前后开立，上体前屈，双臂前伸做划水动作，可原地也可走动和配合呼吸练习，如图7-2-11所示。

3. 完整配合练习

在陆上做手臂、腿和呼吸完整配合的模仿练习，如图7-2-12所示。

图 7-2-11　手臂动作练习　　　　　图 7-2-12　完整配合练习

三、自由泳的基本技术

（一）自由泳身体姿势

自由泳时身体俯卧水中，背部和臀部肌肉保持适当紧张，身体自然伸展成流线型，身体纵轴与水平面成3°~5°角，头部与身体纵轴成20°~30°夹角，两眼正视前下方，如图7-2-13所示。

（二）自由泳腿部动作

自由泳腿的动作：以髋、膝、踝为支点的多关节运动。从髋部开始发力，大腿带动小腿向下打腿，打腿时绷脚，不要勾脚，打腿幅度为30~40 cm。直腿上抬向上，打水腿从直到弯。脚接近水面时屈膝，小腿上抬，使脚掌露出水面后向下打水，下打用力，上抬放松；双腿配合要连贯、协调而有节奏，如图 7-2-14 所示。

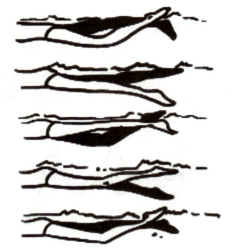

图 7-2-13　自由泳身体姿势

图 7-2-14　自由泳腿部动作

（三）自由泳臂的技术

在自由泳中，两臂划水是推动身体前进的主要动力。

1. 入水

手臂在完成空中移臂后，在同侧肩线附近入水。入水时，手指自然并拢，臂稍内旋，肘部处于高位，掌心朝外以大拇指领先切入水中。入水顺序是手、前臂、上臂和肘关节，如图 7-2-15 所示。

2. 划水

划水是指手入水后，从屈腕对水开始一直划到臂与水平面成 160°~165°夹角为止的划水过程。手掌入水后，应立即屈腕对水，前臂同旋形成高肘姿势，手及前臂划速大于上臂。手掌在划水中，由屈到伸，尽量与水面保持垂直。划水结束时，手腕与前臂的角度为 200°~220°夹角。这有助于增大划水效果，也有助于出水移臂。划水的开始阶段，手的位置在肩线前；划水的中间阶段，手在胸腹下；划水结束时，手在大腿旁，如图 7-2-16 所示。

图 7-2-15　入水

图 7-2-16　划水

3. 出水和移臂

臂的出水是在划水结束后，借助推水的惯性使肩、肘上提，肩和上臂几乎同时出水。出水时，由上臂带动，肘部向外上方做"提拉"动作，将前臂和手提出水面。在整个移臂过程中，肘关节始终高于手臂和肩。手臂尽量放松，如图 7-2-17 所示。

图 7-2-17　出水和移臂

4. 两臂的配合

两臂的正确配合是保持前进速度均匀性的最重要条件之一。

前交叉：即一臂入水时，另一臂处于前方，与水平面成 30°左右的角，如图 7-2-18 所示。前交叉技术，对初学者来讲，容易维持身体平衡，便于掌握呼吸和体会动作。

（四）划手与呼吸的配合

两次划手，一次呼吸。划手——转头慢吐气，手出水——嘴出水，快换气，手入水——头复原，稍憋气，如图 7-2-19 所示。

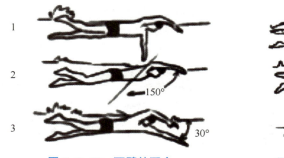

图 7-2-18　两臂的配合

图 7-2-19　划手与呼吸的配合

（五）自由泳的完整配合

一般初学者适合采用 6 次打腿、2 次划水、一次呼吸的配合技术。即 6∶2∶1。

方法：蹬边滑行后打腿 12 次，当身体保持平衡以后，开始划手动作，按照 2 次划水、1 次呼吸和 6 次打腿的配合反复练习，如图 7-2-20 所示。

图 7-2-20　自由泳的完整配合

（六）自由泳练习方法

1. 腿部动作练习

在陆上俯卧凳子做两腿打水练习；手抓池边或水槽做打水练习，如图 7-2-21 所示；在水中滑行做打水练习，如图 7-2-22 所示。

图 7-2-21　腿部动作练习一

图 7-2-22　腿部动作练习二

2. 手臂动作练习

在陆上站立，做两臂交替划水模式练习；在浅水区齐腰水深中站立，做原地划水或边划水、边走动练习，如图 7-2-23 所示。

3. 呼吸与动作配合练习

在齐腰水深中站立，先做单臂划水与呼吸配合，再做两臂划水与呼吸配合，如图 7-2-24 所示；吸一口气，蹬池壁向前滑行，先打水再做臂与腿配合练习；蹬池壁向前滑行打水，做一次完整配合练习。按此多次反复练习，如图 7-2-25 所示。

图 7-2-23　手臂动作练习

图 7-2-24　呼吸与动作配合练习一

图 7-2-25　呼吸与动作配合练习二

三、游泳常见事故的处理

（一）抽筋

下水前的准备活动应当充分，在水里时间别太长。一旦出现抽筋，千万不要慌乱。例如，脚趾抽筋，那就马上将腿屈起，用力将足趾拉开，扳直；小腿抽筋，先吸足一口气，仰卧在水面，用手扳住足趾，并使小腿用力向前蹬伸，让收缩的肌肉伸展和松弛；手指抽筋时，手握成拳头，然后用力张开，如此反复，即可缓解。

（二）眼睛痒痛

这可能是由于水不洁净引起。上岸后应马上用清洁的淡盐水冲洗眼睛，然后用氯霉素或红霉素眼药水点眼，临睡前最好再进行热敷。

（三）皮肤发痒出疹

这主要由于皮肤过敏所致。立即上岸，服 1 片息斯敏或扑尔敏，很快就会好转。

第八章 篮球运动

学习重点

1. 了解篮球运动的基础知识
2. 了解篮球运动的比赛规则
3. 熟悉篮球运动的基本技术
4. 熟悉篮球运动的战术配合

篮球运动是一项集体性、综合性、围绕高空展开立体型攻守对抗的运动，是全国各级各类学校对学生进行全面素质教育的基本内容，是增进学生健康的重要教育手段也是贯彻 德、智、体、美全面素质教育的手段之一。

第一节 篮球运动概述

一、篮球运动产生与发展

类似于篮球的运动形式在我国有着久远的历史。宋代的"飞蛇"又称"投绣球",与现代篮球相近:竖起一根高 10 m 的竹竿,竹竿上钉了一块 1 m×1 m 的木板,板中挖出直径 60 cm 的圆洞,投篮时力争让绣球穿过洞。

现代篮球运动的发源地在美国,1891 年由美国马萨诸塞州斯普林菲尔德基督教青年会训练学校(现译为美国春田大学,Spring field College)的体育教师詹姆士·奈史密斯(James Naismith)发明。

1915 年美国制定了全国统一的篮球竞赛规则,并翻译成多种文字,向全世界发行,1932 年 6 月 18 日在瑞士日内瓦成立了国际业余篮球联合会(The Federation International de Basketball Amateur,FIBA),1936 年第 11 届奥运会上,男子篮球被列为正式比赛项目。

二、篮球运动的特点与价值

(一)特殊空间对抗的规律性

篮圈悬于空间篮板上,篮球向篮圈内投射,需要主动控制球并实施有效对抗,促使篮球竞赛的双方将空间、地面与时间有机地结合。

(二)专项内容结构的多元性

现代篮球运动内容具有科学的专项理论基础、智能潜力、特殊的运动意识、气质、身体形态条件、生理机能、心理修养、意志品质、道德作风、专项基本功、专项技术动作和战术配合方法体系及其实战能力,构成了多元性的特点。

(三)竞赛的多变性和综合性

篮球竞赛过程技术动作繁多、战术形式多样,攻守瞬时突变频繁。

(四)健身性与增智性

篮球运动属综合性集体性运动,有助于增进身体健康、活跃身心、提高思维能力、增长知识,对锻炼人的综合素质可以起到积极作用。

(五)社会性与群众性

篮球运动在世界众多国家与地区普及,开展广泛,参加活动人数多,具有明显的群众性与社会影响力。

(六)竞赛的商业性

自职业篮球运动员参加奥运会后,篮球运动和篮球竞赛在世界范围内加速进入了商业化阶段。运动员和运动队进行各种形式的营利性经营成为趋势。

第二节 篮球运动基本技术

篮球技术是进行篮球比赛所必需的专门动作方法的总称，它是篮球运动的基础。篮球比赛中完成战术质量的高低，主要取决于队员基本技术掌握的准确和熟练程度。

一、移动技术

（一）起动

起动是队员改变静止状态的一种方法。突然快速的起动能及时有效地摆脱防守，占据有利位置，争取进攻的主动权。起动是在基本战力姿势的基础上，迅速以上体的前倾或侧转，向跑动方向移动身体重心，用后脚或异侧脚的前脚掌短促有力地蹬地，同时脚尖转向起动方向，并向起动方向跨出。

（二）急停

急停是队员在快速移动中突然制动的一种方法。急停不仅能够直接摆脱防守，而且可以衔接脚步动作的各种变化，能更有效地完成攻守任务。急停分为跨步急停和跳步急停。

（三）转身

转身是指队员以一脚做中枢脚进行旋转，另一脚蹬地向前后跨出，改变原来身体方向的一种方法。它可与急停、跨步、持球突破结合运用，有效摆脱防守，创造传球、投篮的机会。

1. 前转身

移动脚向中枢脚脚尖方向跨出，改变身体方向为前转身。转身时，支撑脚前脚掌用力踩地，移动脚蹬地迅速跨步，并同时转腰提肩，身体重心随着转移，跨步迅速，保持身体平衡。

2. 后转身

移动脚向中枢脚脚跟方向移动为后转身。转身时，中枢脚前脚掌着地，移动脚蹬地并向自己身后撤步。同时，腰胯主动用力旋转，身体重心随着转移，保持身体平衡。

（四）滑步

滑步是队员防守时主要的移动方法。滑步易于保持身体平衡和转移重心。

1. 侧滑步

由两脚平行站立姿势开始，向左侧滑步时，左脚向左跨出，落地的同时，右脚蹬地滑动，跟随左脚移动，保持屈膝低重心的姿势。身体不要上下起伏，两脚不要交叉，重心要落在两脚之间，如图 8-2-1 所示。

2. 前滑步

由前后站立姿势开始，向前滑步时，前脚向前跨出一小步。着地后，后脚随着前脚向前滑1步，保持开立姿势，如图8-2-2所示。

图 8-2-1　侧滑步

图 8-2-2　前滑步

二、传、接球技术

传、接球是篮球比赛中运用最多的基本技术，它是组织进攻的纽带，是战术配合的必要手段。

（一）传球

1. 双手胸前传球

双手持球与胸腹之间，两肘自然下垂靠近体侧，身体成基本站立姿势，眼平视传球目标。传球时后脚蹬地发力，身体重心前移，两臂前伸，两手腕随之旋内外翻，用食指、中指拨球，将球传出，球出手后，两手心向下、略向外翻，如图8-2-3所示。

图 8-2-3　双手胸前传球

2. 单手肩上传球

这是一种常用于中远距离的传球方法。传球时用力大，球飞行速度快，利于在抢到后场篮板球发动长传快攻时运用。双手持球于胸前，两脚平行开立，左脚向传球方向跨出半步，右手将球引到右肩侧上方，右肩关节伸展，上臂、前臂自然弯曲，手腕略后屈，持球的后下方，左肩对着传球方向，重心落在右脚上。传球时，右肩蹬地发力同时转体带动上臂、前臂，手腕前屈，食指、中指、无名指拨球，将球传出，如图8-2-4所示。

图 8-2-4 单手肩上传球

3. 反弹传球

这是常用的一种近距离隐蔽传球方法。此动作方法与各种传球相似,但要掌握好传出球的击地点,一般应在传球者距接球者 2~3 m 的地方,如防守者距离自己较远,而传球的距离又较近时,击地点可在防守者的脚侧。球弹起的高度一般以接球人的腹部为宜。

(二) 接球

1. 双手接球

接球时,两眼注视来球,两臂自然迎球伸开,双手手指自然分开,两拇指成八字形,手指向前上方,两手成一个半圆形。当手指接触后,双手将球握住,两臂顺势屈肘缓冲来球的力量,两手持球于胸腹之间,成基本站立姿势,如图 8-2-5 所示。

图 8-2-5 双手接球

图 8-2-5 双手接球（续）

2. 单手接球

接球时，两眼注视来球，右手伸向来球方向，五指自然分开，掌心正对传来的球，腕、指放松。当手指接触球后，顺球的来势迅速收臂，置球于身体前方或体侧，左手迅速扶持球，保持身体平衡，做好下一个进攻动作的准备姿势。

3. 双手接反弹球

接球时，迎球跨步，上体前倾，两臂迎球向前上方伸出，五指自然分开。在球刚刚离地或弹起到腰部高度时，手指触球将球接住，并顺势将球引至胸腹之间，保持身体平衡，成基本站立姿势，如图 8-2-6 所示。

图 8-2-6 双手接反弹球

三、投篮技术

持球队员将球从篮圈上方投入球篮所采用的各种方法称为投篮。投篮是篮球运动的进攻技术之一，是唯一的得分手段，所以投篮是篮球竞赛中攻守对抗的焦点。

（一）原地双手胸前投篮

双手持球于胸前，肘关节自然下垂，两脚前后或左右开立，两膝微屈，重心落在两脚之间，目视瞄准点。投篮时，两脚蹬地，两臂向前上方伸出，同时，两手腕旋内，使球通过拇指、食指、中指端投出。球出手后，两手心自然向下向外翻，脚跟提起，身体随投篮出手方向自然伸展。

（二）原地单手肩上投篮

以右手投篮为例，右手五指自然分开，手心空出，以指跟以上部位持球，大、小拇指控制球体，左手扶球的左侧，右臂屈肘，肘关节自然下垂，置球于右肩前上方。两脚前后或左右开立，两膝微屈，重心落在两脚上。投篮时，下肢蹬地发力，右臂向前上方伸直，手腕前屈，食指、中指用力拨球，通过指端将球投出，球出手的同时，身体随投篮动作向上伸展，脚跟微抬起。上、下肢要协调用力，伸臂充分，用手腕前屈和手指柔和拨球将球投出，如图 8-2-7 所示。

图 8-2-7　原地单手肩上投篮

（三）行进间单手低手投篮

这是在快速跑动中超越对手或强行突破时使用的一种投篮方法。以右手投篮为例，第一步，当球在空中运行时，右脚向跑动方向跨出一大步，同时接球或抄球；第二步，左脚向前上一小步，小腿前伸，脚跟先着地，身体稍微后倾，然后迅速过渡到前脚掌着地并蹬地用力起跳。同时，接球的两手臂配合上摆举球上肩，右膝屈膝上提，左脚蹬离地面，借助身体上身的惯性，手臂向前上方伸展，用屈腕、挑指的动作，使球由食指、中指端向前柔和地投出，如图 8-2-8 所示。

图 8-2-8　行进间单手低手投篮

（四）行进间单手肩上投篮

这是在比赛中切入到篮下时常用的一种投篮方法。以右手投篮为例，右脚向前跨一大步的同时接球，接着迅速上左脚起跳，右脚屈膝上抬，举球于右肩前上方。腾空后，上体稍后仰，当身体到最高点时，右臂向前上方伸展，手腕前屈，食指、中指用力拨球，通过指端将球投出，如图 8-2-9 所示。

图 8-2-9　行进间单手肩上投篮

（五）急停跳起投篮

这是比赛中常用的投篮方式。在移动中用跨步或跳步接球急停，同时两膝屈膝，重心下降，快速蹬地起跳，同时举球至肩上。当身体腾空接近最高点时，右臂向前上方伸展，手腕屈，用食指、中指拨球，通过指端将球投出，如图 8-2-10 所示。

图 8-2-10　急停跳起投篮

图 8-2-10　急停跳起投篮（续）

四、运球技术

持球队员在原地或移动中，用单手连续按拍借助地面反弹起来的球的技术叫运球。运球是篮球比赛中个人控球、支配球、突破防守的重要手段，是组织全队进攻配合的桥梁。

（一）高运球

站立高运球时，两脚前后开立，两膝微屈，运球的手臂自然弯曲。以肘关节为轴，随球上下摆动，上体稍前倾，目视前方。手按拍球的上方，使球落在身体的侧前方。行进间高运球时，手腕后屈按拍球的后上方，使球往前进，手脚和身体协调配合。

（二）低运球

站立低运球时，两膝深屈，降低重心，上体前倾，用上体和腿保护球，以肩关节为轴，同时用手短促地按拍球，球的反弹高度在膝关节以下。行进间低运球拍球的部位在球的后上方或后侧方，其重点是重心降低、上体前倾，手拍球要短促有力。

（三）运球急停急起

运球急停时，利用跨步急停动作，右手按拍球的前上方，然后短促有力地按拍球的上方，变为暂时的原地运球；运球急起时，身体重心迅速前移，后脚用力蹬地跨出，同时右手按拍球的后上方，推球前进。重心转移变化快，脚蹬、抵地要有力。

（四）体前变向运球

体前换手变向运球：运球队员从对手右侧突破时，先向对手左侧运球，当对手向左侧移动时，运球队员突然向右侧变向，用右手按拍球的右侧上方。同时，右脚向左前方跨出，用肩挡住对手。接着迅速换左手按拍球的后上方，从对方的右侧运球超越对手。换手时，球要低，动作要快。其重点是重心降低，转体探肩，蹬地有力，换手变向后要加速。

体前不换手变向运球：将球从身体的右侧拨到体前中间的位置，当防守队员重心向右侧移动时，突然将球拨回右侧，左脚将右侧跨出，借以摆脱防守，继续运球前进。其要点是身体重心转移迅速，按拍球部位要正确。

（五）运球后转身

以右手运球为例，变向时，左脚前跨一步，为中枢脚，右手按拍球右侧前方。随着后转身动作，将球拉回身体的后侧方，然后换左手运球，从对手的右侧突破后加速前进。其要点是后转身速度，重心不要起伏，拉球有力。

五、原地持球突破技术

突破是控球队员运用脚步动作和运球技术相结合达到超越对手的一种进攻技术。突破分为交叉步持球突破和同侧步持球突破两种。

（一）交叉步持球突破

以右脚做为中枢脚为例，突破时，左脚向左前方跨出，做出想左突破的假动作。当对手失去重心时，左脚前脚掌内侧迅速蹬地，向对手右侧跨出一大步，同时上体右转探肩，紧贴对手，球移至右手，推动球加速超越对手。

动作要点：假动作要逼真，蹬跨有力，起动要迅速突然，动作连贯，如图8-2-11所示。

图8-2-11 交叉步持球突破

（二）同侧步持球突破

以左脚为中枢脚为例，突破时，左脚内侧蹬地，右脚迅速向前方跨出一大步，同时向右侧转体探肩，重心前移，球移至右手，推运，然后左脚迅速蹬地，超越对手。

动作要点：起动要突然，跨步加速要连贯，中枢脚离地前球要出手，如图8-2-12所示。

图8-2-12 同侧步持球突破

图 8-2-12　同侧步持球突破（续）

第三节　篮球运动基本战术

一、进攻战术

进攻战术基础配合是指在篮球竞赛中，队员两三人之间所组成的简单配合方法。它是全队进攻战术的基础。

（一）传切配合

传切配合是队员之间利用传球和切入技术所组成的简单配合。

一传一切配合：持球队员传球后摆脱防守，向球篮方向切入接回传球投篮的配合。

空切配合：无球队员掌握时机，摆脱对手，切入篮下接球投篮或做其他进攻配合。

配合方法：❺传球给❹后，立即摆脱对手⑤向篮下切入，接❹的回传球投篮，如图 8-3-1 所示。

配合要点：切入队员要掌握好切入时机，利用好假动作和速度；传球队员注意用假动作吸引牵制对手。

图 8-3-1　传切配合

（二）突分配合

突分配合是持球队员在突破过程中受到防守队员阻截时，及时将球传给无人防守或已摆脱防守的同伴为同伴创造进攻机会的配合的方法。

图 8-3-2　突分配合

配合方法：❺从防守者的左侧突破，④协防，封堵❺向篮下突破的路线，此时❹及时跑到有利的进攻位置，接❺的球投篮，如图 8-3-2 所示。

配合要点：突破动作快速突然，既要做好投篮的准备，也要随时准备分球。

（三）掩护配合

掩护配合是进攻队员选择正确的位置，用自己的身体以合理的技术动作挡住同伴的防守队员的移动路线，使同伴借以摆

· 113 ·

脱防守，获得进攻机会的配合方法。

配合方法：❺传球给❹后跑到❹的侧面做掩护，❹接球后做投篮或突破的动作，吸引④，当❺到达掩护位置时，❹持球从❹的右侧突破投篮。❺掩护后及时移动到有利的位置去接球或抢篮板球，如图8-3-3所示。

配合要点：掩护队员的行动要隐蔽快速；被掩护队员要注意用假动作吸引对手，当同伴到达掩护位置时，摆脱对手动作要突然、快速。

（四）策应配合

策应配合是进攻队员背对或侧对球篮接球后，以他作为枢纽，配合同伴的切入或掩护，形成的一种里应外合的配合方法。

配合方法：摆脱防守插到罚球线做策应，❺将球传给❹并立即空切篮下，接❹的策应传球投篮，如图8-3-4所示。

图8-3-3　掩护配合

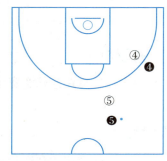

图8-3-4　策应配合

配合要点：策应者要及时抢位，传球人要及时地将球传到策应者远离防守的一侧。

二、防守战术

防守战术基础配合是两三名队员在防守中运用防守配合的方法，包括挤过、穿过、交换防守、"关门"、夹击、补防等防守配合，是组成全队防守战术的基础。

（一）挤过配合

掩护队员在进行掩护的一刹那，被掩护的防守队员主动上前，靠近自己的防守对象，并随其移动，从防守进攻队员之间侧身挤过，继续防守自己的对手。

（二）穿过配合

进攻队员进行掩护时，防守掩护的队员主动后撤一步，让同伴（即被掩护的防守队员）及时从自己和掩护之间穿过去，以便继续防守住自己的对手。

（三）交换防守配合

对方进行掩护或策应时，两名防守队员及时交换自己防守对手。

（四）"关门"配合

进攻队员接球突破时，防守突破的队员向侧后滑步；同时，临近突破一侧的防守队员迅速向进攻队员的突破路线滑动，与防守突破的队员靠拢，像两扇门一样地关起来，堵住持球突破队员。

第九章　排球运动

学习重点

1. 了解排球运动的基础知识
2. 了解排球运动的比赛规则
3. 熟悉排球运动的基本技术
4. 熟悉排球运动的战术配合

排球是一项激动人心的团队运动，它要求运动员具备较高的体能水平和良好的运动心智能力。通过全面的训练，运动员能够在排球比赛中发挥出更好的水平，并与团队成员紧密合作，取得更好的成绩。

第一节 排球运动概述

一、排球运动的产生与发展

(一) 排球运动的起源

1895年美国麻省好利诺城（Holyke）青年会干事威廉·摩根（William Morgan）首创了排球运动。当时网球和篮球已盛行,摩根想寻求一种比网球活动量大,比篮球活动量小的室内娱乐项目,就把网球的网挂在篮球场上,用篮球隔网进行游戏,但因篮球太大、太重,不能按预想的方式进行游戏,就改用篮球胆。而篮球胆太轻,仍不理想,于是该市的"司堡体育用品公司"试做了圆周为25英寸（63.5~68.8 cm）、重量为9~12盎司（255~340克）规格的球,试用后效果很好,就决定采用这种球。现代排球正式比赛用球的大小和重量和第一代球差不多,只是在制作工艺上有千百次的改进。这个新的运动项目最初叫"米诺奈特"（Mintonette）,意为"小网子",后在哈尔斯戴特博士建议下,取名为Volleyball——排球,这名字一直沿用至今。

(二) 排球运动的发展

1. 排球运动的职业化、商业化、大众化

20世纪90年代以来,竞技排球朝着职业化、商业化和大众化的方向发展。职业化是排球运动的发展趋势,高额奖金促使比赛更加精彩,而紧张激烈的对抗更能吸引观众,又能创造更大的经济效益。意大利率先推行职业化和俱乐部制度,法国、德国、比利时、荷兰、瑞典等国家职业排球的开展也十分活跃。职业化和俱乐部制度吸引了大批优秀选手投身竞技排球,大大提高了排球比赛的精彩程度,提高了排球运动的吸引力。传播媒体的介入,促使排球运动商业化趋势日益加强,沙滩排球是率先走向市场的范例。娱乐排球的盛行,使排球运动发展成为世界上最主要的运动项目之一。排球运动的竞赛形式越来越多样化,大众化趋势日益明显。

2. 世界排球运动的发展

（1）国际排球联合会成立。

1947年由比利时等14个国家排球协会代表聚会法国巴黎,创建了国际排球联合会（International Volleyball Federation, FIVB）,简称国际排联,总部设在巴黎。第一任国际排联主席是法国人鲍尔·黎伯,1985年退休,墨西哥人阿科斯塔（Ruben Acosta）接任,总部移至瑞士洛桑。黎伯被推选为国际排联终身名誉主席。

（2）国际排联成员国大幅度增加。

排球运动经过多年的发展,目前已经增加到210多个。

（3）世界主要排球赛事。

1964年排球被列为奥运会正式比赛项目。奥运会、世界排球锦标赛每4年1次、世界杯、残奥会、沙滩排球赛、世界女排大奖赛、世界女排精英赛等。

(4) 排球运动发展趋势。

全——技术、战术全面（发、垫、传、扣、拦），身体素质（速、力、协、灵、柔、耐），心理素质，战术意识，参加重大比赛的实践经验。

高——身高、弹跳高，目前各国都在培养高大选手，且极为重视专项弹跳力训练。

快——三快：反应快、启动快、位移速度快，要求从发球—传→二传→扣球的节奏快。

准——准确。

变——技术、战术多端。

二、排球运动的特点与价值

（一）技术特点

1. 技术的全面性

规则规定，每个队员都要进行位置轮转，既要到前排扣球与拦网，又要轮到后排防守与接应。要求每个队员都必须全面地掌握各项技术，能在各个位置上比赛。

2. 高度的技巧性

规则规定，比赛中球不能落地，不得持球、连击。击球时间的短暂，击球空间的多变，决定了排球的高度技巧性。

3. 激烈的对抗性

排球比赛中，双方的攻防转换始终是在激烈的对抗中进行。高水平比赛中，对抗的焦点是扣拦。在一场比赛中，夺取一分往往需要经过六、七个回合的交锋。水平越高的比赛，对抗争夺也越激烈。

4. 攻防技术的两重性

排球是多种技术都可以得分、也可能失分的项目，这种情况在决胜局比赛中更加突出，所以说每项技术都具有攻防的两重性，因此，要求技术既要有攻击性，又要有准确性。

5. 严密的集体性

排球比赛是集体比赛项目，除发球外，都是在集体配合中进行的。没有严密的集体配合，再好的个人技术也难以发挥，更无法发挥战术的作用。水平越高的队，集体配合就越严密。

6. 攻守平衡

进攻与防守战术的相互对抗又相互联系、相互制约又相互促进是排球运动技战术发展的主要动力。进攻技战术的提高带动了防守技战术的进步，而防守技战术的加强，又反过来促进进攻技战术的发展，形成了排球技战术发展螺旋式递进的特征。

7. 技、战术向全面、高度、快速、多变方向发展

排球运动带有规律性，要求运动员技术全面、能攻能守，进攻上既能强攻又能快攻，既能前排攻又能后排攻，前后排融为一体。根据运动员不同特长，有效地组合不同的战术，使战术组合更具个性化，发挥整体优势。

（二）文化特点

(1) 广泛的群众性。

(2) 组织形式多样性。
(3) 健身全面性。
(4) 具有集体性,体现团队精神。

(三) 排球运动的价值

1. 排球运动对提高身体素质的作用

(1) 能使人体力量、弹跳、速度、灵敏、耐力、柔韧性及反应速度等身体素质和运动能力得到均衡的发展。
(2) 增强体质、增进健康。
(3) 减少肥胖,提高身体的耐受能力。
(4) 改善体形及姿态,培养个人健美匀称的身体形态。

2. 排球运动对心理健康的影响

(1) 锻炼自己胜不骄、败不馁的精神。
(2) 培养勇敢顽强、克服困难、坚持到底的良好作风。
(3) 培养个人坚忍不拔、吃苦耐劳的精神。
(4) 培养个人的创新精神和实践能力。

第二节 排球运动基本技术

一、排球基本技术

(一) 排球技术分类

排球技术有两种:一种是有球技术,又称击球动作,包括发球、垫球、传球、扣球和拦网等;另一种是无球技术,又称配合动作,包括各种准备姿势、移动、起跳、掩护以及前扑、滚翻、鱼跃、倒地等配合完成有球技术的技术动作,起到串联衔接的作用。熟练掌握无球技术可以为有球技术的学习打好基础,为有球技术的提高创造一个较好的条件。

(二) 准备姿势和移动

准备姿势和移动是排球的基本技术之一,又称无球技术,是完成发球、垫球、传球、扣球和拦网等各项击球技术的前提和基础,并对各项击球技术动作的运用起到串联和纽带作用。

1. 准备姿势

准备姿势是在做起动、移动和击球前的动作时,队员所做的合理的准备动作。准备姿势按身体重心的高低可分为稍蹲准备姿势、半蹲准备姿势和低蹲准备姿势三种。

(1) 稍蹲准备姿势。

稍蹲准备姿势比半蹲准备姿势身体重心稍前,动作方向相同,如图9-2-1所示。

（2）半蹲准备姿势。

两脚左右开立，稍比肩宽，一脚在前，两脚尖适当内收，脚跟稍提起，膝关节保持一定的弯曲。上体前倾，重心靠前，膝的垂直线应在脚尖前面，两臂放松，自然弯曲，双手置于腹前。全身肌肉不宜过分紧张，应适当放松，两眼注视来球，两脚始终保持微动，如图9-2-2所示。

（3）低蹲准备姿势。

低蹲准备姿势较之前两种准备姿势身体重心更低，更靠前，两脚左右、前后的距离更宽一些，膝部弯曲的程度更大一些，肩部垂直线过膝，膝部垂直线超过脚尖，手臂置于胸腹之间，如图9-2-3所示。

图9-2-1　稍蹲准备姿势　　　图9-2-2　半蹲准备姿势　　　图9-2-3　低蹲准备姿势

2. 移动

移动是队员从起动到制动之间的人体位移。移动可以使队员及时接近球，保持好人与球的关系，并便于击球。队员在场上能否及时移动到位，是完成技术动作的关键。移动得快慢，直接影响着技、战术的质量。移动可分为起动、移动和制动。

（1）起动。

以向前起动为例，在正确的准备姿势基础上，迅速抬腿收腹，使上体向前探出，同时后腿迅速用力蹬地，使整个身体急速向前起动。起动是移动的开始，起动的快慢是移动的关键。

（2）移动。

移动最主要的是步伐，具体技术有以下一些。

①并步与滑步：如向前移动，则后脚蹬地，前脚向来球方向跨出一大步，后脚迅速并上，做好击球前的准备姿势。

②跨步与跨跳步：如向前移动，则后脚用力蹬地，前脚向前跨出一大步，膝部弯曲，上体前倾，身体重心移至前腿上。

③交叉步：采用向右侧交叉步时，上体稍向右移，左脚从右脚前面向右交叉迈出一步，然后右脚再向右跨出一大步，同时身体转向来球方向，保持击球前的姿势。

④跑步：采用跑步时，两臂要配合摆动，如球在侧方或后方时，应边转身边跑。

⑤综合步法：以上各种步法的综合运用，如跑步之后再侧滑步，滑步后再接交叉步或跨步等。

（3）制动。

①一步制动法：一步制动时，移动最后跨出一大步，同时降低重心，膝和脚尖适当内转，全脚掌横向蹬地，减少身体重心继续前移的惯性力，并用腰腹力量控制上体使身体重心垂线停落在两脚所构成的支撑面内。

②二步制动法：采用二步制动时，以倒数第二步做第一次制动，紧接着跨出最后一步做第二次制动。同时身体后倾，重心下降，双脚用力蹬地，使身体处于有利于做下一个动作的状态。

（三）发球（以右手发球为例）

发球是比赛的开始，也是进攻的开始，是1号位队员在发球区由自己抛球，用一只手将球击入对方场区的一种击球方法。击球的一刹那即完成发球。发球时可运用正面、侧面、上手、下手、助跑或起跳发球。击球手法可用全手掌、掌根、半握拳、虎口和腕部。发球有5s限制。发球队员因抛球不当，可让球落地后再行抛球，不算犯规，但不得有意拖延比赛时间，发球后即可迅速入场参加比赛。

1. 正面下手发球

队员面对球网，两脚前后开立。左脚在前两膝弯曲，上体稍前倾，重心偏后脚。左手将球轻轻抛起在体前右肩前下方，离手高约20 cm。在抛球之前，右臂伸直，以右肩为轴，向后摆动，借右脚蹬地力量，身体重心随着右手向前摆动击球移至前脚上。在腹前利用虎口或掌根击球的后下方。手触球时，手指手腕收紧，手呈勺形吻合球，完成击球动作后，重心前移，迅速进场比赛，如图9-2-4所示。

图9-2-4　正面下手发球

2. 侧面下手发球

队员左肩对网，两脚左右开立，约与肩同宽，两膝微屈，上体稍前倾，重心落在两脚间。左手将球平稳抛在身体正前方，离身体一臂之远，高约30 cm。在抛球的同时，右臂摆至右侧后下方，接着利用右脚蹬地向左转体的力量，带动右臂向前上方摆动，在腹前用虎口或全手掌击球的后下方。击球后，迅速进场比赛，如图9-2-5所示。

图9-2-5　侧面下手发球

3. 正面上手发球

队员面对球网，两脚自然开立、左脚在前，左手托球于身前，抬臂用手掌的平托上送，将球平稳地垂直抛于右肩的前上方，高度适中。在左手抛球的同时，右臂抬起，屈肘后引，肘与肩平，上体稍向右侧转动。击球时，利用蹬地，使上体向左转动，同时收腹，带动手臂挥动。在右肩前上方伸直手臂达到最高点，用全手掌击球的中后部。击球时，手指自然张开吻合球，手腕要迅速做主动推压动作，使击出的球呈上旋飞行。击球后，随着重心前移，迅速入场比赛，如图9-2-6所示。

图 9-2-6　正面上手发球

（四）垫球

垫球是用手臂或手的坚硬部位击球的动作。垫球是排球的基本技术之一，垫球在排球比赛中占有重要地位。其主要用于接发球、接扣球、接拦回球，有时也用来组织进攻。垫球的击球技术繁多，有正面、侧面，有单手、双手，有滚翻、前扑，有高、中、低姿。

1. 正面双手垫球

准备姿势：面对来球，呈半蹲姿势站正，在不影响快速起动的前提下，重心适当降低，如图 9-2-7 所示。

图 9-2-7　正面双手垫球

垫球手形：当球接近腹前时，两手掌根靠紧，手指重叠互握，两拇指平行，手腕下压，两臂外翻形成一个平面，如图 9-2-8 所示。

击球部位：垫球时，以前臂腕关节以上 10 cm 左右桡骨内侧平面为宜，如图 9-2-9 所示。

抱拳式

叠掌式

互靠式

图 9-2-8　垫球手形

图 9-2-9　击球部位

击球：当球飞到腹前一臂距离时，两臂夹紧前伸，插到球下，向前上方蹬地抬臂，迎击来球,身体重心随击球动作前移。

2. 体侧垫球

垫击飞向体侧的来球为体侧垫球。当球向左侧飞来时,右脚前脚掌内侧蹬地,左脚向左跨出一步,左膝弯曲,重心移至左脚上,两臂夹紧向左伸出(右肩向下倾斜),用向右转腰和收腹的动作,配合两臂在体左侧截住球,用两臂垫击来球的后下部,切忌随球摆臂。当球向右侧飞来时,以相反方向动作击球,如图9-2-10所示。

图 9-2-10　体侧垫球

3. 其他姿势的垫球

如跨步垫球、移动垫球、背垫球、单手垫球等。

(五) 传球

传球是利用手指、手腕的弹击力量将球传至一定目标的击球动作。传球是排球运动的基本技术之一,是组织战术的基础。传球多用于二传,主要用于衔接防守和进攻。传球可正传、背传、跳传、侧传和晃传,也可原地传、移动传、倒地传、跳起传。

1. 正面传球

正面传球是面对出球方向的传球,它是最基本的传球方法,如图9-2-11所示。

准备姿势:用稍蹲准备姿势,上体适当挺起,抬头看球,双手自然抬起,放松置于脸前。

手形和触球部位:当手触球时,两手应自然张开呈半球状,手腕稍后仰,以拇指、食指和中指托住球的后下部,两拇指相对,接近"一"字或"八"字形,两手间有一定距离,用拇指内侧、食指全部,以及中指的二、三指关节触球,无名指和小指在球两侧辅助控制传球方向,两肘适当分开,两前臂之间约成90°角,如图9-2-12、图9-2-13所示。

图 9-2-11　正面传球

图 9-2-12　手形

图 9-2-13　触球部位

击球点和迎球：当来球接近额前时，开始蹬地、伸膝、伸臂，两手微张从脸前向前上方迎球，击球点在额前上方约一球距离处。击球点不宜过高或过低，否则都会影响传球的准确性。

击球用力：传球主要是靠伸臂的力量和手指手腕所产生的反弹力，并辅之以蹬地力量。传球所需要的力量是由多种力量（如伸臂力量、手指手腕的反弹力、伸腿蹬地的力量、主动屈指屈腕力量以及球的反弹力等）合成的。

2. 侧传球

侧传球时身体不转动，靠双臂向侧方的传球动作，也称为侧传。

准备姿势、迎球动作、手形与正传相同。击球点应偏向传出方向一侧，双臂向传球方一侧伸展，异侧手臂的动作幅度应大一些，伸展的速度也应快一些，同时上体也伴随同一侧倾斜侧屈，将球传出。

3. 背传球

向头的后上方传球，称为背传球。

传球前背对传球目标，上体比正传时稍后仰，身体重心在两脚之间，双手自然抬起，放松置于脸前。迎球时，抬上臂、挺胸、上体后屈。击球点保持在额上方，比正传偏后，以便观察和向后上方用力。触球时，手腕后仰适当放松，掌心向上，击球的下部。手形与正传相同，拇指托在球下。背传用力靠蹬腿、展腹、抬臂、伸肘，通过手指手腕的弹力，把球向后上方传出，如图 9-2-14 所示。

图 9-2-14　背传球

4. 其他姿势的传球

如跳传球、顺网正面二传、调整二传、背二传、侧二传、倒地二传、传快球、传平快球、传背快球、传时间差、传短平快、晃传等。

（六）扣球

扣球是队员利用起跳，将高于球网上沿的球有力地扣入对区的一种击球方法。扣球是排球的基本技术之一，在比赛中占有重要地位。扣球是得分、得权的主要手段，是进攻中最积极有效的武器，扣球的成败，体现了一个队的战术质量和效果，是夺取胜利的关键。

1. 正面扣球

准备姿势：采用稍蹲姿势，两臂自然下垂，在离球网 3 m 左右处，观察判断，做好向各个方面助跑起跳的准备，如图 9-2-15 所示。

图 9-2-15　正面扣球

助跑：助跑步伐力求灵活，适应性强，根据不同的来球情况步幅可大可小，步数可多可少。一般常用一步、二步、多步助跑等步法。以两步的助跑右手扣球为例，助跑时，左脚先向前迈出一步，接着右脚再迅速跨出一大步，左脚及时并上，踏在右脚之前，两脚尖稍向内转准备起跳。助跑的第一步小，便于寻找和对正上步的方向，第二步大，便于接近球。第二步即最后一步，要以右脚的脚跟先着地过渡到全脚掌着地，左脚在并上踏地制动过程中，两臂自后积极向前摆动，随着双腿蹬地向上起跳，两臂也做有力上摆，配合起跳。

起跳：当助跑最后一步时，两臂自后积极向前摆动，随着双腿蹬地向上起跳，两臂也做有力上摆，配合起跳。两腿从弯曲制动的最低点，猛力蹬地向上起跳。

空中击球：起跳后，挺胸展腹，上体稍向右转，右臂向后上方抬起，身体呈反弓形。挥臂时，配合迅速转体，收腹发力，依次带动肩、肘、腕各部关节（或鞭甩动作）向前上方挥动。击球时，五指微张呈勺形，并保持收紧，以全手掌包满球，掌心为击球中心，击球的后中部。同时主动用力屈腕、屈指向前推压，使扣出的球加速上旋。

落地：落地时，以前脚掌先着地，再过渡到全脚掌着地。同时顺势屈膝、收腹以缓冲下落力量。

2. 近体快球

快球可分为近体快球、背快、短平快、平拉开快、调整快、远网快、单脚快等。

近体快球是在二传队员前或侧约 50 cm 处扣的快球。扣球者大都在二传出手之前起跳于空中，待二传把球传送在扣球队员手下时，突然把球扣入对区。一般快球是与二传出手同时起跳扣球。

近体快球的助跑路线一般与网夹角为 45°左右。助跑随一传球同时跑到网前，当二传队员传球时，扣球队员应在二传队员体前近网处迅速起跳。起跳后要迅速挥臂，将刚刚传出网口的球立即扣过网去。击球时，利用含胸、收腹动作，带动前臂和手腕迅速鞭打甩动，以全手掌击球的后上部。

不论采用哪种快球，都应注意以下两点。

（1）对助跑起跳的要求：助跑的步伐要轻松、快速、灵活、有节奏；起跳动作应蹲得浅，起跳快；起跳的时间要准确。

（2）对击球动作的要求：上体动作和挥臂动作的振幅要小，主要利用前臂和手腕加速甩动击球。挥臂的时间要早，球来之前就要挥臂，球到时正好击球。

第三节 排球运动基本战术

排球战术是运动员在比赛中根据排球运动的比赛规律、彼此双方的具体情况和临场的变化，合理地运用技术及所采取的有组织、有目的和有预见的配合行动。排球战术可分为个人战术和集体战术两部分。

一、个人战术

个人战术不但是集体战术的组成部分，而且可以提高个人的技术动作效果和补充集体战术的不足。个人战术包括进攻个人战术和防守个人战术等。

（一）进攻个人战术

（1）扣球时运用路线的变化，灵活采用扣直线、斜线和小斜线避开拦网队员的手。
（2）扣吊结合。在对方严密的拦网下，先佯攻要大力扣杀，然后再轻扣或吊入对方空当。
（3）运用超手扣球技术，从拦网人手的上方进行突破。
（4）可利用打手出界来破坏对方的拦网。
（5）运用平打的手法造成球触拦网手后飞向后场远区。
（6）找人找点扣球。如看准对方空当和防守薄弱的区域扣球。

（二）防守个人战术

（1）要根据二传的方向和落点来判断是左、右还是从中间打过来，并正对来球方向。
（2）防守应根据对方扣球队员的挥臂动作和手法的变化及时改变身体重心的位置，以便于向有关方向快速移动。
（3）防守还应根据前排拦网队员的情况主动加以配合和弥补。
（4）防守队员取位"宁后勿前"，避免"防前恐后"。

二、集体战术

常用的集体战术有以下两种。

（一）"中一二"进攻战术

（1）"中一二"进攻阵形最容易组成，适合初学和水平较低的球队在接发球进攻中采用。"中一二"进攻阵形是由前排中（3号位队员）担任二传，2号位和4号位队员扣球的战术形式。
（2）它的特点是战术简单变化少，配合容易。
（3）"中一二"进攻战术的运用。
①3号位二传队员给4号位和2号位队员集中或拉开进攻，迷惑对方拦网。
②"中一二"进攻不但可运用一点定位，另一跑动活点进攻，甚至可运用两点跑动的换

位进攻，可充分利用强攻、快攻和两次攻击的多种打法，达到突破对方防御的目的。

③2号位、4号位队员进行跑动进攻时还可运用自我掩护的"三差"进攻等打法。

④为了增加进攻的突然性，可以通过主、副攻的跑动换位或相互掩护变定点进攻的活点进攻，设法摆脱对方的集体拦网，形成一对一的局面。

（二）"边一二"进攻战术

这是由2号位队员担任二传，3号位队员和4号位队员担任扣球的一种战术形式。

（1）"边一二"进攻战术也是最基本的战术阵形，一般只能保持两点进攻，适合于一般水平较低，扣、传能力不够均衡的球队采用。

（2）其特点是战术简单变化少，配合容易。

（3）"边一二"进攻战术的运用。

①除组织前排两名队员定位进攻外，还可以在定位进攻中组织3号位快球掩护、4号位拉开进攻。也可以一点定位，另一点跑动换位进攻。还可通过与二传队员的信号联系，由两名进攻队员同时或先后跑动，造成各种双活点进攻。

②定位进攻：接发球一传到位后，2号位二传队员给3号位、4号位队员扣一般集中球或拉开球。

③4号位队员扣定位拉开高球或平球，3号位队员进行近体快球或短平快球的实扣或掩护。

④一点定位，另一点跑动换位进攻：如接发球一传到位后，4号位队员扣定位球，3号位队员围绕跑动进攻，换位到2号位扣二传队员传出的背快球或半高球，以充分利用网的全长展开进攻。

⑤4号位内切跑动打近体快或短平快实扣或掩护、3号位做梯次进攻或后围绕进攻。

⑥4号位与3号位队员做前交叉进攻。

⑦3号位队员跑动和背快球，4号位队员大跑动，绕到2号位二传背后扣背传球。

另外，进行近体快、短平快或背快等快球时，均可实扣或掩护相结合，使接发球进攻战术配合更加丰富多彩。

第十章 足球运动

学习重点

1. 了解足球运动的基础知识
2. 了解足球运动的比赛规则
3. 熟悉足球运动的基本技术
4. 熟悉足球运动的战术配合

足球是一项全身性的高强度运动,对运动员的体能水平和运动心智能力都提出了严格的要求。职业体能训练和运动心智能训练在足球运动中发挥着重要作用。足球比赛需要高度集中的注意力,特别是在激烈的比赛中。运动心智能训练可以提高运动员的专注力,帮助他们保持冷静和应对各种情况,助力球队取得胜利。

第一节 足球运动概述

一、足球运动的起源与发展

（一）现代世界足球的起源与发展

现代足球始于英国。1863 年 10 月，英国足球协会在伦敦成立了第一个足球俱乐部，制定了最初的比赛规则，现代足球运动随之逐渐兴起。我国现代足球于 1840 年前后，由香港和东南部沿海大城市传入。中华人民共和国成立以后，足球运动得到迅速发展，1956 年开始实行全国甲、乙级足球联赛制度。1959 年，足球比赛被列入全国运动会比赛项目。1993 年实行俱乐部制，足球运动逐步走向职业化。

目前，国际上规模较大的足球比赛有两个：一个是由国际足球联合会举办的每四年一次的世界足球锦标赛——雷米特杯（简称"世界杯"）；另一个是奥林匹克运动会的足球赛。

二、足球运动特点与价值

（一）足球运动的特点

1. 比赛场地大、人数多、时间长、运动量大

正式足球比赛两队各有 11 名队员奔跑在 7 000 多平方米的场地上，进行 90 分钟紧张而激烈的进攻与防守。在一场高水平的足球比赛中，一个优秀运动员跑动的距离达 8 000~10 000 m 以上。

2. 技术动作多、战术复杂、难度大

足球比赛规则规定，在足球比赛中除了守门员外，其他何队员都不准用手触摸球，由于用脚控制球，那么身体的平衡只能依靠单脚来维持，同时其身体又多是在非正常的状态下完成动作，经常要因对手的干扰和阻挠而受到限制。

足球战术有许多种，比赛能否取得胜利除了与战术、身体训练水平及意志品质有关外，在很大程度上取决于运动员能否根据比赛中随时变化着的情况而采取符合比赛规律和要求的战术。由于参加比赛的人数多，因而协调统一行动也很不容易，所以足球运动又是一项难度大的运动项目。

3. 对抗激烈、拼抢凶猛

足球比赛是以射门进球多少判定胜负，所以围绕着争夺控球权要进行激烈凶猛的拼抢和冲撞，尤其是在罚球区附近的拼争尤为凶猛，高强度的对抗性是现代足球运动战斗性的重要标志和特点。

（二）足球运动的价值

1. 增进健康和提高身体素质

足球运动能增强人体的肌肉、骨骼和有效地提高血液循环系统、呼吸系统、内脏器官和神经系统的功能，从而可以增进人体的健康，发展力量、速度、柔韧、灵敏和耐力等身体素质。

2. 振奋精神，鼓舞斗志

足球运动能丰富人们的业余文化生活，促进人们工作、学习的积极性和进一步提高劳动效率。足球队参加国际性重大比赛取得的胜利，能有效地激励人们的爱国热忱、振奋精神、鼓舞斗志。

3. 国家间交流的工具

足球运动已被广泛地用于国际交往，它已成为国家间交往的一种工具，足球运动所具有的价值已远远超出体育运动的范畴。

第二节 足球运动基本技术

足球技术，是指运动员在足球比赛中所采用的合理动作的总称。它是在足球比赛实践中逐步形成、发展和完善起来的。

一、颠球

颠球可分为脚背正面颠球、脚内侧颠球、大腿颠球、脚外侧颠球、头颠球、肩颠球和胸部颠球等。

（一）脚背正面颠球

脚背正面颠球时，支撑腿的膝关节微屈，身体重心移到支撑脚上，当球落至低于膝关节以下时，颠球脚的膝、踝关节适当放松，并柔和地向前稍上方甩动小腿，脚尖稍翘起，用脚背轻击球的底部，将球向上颠起，如图10-2-1所示。

图 10-2-1　脚背正面颠球

（二）脚内侧颠球

脚内侧颠球时，支撑腿膝关节微屈，身体重心移至支撑脚上。当球下落到膝关节高度时，颠球脚屈膝盘腿，脚内侧向上摆（脚内侧成水平状态），轻击球的底部，将球向上颠起，如图10-2-2所示。

图 10-2-2 脚内侧颠球

（三）大腿颠球

大腿颠球时，支撑腿膝关节微屈，身体重心移至支撑脚上。当球落至接近髋关节高度时，颠球的大腿屈膝上摆。当大腿摆到成水平状态时，击球的底部，将球向上颠起，如图 10-2-3 所示。

图 10-2-3 大腿颠球

二、踢球

踢球是运动员有目的地用脚的某一部位把球击向预定目标的动作。踢球可分为脚内侧踢球、脚背正面踢球、脚背内侧踢球、脚背外侧踢球、脚尖踢球和脚跟踢球等。

（一）脚内侧踢球

脚内侧踢球时，直线助跑，支撑脚踏在球的侧方 15 cm 左右，膝关节微屈，在支撑脚着地的同时踢球腿以髋关节为轴由后向前摆，在前摆过程中屈膝外展，踢球脚的脚内侧正对出球方向，小腿急速前摆，脚尖稍翘起，脚底与地面平行，用脚内侧部位击球的后中部，踢球脚随球前摆落地，如图 10-2-4 所示。

图 10-2-4 脚内侧踢球

它的特点是脚与球的接触面积大，出球平稳而准确，但是由于踢球时，踢球腿必须屈膝外展，腿的摆幅和摆速都受到一定程度的限制，因而出球力量小。

（二）脚背正面踢球

脚背正面踢定位球的动作方法：直线助跑，最后一步稍大并要积极着地，支撑脚踏在球的侧方约 10 cm 处，脚尖正对球方向，膝关节微屈。摆动腿要在准备做支撑的脚前跨和助跑的最后一蹬离地面时，顺势向后摆起，小腿屈曲。在支撑脚着地的同时，以髋关节为轴，大腿带动小腿由后向前摆，当膝盖摆至接近球的正上方的刹那，小腿要进行爆发式前摆，脚背跖屈，脚趾扣紧，以脚背正面击球的后中部。踢球腿提膝随球继续前摆，如图 10-2-5 所示。它的特点是踢球腿的摆幅大、摆速快，踢球力最大，出球的性能变化小，出球方向比较单一。

图 10-2-5　脚背正面踢定位球

（三）脚背内侧踢球

脚背内侧踢球是用脚背内侧部位接触球的一种踢球动作，如图 10-2-6 所示。它的特点是踢球腿的摆幅大、摆速快，踢球的力量大。由于助跑方向、支撑脚站位灵活性较大，出球方向变化也较多，因此用途较广。

图 10-2-6　脚背内侧踢球

（四）脚背外侧踢球

脚背外侧踢球是用脚背外侧部位（外侧几块跖骨的背面）接触球的踢球动作，如图 10-2-7 所示。它除了具备脚背正面踢球的特点外，由于踢球时踝关节转动的灵活性和摆腿方向变化较多等特点，所以有着较广的用途。

（五）脚尖踢球

脚尖踢球是用脚趾的趾尖接触球的踢球动作。它的特点是踢球腿的摆幅大、摆速快、踢球的着力点集中，出球快而有力，但因脚尖与球接触面积小，出球的准确性较差，通常极少使用。

图 10-2-7 脚背外侧踢球

（六）脚跟踢球

脚跟踢球是用脚跟（跟骨）将球击到身体后面的踢球动作。它的特点是摆幅小、向后出球。虽然出球力量小，但是具有一定的隐蔽性和突然性。脚跟踢球要根据人与球的位置而采用不同的踢球方法。

三、停球

停球是指运动员有目的地用身体的合理部位，把运动中的球停在所需要的控制范围内的动作。停球可分为脚内侧停球、脚底停球、脚背外侧停球、胸部停球和大腿停球等。

（一）脚内侧停球

脚内侧停球是用支撑脚脚尖正对来球，膝关节微屈，同侧肩正对来球，停球腿提膝外展，脚尖微翘，与地面平行，脚内侧正对来球并前迎，脚内侧与球接触刹那迅速后撤，把球停在脚下，如图 10-2-8 所示。

（二）脚底停球

脚底停球是用身体正对来球，支撑脚站在球侧，脚尖正对来球方向，膝关节微屈，同时停球腿提起，膝关节微屈，勾脚尖，脚底与地面成 45° 角，触球瞬间前脚掌下点将球停住，如图 10-2-9 所示。

图 10-2-8 脚内侧停球

图 10-2-9 脚底停球

（三）脚背外侧停球

脚背外侧停球是停球点在停球脚一侧，支撑腿膝关节微屈，停球腿提起屈膝，脚内翻，脚适当离地，大腿向来球方向推送。脚背外侧停球常与假动作结合起来使用，因此具有一定的隐蔽性，如图 10-2-10 所示。

图 10-2-10　脚背外侧停球

（四）胸部停球

胸部停球是接球时，身体正对来球，两腿自然开立，膝微屈，两臂在体侧自然抬起，上体稍后仰与来球形成一定的角度。触球刹那，胸部主动挺送，使球触胸后向前上方弹起落于体前。

（五）大腿停球

大腿停球是根据球的运行路线和选择的停球的空间位置，即时移动到位，面对来球，停球腿屈膝抬起，以大腿中部对准下落的球，肌肉适当放松。当大腿接触球的瞬间，快速后撤将球挡落在体前衔接下一个需要的位置上。

四、头顶球

头顶球是运动员有目的地用前额骨把球击向预定目标的动作。头顶球分为前额正面顶球和前额侧面顶球。

（一）前额正面顶球

前额正面顶球是根据球的运行路线和选择的击球点及时移动到位，身体正对来球，两脚前后或左右开立，膝关节微屈，上体稍后仰，重心放在后脚上，两臂微屈自然张开，眼睛注视来球。当球运行到身体垂直部位前的刹那，后脚用力蹬地，身体重心由后脚移向前脚的同时，迅速向前摆体，收下颌，颈部收紧，快速甩头，用前额正面顶球的后中部，上体随球继续前摆，如图 10-2-11 所示。

图 10-2-11　前额正面顶球

（二）前额侧面顶球

前额侧面顶球是根据球的运行路线和选择的击球点，及时移动到位，两脚前后开立（出球方向的同侧脚在前），两膝微屈，上体和头部稍向出球的相反方向回旋侧屈，身体重心落在后脚上，两臂自然屈肘张开，眼睛注视来球，当球运行到出球方向同侧肩上方前的刹那，后脚用力蹬地，上体迅速向出球方向扭摆，同时颈部收紧，用力甩头，以前额侧面击球的后中部，如图 10-2-12 所示。

图 10-2-12　前额侧面顶球

五、运球

运球是运动员在跑动中有目的地用脚的连续推、拨使球处在自己控制之下的触球动作。下面通过运球的部位与方法、常用动作及运球过人来讲解运球技术。

（一）运球的部位与方法

运球分为脚背正面运球、脚背内侧运球、脚背外侧运球和脚内侧运球等。

1. 脚背正面运球

脚背正面运球时，身体自然放松跑动，上体稍前倾，两臂屈肘自然摆动、步幅适中，运球脚提起，膝关节微屈，脚跟提起，脚尖向下，在迈步前伸着地前，用脚背正面推球前进。

2. 脚背内侧运球

脚背内侧运球时，身体自然放松跑动，步幅要小，上体稍前倾并向运球方向扭转，两臂屈肘自然摆动，膝关节微屈，脚跟提起，脚尖稍外转，在迈步前伸着地前，用脚背内侧推、拨球前进。

3. 脚背外侧运球

脚背外侧运球时，身体自然放松跑动，上体稍前倾，两臂屈肘自然摆动、步幅适中，运球脚提起，膝关节微屈，脚跟提起，脚尖稍内转。在迈步前伸着地前，用脚背外侧推拨球前进。

4. 脚内侧运球

脚内侧运球跑动时，支撑脚稍向前跨踏在球的前侧方，膝关节微屈，上体稍前倾并向里转，随着身体前移，运球脚提起，脚内侧对球，推球前进。

（二）运球时的常用动作

运球时的常用动作有拨球、扣球、拉球、挑球等。

1. 拨球

拨球是以脚背内侧或脚背外侧触球，使球向侧方或侧前方运动。用脚背内侧拨球的动作称"里拨"，用脚背外侧拨球的动作称"外拨"。

2. 扣球

扣球是用突然转身和脚腕急转扣压动作以脚背内侧或脚背外侧触球，将球向侧后方停下或改变方向运行。用脚背内侧扣球的动作称"里扣"，用脚背外侧扣球的动作称"外扣"。

3. 拉球

拉球是用脚掌将球由前向后或由左（右）向右（左）拖拉球的动作。

4. 挑球

挑球是用脚背与脚尖翘起上挑的动作或用脚背上撩的动作，使球向前上方改变方向。

（三）运球过人

运球过人方法很多，这里只介绍常用的两种方法，即强行过人与晃动过人。

1. 强行过人

强行过人是以突然推球与快速起动相结合的动作而越过对手的过人。

2. 晃动过人

晃动过人是以左晃右拨或右晃左拨的动作而越过对手的过人。

六、抢截球

抢截球是指运动员运用合理的动作把对手控制的球传出的球夺过来或破坏掉所采用的各种动作，常用的有正面抢球和合理冲撞抢球。

（一）正面抢球

正面抢球时，面向对手两脚前后开立，两膝微屈，身体重心下降并放在两脚间。当对手运球脚触球后即将着地或刚着地时，抢球者快速前移重心，支撑脚用力后蹬，抢球脚以脚内侧对着球并屈膝向球跨出，从正面抢堵球，同时上体稍向前倾。身体重心移至抢球脚上、支撑脚随即前跨，维持身体平衡，如图10-2-13所示。

（二）合理冲撞抢球

合理冲撞抢球是当防守者并肩与运球者跑动追球时，防守者重心稍下降，靠近对手一侧的手臂紧贴身体，利用对方同侧脚离地的过程，用肘关节以上部位适当冲撞对手同样部位，使对手身体失去平衡，乘机将球控制住。

图10-2-13 正面抢球

七、守门员技术

守门员是全队的最后一道防线，它的主要任务是守住球门。守门员技术分为无球技术和有球技术两大类。

（一）无球技术

准备姿势：两脚左右开立，约与肩同宽，两腿自然屈膝并稍内扣，脚跟稍提起，身体重心落在前脚掌上。上体稍前倾。两臂自然屈肘置于体前，手指自然张开，掌心向下，眼睛注视来球，如图10-2-14所示。

移动：为了尽早截获对方向球门前传来的球或接住对方射来的球，守门员必须根据比赛中的球和队员的位置变化，而随时调整自己的位置。向左右调整位置的移动，一般采用侧滑步或交叉步这两种步法。

图10-2-14　无球技术

（二）有球技术

接球：准备接球时，两腿直膝自然开立，脚尖正对来球，上体前屈，两臂并肘前迎，两手小指相对靠近，手掌对球，在手触球的刹那，随球后撤并屈肘、屈腕，两臂靠近把球抱于胸前，如图10-2-15所示。

图10-2-15　有球技术

扑接球：当守门员来不及用其他接球动作接球时，常采用扑接球动作来完成守住球门的任务。扑接球是守门员技术中难度较大的技术动作。扑接球大致可分为倒地扑接球、鱼跃扑接侧面地滚球和扑接侧面平高球等。

拳击球：在没有把握接住射来的球或有对手猛烈冲门等情况下，为了避免接球脱手，常采用拳击球。拳击球分为单拳击球和双拳击球两种。

托球：跳起准备托球时，全身伸展成背弓，一臂快速上伸，掌心稍向上，用手掌前部和手指用力将球向后上方托起，使球越过球门横梁。

掷球：为了争取时间组织快速反击，守门员经常把获得的球用手掷给同伴。掷球有单手肩上掷球、单手低手掷球和勾手掷球等。

抛踢球：它是守门员把获得的球传给远离的同伴常用的动作。抛踢球分为踢自抛下的空中球和踢自抛的反弹球两种。

第三节　足球运动基本战术

足球战术是指在足球比赛中，为了战胜对方，根据主客观情况所采取的个人行动和集体配合的总称。

一、进攻战术

（一）个人进攻战术

个人进攻战术包括传球、射门、运球、过人、接球、掷球、摆脱、跑位等。

（二）局部配合战术

局部配合战术包括掩护配合、传切配合、"二过一"配合及"三过二"配合等。

1. "二过一"战术配合

"二过一"是两个进攻队员，通过传球配合突破一个防守队员。"二过一"是集体配合的基础，可以在任何场区、任何位置上运用这种方法来摆脱对方的抢截或突破防线。"二过一"是进攻的两个队员之间相距 10 m 左右，进行一传一切的配合。要求传球平稳及时，一般多用脚内侧、脚外侧等脚法，传地平球为主。传球的位置，尽可能是接球人脚下或前面 2~3 步远的地方。

2. "三过二"战术配合

"三过二"是在比赛中局部地区三个进攻队员通过连续配合突破两个防守者的防守。由于这种配合有两个同队队员可以同时接应传球，因此使持球人传球路线更多，且进攻面更大。

（三）全队战术

全队战术主要有边路进攻、中路进攻、快速反击等。

1. 边路进攻

利用球场两侧地区发起进攻的方法叫边路进攻。边路进攻是全队进攻战术的主要形式之一，其主要特点是有利于发挥进攻速度，打破对方防线制造缺口。常用的战术有两翼齐飞、声东击西。

2. 中路进攻

中路进攻是利用球场中间区域组织的进攻，这种进攻虽能直接射门，但难度最大，因中路防守最为严密，突前的攻击手必须是反应极其敏锐、意识强、技术高、敢于冒险、速度快和善于策应的队员。常用战术有不断为站桩前锋喂球的强力中锋战术。

3. 快速反击

快速反击是比赛中当攻方进攻时，后卫线往往压至中场附近，防守人数也由于插上进攻和助攻而相对减少，此时如能抓住对方防区空隙较大和回防较慢的机会，乘其失球发动快速反击，往往能取得良好的效果。快速反击要有组织，配合得要极为默契，必须进行专门性的训练，否则很难在比赛中实施。常用战术有后卫长传等。

（四）定位球基本战术

定位球战术是指在比赛中，利用"死球"后重新开始比赛的机会组织进攻与防守配合的战术方法。定位球战术包括中圈开球、角球、任意球、点球、掷界外球等。

在势均力敌的高水平比赛中，定位球战术有时起决定胜负作用。在配合上要利用简练的一次配合取得射门机会，配合越复杂成功率就越低，故要进行专门性的练习，才能在比赛中奏效。

二、防守战术

（一）个人防守战术

个人防守战术包括盯人、选位、抢截等。

（二）局部配合

局部配合包括保护、补位、临近位置配合等。

（三）全队防守战术

全队防守战术包括区域盯人、混合盯人等。

（四）定位球防守战术

定位球防守战术包括开球、角球、球门球、任意球、掷界外球、罚点球等。

三、简单战术技巧

1. 补位

补位是足球比赛中局部地区集体配合进行防守的一种方法。当防守过程中一个防守队员被对手突破时，另一个队员则立即上前进行堵封。

2. 围抢

围抢是指比赛中在某局部位置上，防守一方利用人数上的相对优势（通常是两三个队员）同时围堵对方的持球队员，以求在短暂时间内达到抢断或破坏对方的目的。

3. 造越位战术

造越位战术是利用规则而设计的一种防守战术，是一种以巧制胜的省力打法，因而成为一种重要的防守手段。但由于其配合难度较大，搞不好会适得其反，让对手钻空子，因此，此战术往往为水平较高的球队所采用，但在一场比赛中也不是多次运用。

第十一章　网球运动

学习重点

1. 了解网球运动的基础知识
2. 了解网球竞赛的基本规则
3. 熟悉网球运动的基本技术
4. 熟悉网球运动的基本战术

网球比赛要求运动员具备卓越的体能水平，包括耐力、爆发力、速度、灵活性和敏捷性。为了达到高水平的体能，运动员需要进行全面的有氧和无氧训练，以增强肌肉力量、提高心肺功能，并提高身体的协调性。除了体能训练，运动心智能的培养也是成功的关键之一。在高压力的比赛中，运动员需要具备稳定的心理素质，以应对来自对手、观众和自己内心的压力。

第一节 网球运动概述

一、网球运动的起源与发展

网球运动起源于十二三世纪的法国。14世纪中叶,网球游戏进入宫廷,成为皇室贵族的消遣活动。1884年英国伦敦的玛丽勒本板球俱乐部把球网中央高度改为91.4 cm,至此,现代网球运动正式形成。

20世纪70年代以后,网球得到了进一步的发展。网球运动发展较快的主要原因有如下两点:一是科技在球拍等器材制造中的应用,促进了先进器材的生产、技术水平的提高,造就了一批年轻的优秀选手;二是允许职业选手参加温布尔登等锦标赛,开创了职业网球巡回赛的先河,打破了职业选手和业余选手的界限,增加了大赛的激烈程度和热烈争夺的气氛,吸引了广大网球爱好者从事该项运动的热情和观看、评论网球比赛的积极性,从而促进了网球运动的发展。

二、网球运动的特点与价值

(一)网球运动的特点

(1)空中击球的动作快速而有力。
(2)发球方法的独特性和多样性。
(3)计分方式的与众不同。在网球运动的每局比赛中,采用15、30、40、平分的计分方法,比赛一般采用6局形式。
(4)比赛时间难以控制。不论是正式比赛还是业余比赛,由于计分方式以及项目运动特征的独特性,要想分出胜负是不容易的,需要耗费很长的时间才可较出高下。
(5)比赛强度较大。水平接近的选手,由于比赛耗时过长,对体力的要求就更高。
(6)对运动员心理要求较高。

(二)网球运动的功能

(1)锻炼良好的身体素质。
(2)培养良好的心理素质。
(3)培养勤奋好学的优秀品质。
(4)陶冶人的情操。

第二节 网球运动基本技术

一、握拍方法

握拍是网球运动击球的基础,它决定挥拍的方式,击球时的拍面角度、击球点以及控制深度和力量等。

球拍是击球者手臂的延伸和手掌的扩大,握拍时应是小鱼际(手掌根)靠近拍柄尾端。击球动作都是由手臂、手腕、手指相互配合用力来完成的,握拍的好坏对技术有着重要的影响。握拍常用的术语如下。

五条线:球拍拍面垂直于地面,从左向右将拍柄分成1、2、3、4、5共五条线,如图11-2-1所示。

八个面:上平面、下平面、左垂直面、右垂直面、左上斜面、右上斜面、左下斜面、右下斜面,如图11-2-2所示。

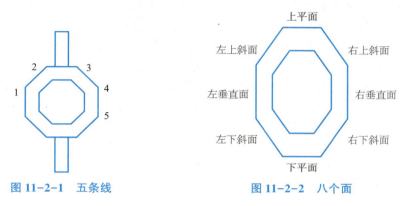

图11-2-1　五条线　　　　图11-2-2　八个面

二、基本姿势

正确的准备姿势应当是双脚开立,比肩略宽,前脚掌着地,脚跟微抬起,重心置于两脚前脚掌之间,两膝微屈,上体微前倾,两眼注视对手或来球。球拍置于腹前,拍头指向正前方,微上翘,手腕低于拍头,如图11-2-3所示。同时,两脚也可不停地轻微跳动,使身体重心随时可以向任何方向起动,即呈现一个轻快而富于弹性的准备姿势。不持拍手轻扶着球拍的颈部。不要忽视不持拍手扶拍的作用,它可以扶住并稳定球拍,减轻持拍手的腕部负担,另外还能起到将球拍引至身体一侧的辅助作用,也可随时调整正、反手握法,保持身体平衡和全身协调发力。

图11-2-3　基本姿势

三、发球

在网球比赛中,球员保住自己的发球局是赢取胜利的关键和基础,因此发球技术就显得尤为重要。在现代网球运动中,发球是最重要的技术之一,也是一项比较难掌握的技术,现代优秀网球运动员一般都有着出色的发球技术。

(一)发球基本技术

发球基本技术动作主要包括握拍、站位、抛球、引拍、挥拍击球、随挥。

1. 握拍

握拍常用的是东方式反手或大陆式握拍。

2. 站立

站立时双脚自然分开站立,两脚的连线根据球员的习惯可与底线相垂直,也可以保持另外一个合适的角度。以右手持拍为例,全身放松,侧身站在端线外中点旁,左肩对着击球方向,面向右边网柱两脚分开约与肩宽,左脚与端线约成45°角,右脚约与端线平行,重心在两脚之间,身体自然前倾。左手持球,右手握拍,拍头指向前方。

3. 抛球

抛球时持球手的肘部渐渐伸直并向下靠近持球手同侧的大腿,然后从腿侧自下而上将球抛起。抛球时,用拇指、食指和中指的第一、第二关节将球平稳托住,掌心向上,整个手臂伸直向上托送,利用手臂向上的惯性使球平稳地离开手指。脱手时托球的三手指最大程度地展开,球看上去不是被"扔"到空中而是被"抛送"到空中去的。

抛球的高度一般是手握球拍充分向上伸直时,球拍的顶部再稍高一些,但由于此高度会限定挥拍击球所用的时间,所以抛多高要视个人情况而定。发平击球时,应将球抛在身体偏右前上方;发切削球时,抛球较平,击球再稍靠右一些;发旋转球时,抛球较平,击球稍靠左一些。

4. 引拍

球拍从前方开始往下向后上方摆起,当握拍手摆至肩高时,转体展肩弯臂,使拍头垂于背后如"插背"状,两膝前弓,身体后仰,眼睛注视着球。

5. 挥拍击球

当抛出球时,球拍继续向上摆起,握拍手的肘关节放松,使向前转动的身体和右肩自动地产生一个完美的绕圈。当球下降到击球点时,迅速向上挥拍击球,双脚蹬地,转髋转体,使手臂和身体充分伸展。挥拍击球时,持拍手手腕带动前臂有一个旋内的"鞭打"动作,这就是发球发力的关键动作。

6. 随挥

击球后身体向场内倾斜,继续保持完整的随挥动作,球拍随惯性挥至身体的左下方,重心前移,右脚率先越过底线,并迅速调整好位置,准备接对方来球。

(二) 发球种类

1. 平击发球

平击发球时击球点应在右眼的前上方,以拍面中心平直对准球的后中上部。侧对球网站立,前脚与端线大约成45°角指向右侧网柱,身体重心在左脚上,左手托住球拍的拍颈,手臂放松,稍微弯曲并保持在胸部的高度。双臂同时稍下放,在其最低点抛球手臂与击球手臂分开,但以不同的速度向上摆动。在大约眼睛的高度将球抛出,击球臂向后、向下、向上引拍,身体重心移至右腿上。在手臂伸展到最高点时,身体重心又移到左腿上。同时,通过髋关节前移,降低身体重心。左腿支撑身体向前、向上运动。击球肩膀转向前面,前臂旋内,充分向前、向上伸展击球臂,在最高点击球,击球瞬间,拍面几乎垂直地面。击球后右前臂继续向外转动,球拍随挥至身体的左侧,左臂在体前的位置做相反运动。击球后随球上网或站在端线附近准备击球,如图11-2-4所示。

平击发球又被称为"炮弹式发球",常被网球选手用作第一次发球。这种发球的优点是:力量大、球速快、落点深、球的反弹低、前冲力大、威胁大。缺点是:不容易控制落点,命中率比较低,体力消耗也较大。

图 11-2-4　平击发球

2. 切削发球

切削发球是一种以左侧旋转（略带下旋）为主的发球法。动作技术基本上类似平击发球，切削发球要有力量，必须让球拍尽可能地往后。当球拍在背后，肘关节要比平击发球抬得高，才能发出比较有力量的球。球拍接触球一刹那，球拍是从后侧擦击球，使球产生侧旋，提高球的命中率。球发出后跟进动作在身体左侧下方结束，这种球发出后，飞行轨迹成弧线形，其落点比较容易控制，如图 11-2-5 所示。

图 11-2-5　切削发球

四、正手击球

正手击球的基本技术动作分为准备姿势、转体引拍、挥拍击球和随挥，如图 11-2-6 所示。

图 11-2-6　正手击球

（一）准备姿势

面对球网，两脚自然开立与肩同宽，两膝微屈，重心稍前移，落在前脚掌上，左手扶住拍颈，拍面与地面垂直，拍头指向对方，注意对方来球，做好击球准备。初学者左手须扶住拍颈，这样既可以减轻右手的负担，还可以帮助右手变换握法和迅速向后转肩引拍。

（二）转体引拍

当判断来球需用正拍回击时，向右转动双脚，左脚跟抬起并向右倾，前方上步，身体向右转 90°与底线平行，同时转肩转髋带动右手向后摆动引拍，引拍时肘部弯曲、自然下垂，拍头低于膝盖，左手指着来球方向，双膝弯曲，保持身体平衡，转体引拍时身体重心移向右脚，左肩对着右侧的网柱，手腕固定，挥拍转动约 180°，拍头指向后挡网。转体引拍动作要求迅速、协调，并根据来球情况，适度弯曲膝关节。

（三）挥拍击球

以右手握拍为例，左肩对网，左脚与底线约成 45°角，右脚与底线平行，左臂屈肘前伸，保持身体的平衡。当右手引拍到两肩在一条直线上的时候，拍头向上略高于手腕，拍面要保持平放，拍头指向身体后面。击球时应转动身体，用力蹬腿，以肩关节为轴，手腕固定，用上臂挥动带动前臂，提前挥拍。从后摆进而向前挥动时紧握球拍，手腕后伸、固定，用力蹬脚，转动身体和挥拍，正拍的击球点在身体的右侧前方不超过腰的高度，击球时的挥拍速度最快，用拍面中心位置（又称为"甜点"）击球的后中部。

（四）随挥

球触拍后，使拍面平行于网的时间尽量长些，挥拍沿着球飞行的方向往前送，重心前移落在左脚，身体也随之转向球网，在充分伸展后，随惯性将持拍手置于左肩上，球拍置于左侧体后。随挥动作要比后摆动作大而充分，保证击球的稳定性。随挥结束，立即恢复准备姿势，准备下一次击球。

五、反手击球

（一）反手击球种类

1. 单手反手击球

以右手握拍为例，从准备姿势开始，以左脚为轴，向左转肩转髋，同时右脚跨出一步，使两脚与肩同宽，身体右侧对球网，重心移至左脚上。转肩同时左手转动拍颈使右手成东方式反手握拍，并带动球拍后引与身体平行，击球肘贴近身体，左手轻持拍颈，拍头略低于来球。

击球时身体重心移至右脚，左手放开拍颈，以右脚为轴向右转髋转肩，带动右手臂由下向前上挥拍，击球中部偏下，击球点在右脚侧前方。击球后球拍随惯性继续挥至右肩上方，并迅速恢复成准备姿势，随时回击下一次来球，如图 11-2-7 所示。

图 11-2-7　单手反手击球

2. 双手反手击球

在击打反手方向来球时，双手握球拍向左后方摆动，右臂伸展较大，左臂弯曲。在迎球过程中，挥臂与转体动作配合，使球拍由低向高挥动，击球点在右脚侧前方，拍面垂直，触球的中部。击球后双手随势挥至右侧头部高度，身体重心移向右脚。动作完成后，迅速恢复成准备姿势，如图11-2-8所示。

图11-2-8 双手反手击球

（二）基本技术与动作要领

反手击球的动作技术与正手击球技术有些相似。反手击球的基本技术也分为准备姿势、转体引拍、挥拍击球和随挥。在反手击球时要提高在跑动中转身的能力。

1. 准备姿势

面向球网，双脚分开与肩同宽，微屈膝，上体稍前倾，重心落在前脚掌上，左手扶住球拍拍颈，拍头指向对方，拍面与地面垂直。眼睛要密切注意对方来球。

2. 转体引拍

当对方来球飞向反手方向时，扶住拍颈的左手应迅速帮助右手握拍变换为反手握拍法，向左转肩转髋带动球拍向左后方摆动，转体时肘关节自然弯曲，拍头稍微翘起，指向后方，右脚向左前方上步，右肩对着来球方向，重心移向左脚。打反手的转体动作应比正手的转体要完成得早，整个动作要协调、连贯，左手始终扶住拍颈，直到开始做前挥动作为止。

3. 挥拍击球

球拍由后向前上方挥出，前挥时手臂保持弯曲，直到随挥结束后才可伸直，击球点在右脚左侧前方。击球时球拍与右脚应在一条直线上，高度在膝与腰之间。拍触球时手腕绷紧，拍面与地面保持垂直，击在球的后中部，要有"以手背击球"的意识，用转体和转肩的力量使重心前移右脚上。

4. 随挥

击球后，球拍沿着球飞行的方向向前向上送，重心前移落在右脚上，挥拍在右肩上方结束，拍柄指向前方，左手稍提起来保持整个身体平衡，身体转向球网，恢复原先的准备姿势。

六、截击球

（一）正手截击球

当判断来球飞向正手，需要正手截击时，身体重心移向右脚，同时转体，小幅度转肩，一般转至上体面向来球方向即可。握拍的右手随之向后，本着幅度越小越好、持拍手不超出视线范围的原则，在准备姿势的基础上以上臂和肘为轴，前臂外翻拉开球拍。左手指向来球,保持身体的平衡,左脚向右前方跨步的同时,右手挥拍迎击来球,拍头高于手腕,拍面对准来球,手腕固定,握紧拍柄。击球时用肩和前臂的动作,击球点在身体的右侧前方,眼始终盯着来球。击球动作微微向下,拍头稍向后斜,一般为下旋切击。拍面关闭,球就会下网,但拍头向后倾斜过多,会使球飞向天空。因此,要控制好拍面。在截击过程中,拍面应随着对方来球高度随时变化调节。截击高球时,拍面应垂直向前、向下击球;截击低球时,屈膝降低重心,拍面应打开些,击球的中下部并向前搓顶过去。截击球的随挥应沿球飞进方向有一个简短横推动作,要有球出手后往前送的意识,如图11-2-9所示。

图11-2-9　正手截击球

(二) 反手截击球

当判断来球飞向反手方向时,立即向左转身,扶拍颈的左手向后拉球拍,右手跟随完成短促的引拍动作。因为击球点要比正手截击球靠前一些,因此要及早跨出右脚,重心也要置于右脚。击球时手腕固定,用力紧握球拍,拍面稍前倾,触球中上部。击球后右臂伸展,向前下方压送,如图11-2-10所示。

图11-2-10　反手截击球

七、削球

(一) 削球的作用

(1) 我们既可以切出轨迹低平、落地前冲的进攻性球,也可以切出弧线较高、落地停留的或侧旋的变化球,同时也可以用假动作迷惑对手,切出网前小球,所以运用切削的变化可以让对手的体力和精神经受双重打击。

(2) 线路控制灵活、稳定,因为切削球很容易借力,所以在用自己发全力的情况下借力改变线路非常容易,加之其旋转强,所以稳定性很高,不容易失误。

（3）挥拍动作简洁，对付上旋球行之有效，对于上旋球打法的人，低平的切削球同样让其不容易控制拉球的厚薄，容易出现前场断球，所以对于下一板进攻很有帮助。

（4）在被动情况下实现过渡，让自己有时间回位，也是最有效的一种击球方式。

（二）技术要领

（1）握拍：削球采用大陆式握拍，保持手腕和球拍大约成90°夹角并固定。

（2）引拍：以肩为轴，带动上臂向上拉拍，整个过程手腕保持固定，前臂自然弯曲，保持上臂、前臂、球拍成U字形，引拍结束保持拍头在耳侧，左手扶拍颈处。

（3）击球：击球时，同样以肩为轴带动上臂向前迎球，身体重心跟着前迎，左臂展开向后保持身体平衡。

（4）拍面：在击球前一刻，拍面是略微打开的，但是在击球瞬间，随着身体重心的前移，拍面会立起类似平击球时的拍面，这样打出的球才会低平前冲。如果飞出的球偏高无力，可能是没有身体重心前移迎球，同时也要注意拍面的角度。如果来球越高，拍面的角度相对越小，来球越低，拍面角度相对越开，但在击球时这个角度一般不会超过10°。

（5）结束动作：击球结束时，双臂以肩为支点，自然展开同时向后背收紧，右臂展开后可以获得较大的挥拍幅度，增加击球力量。左臂向后展开以保持身体平衡，并及时回位，衔接下一板对手的来球。

八、高压球

高压球是指在头部上空用扣压动作完成击球的技术动作，同截击球一样，属于上网击球技术。一般以平击高压为主，用切削高压打法也可打出好球。

高压球基本技术主要包括握拍与移动、后摆引拍、挥拍击球和随挥动作。

（一）握拍与移动

高压球的动作与发球动作相似，握拍也与发球的握拍动作相同，一般采用大陆式握拍法或东方式反手握拍法。由于高压球属于"高空作业"，这就要求击球者快速反应、灵活移动、准确取位以获得理想的击球点，否则很难打好高压球。打高压球要采用双脚一前一后的方式站位，持拍手同侧的脚在后，另一脚在前。

（二）后摆引拍

在脚步开始移动后，身体侧身并迅速将球拍摆至肩上，拍头向上，左手自然上抬，眼睛盯住来球，做好击球准备。高压球在移动定位时非持拍手应指向空中的来球，这不仅有助于判断击球点的位置，而且对保持身体的平衡也有积极的作用。

（三）挥拍击球

高压球不单纯依靠手臂或手腕的甩动发力，而是靠腰腹、腿部及身体整体的协调发力。在准确判断出击球点并移动到位后，以双脚为支撑向击球点方向蹬地、转体、收腹继而挥拍击球。挥拍动作与发球一样，利用手腕以鞭打动作击球。

（四）随挥动作

高压球的随挥动作仍与发球类似，击球过后顺势将球拍收于持拍手异侧的腿侧。

九、挑高球

进攻性挑高球是指通过放网前短球，或是使对手误以为要打"穿越球"，将对手引诱到网前，或利用对方随球上网，待球的质量不高的时机，使用挑高球的打法。

挥拍击球时，拍面垂直，拍头低于手腕的位置，采用手腕与前臂的滚翻动作，由后下向前上挥拍，做弧线型鞭击球动作，使球拍在击球瞬间进行擦击，以产生强力上旋。击球点在身体侧前方，重心落在后脚。击球后，球拍必须朝着自己设想的出球方向充分跟进，随挥动作要放松并在身体左侧结束。

十、接发球

接发球与发球不同，是属于被动的战术。因此，为取得比赛胜利，首先要控制好发球的环节，其次要控制好与对手进行对攻竞争的一关，也就是夺取主动权的有效接发球环节。

接好发球，第一要判断出对手所擅长的发球类型；第二要根据不同打法的选手来采取有效的接发球策略。在第一局比赛中，清楚地判断对方的发球属于哪种类型，了解发球存在的缺陷等。每个网球选手的发球都不一样，有其自己的动作特征，对于发球的球速、球落地后反弹性能、球的旋转以及总体上的准确性等，都要有一定的了解，然后根据情况制定相应的策略。

第三节 网球运动基本战术

一、单打战术

（一）以己之长，攻彼之短

在网球比赛中要充分发挥本方的优势，或是等待对方失误，而不要想速战速决，否则会给自己造成一种无形的压力，正常的失误就会使你背负更多的压力。以己之长攻彼之短的战术主要在比赛出现如下情况时运用。

（1）对手的水平比自己略高，即使使用自己擅长的打法，也久未见成效，这时就应该采用攻击对方弱点的策略。

（2）当把角度打开时，若对手移动较慢，则可把对手左右移动慢视为其弱点进行攻击。

（3）前后调动对手时，若对手击球频频失误，则也可以将此视为其弱点进行攻击。

（4）久攻不下时，还可以试试挑后场高球，如果对方高压频频失误，就可以将此视为其弱点进行攻击。

(5) 若对手不敢上网，可以有意识打浅球，把对手调到网前，然后实施穿越战术等。

总之，在网球比赛中要善于观察对手，找到其弱点，有针对性地对其进行攻击，最终取得比赛的胜利。

（二）压制对手，把球打深

无论是进攻型还是防守型的网球选手，都要遵循一个原则，即把球打深。在网球比赛中，把球打深有以下三个好处。

(1) 能使自己有充足的时间对回击作出反应。
(2) 压制对方，不让对方上网。
(3) 减小对手的回球角度。

（三）稳扎稳打，伺机反攻

稳扎稳打的原理就在于当对手尝试攻击你的弱点而又不能得逞时，心理上就受到挫折和打击，就容易急躁而产生失误。相反，能够顶住对方的攻击，你就会变得更有信心和斗志，在这种情况下发起反攻就能很快取得比赛的胜利。

（四）争取主动，先发制人

在网球比赛中，谁能抢占到主动权，谁就能抢占先机。先发制人往往能在心理上威慑对方，在气势上占据优势。

（五）乘胜追击，扩大战果

如果在比赛中自己的比分领先于对手，就应该把握住机会乘胜追击，扩大战果。在对手落后，迫于困境时，要按照前面领先的打法和节奏继续给对手施压，乘胜追击，使战果进一步扩大，直至比赛结束。

（六）斗志顽强，意志坚定

网球选手在比赛中必须坚持"每球必争，每分必争"的原则和斗志，即使自己处于劣势，不到最后一分也决不放弃。

二、双打战术

（一）根据队员技术好坏确定站位

网球双打比赛中，运动员的站位对比赛有着重要的影响。通常情况下，双打比赛中的两位运动员中技术较好、较全面的站在左区，即占先区。

（二）根据队员技术好坏确定发球顺序

在双打比赛中，尽量选择让发球好的队员先发球，集中精力把球发好。

（三）根据对方发球技术好坏确定接发球的策略

（1）接发球时，朝发球者的脚下打去，且尽量把球打深，并随球抢网，准备截击，争取主动得分。

（2）当对方发球威力过大，不容易主动进攻时，可以对着其同伴的头上挑一高球。如果挑高球没有把握，则可以双双留在底线，也把对手压制在底线，形成相持，对峙过程中寻找机会突破，要有耐心，避免主动失误。

（3）当接发球一直都打向发球者时，时间一长，对方网前队员就会认为球不会打到自己这里而放松了防范，这时就应出其不意，打直线，但这时击球的动作要尽量隐蔽，做到出其不意、攻其不备。

第十二章 羽毛球运动

学习重点

1. 了解羽毛球运动的基础知识
2. 了解羽毛球运动的比赛规则
3. 熟悉羽毛球运动的基本技术
4. 熟悉羽毛球运动的战术配合

职业体能与运动心智能训练在羽毛球运动中起着重要的作用。运动员必须具备优异的体能水平，包括耐力、爆发力、速度、柔韧性和力量。为了达到这些要求，他们需要进行系统的训练，包括有氧和无氧运动、力量训练、核心稳定性练习以及灵活性训练。这些训练有助于增强运动员的身体素质，提高比赛表现和抵御运动伤害的风险。

第一节 羽毛球运动概述

一、羽毛球运动的起源与传播

现代羽毛球运动起源于英国。

目前,世界羽联已拥有一百多个会员国。世界羽联管辖的世界性比赛有:汤姆斯杯赛(世界男子团体锦标赛),从1948年开始,每3年举办1次,1984年起改为每2年举办1次;尤伯杯赛(世界女子团体锦标赛),从1950年开始,每3年举办1次,1984年起改为每2年举办1次;世界锦标赛(单项比赛),从1977年开始举办,1983年以前每3年举办1次,在1985—2005年该项赛事改为每2年举办1次,2006年起,世界锦标赛每年举行;全英锦标赛(非正式传统单项比赛),在1899年开始每年举办1次。

二、中国羽毛球运动的发展

现代羽毛球运动约于1910年传入中国,最早在上海,随后在广州、天津、北京、成都等城市的基督教青年会和学校中开展。中华人民共和国成立后,羽毛球运动得到了蓬勃的发展,羽毛球运动也逐渐为观众所喜爱,并成为我国重点开展的体育项目之一。

三、现代羽毛球运动的特点

(一)羽毛球运动的竞技性

羽毛球运动是对抗性运动项目之一,其竞争的激烈程度及运动量的大小取决于从事运动对象的体能和技术、战术水平。因为无论是进行有规则的羽毛球比赛还是一般性的健身运动,都要求在短时间对瞬息万变的球路作出判断,果断进行反击。运动员在场上不停地运动、移动、跳跃、挥拍,使上肢、下肢和腹部的肌肉力量得到锻炼,加快了周身的血液循环,增强了心血管和呼吸系统的功能。长期进行羽毛球锻炼,可使心跳强而有力,肺活量加大,耐力提高,从而提高人体神经系统的灵敏性和协调性。

(二)羽毛球运动的灵活性

1. 不受场地器材的限制

羽毛球运动不受场地和器材的限制。正规的比赛场地面积仅需 $65 \sim 80 \text{ m}^2$,平时只要有平整的空地即可。在没有风或风不大的情况下,在户外架起球网就可以对练。因此,羽毛球运动不仅可以在正规的室内运动场进行,也可以在公园、生活小区等广泛地开展。

2. 不受集体和个人的限制

羽毛球运动既可以单兵作战(两人对练),又可以集体会战(双打练习或3人对2人)。两人对练时,运动者可以随心所欲地打出任意弧线、任意力度、任意落点的球;集体会战则可以使练习者养成协调配合的习惯,培养集体主义精神。

3. 不受年龄、性别的限制

羽毛球运动适合男女老少，运动量可根据各人年龄、体质、运动水平和场地环境的特点而定。儿童可将其作为活动性游戏来参与，让他们在阳光下奔跑跳跃。随着各方面水平的提高，还能培养他们不畏困难、不怕吃苦，不甘落后的品质。青少年参加羽毛球运动，可以刺激骨组织的生长，提高关节的稳定性和灵活性；增加肌肉的力量和弹性，最终促进身体生长发育、塑造良好的体形，培养青少年自信、勇敢、果断等优良的心理素质。老年人和体弱者可以把羽毛球运动作为保健、康复的方法，要注意运动量适宜，达到弯弯腰、出出汗、舒展关节的目的，从而增强心血管和神经系统的功能，预防和治疗老年心血管神经系统方面的疾病；同时对治疗肩周炎、腰腿关节炎等也具有一定的辅助作用。

第二节 羽毛球基本步法

羽毛球步法是指在大约 35 m² 的场地上，进行快速、合理并有一定规律的上网、后退和两侧移动的运动方法。羽毛球步法是羽毛球技术的重要组成部分，在实战中具有十分重要的作用，也是学习和掌握好正确击球技术的基础。

一、羽毛球步法要领

（1）看手动腰：观察对方的动作，准备提前移动自己的重心。
（2）先起后抬：看对方挥拍动作，提起重心并把肩膀抬起来，准备起步。
（3）追球赶步：移动中一定要看羽毛球的运动轨迹，步伐一定要赶在球下落之前。
（4）到点鞠躬：跑到点上再落重心，准备击球动作。
（5）扭胯第一：无论什么步伐，先动的一定是胯。
（6）步伐有数：怎么能跑到点上，就要看你预测距离，然后设计跨步、小碎步的搭配。
（7）小腿稍撇：接地面球时小腿和脚有点外撇，降低重心。
（8）胳膊抡圆：步伐中，胳膊也要进行配合，一定不能耷拉着走，胳膊抡圆。
（9）跳起危险：进行劈杀时，初学者最好不要跳，难度大、失误多。
（10）后退无忧：不管怎么样，后撤步是开始最难掌握的，一旦掌握好了，全场皆活。
（11）拍子举着：千万不能让拍子掉在腰部以下。

二、羽毛球步法的环节

羽毛球运动每一次完整的步法，均包括起动、移动、击球和回动四个环节。

（一）起动

对来球一定要有比较准确的预判，从中心位置准备接球姿势转为向击球位置出发，称为起动。要做到起动快，准备姿势要正确，反应敏捷，判断准确。准备姿势可分为两种：一种是接发球姿势，左脚在前，右脚在后，双膝微屈，收腹含胸，侧身对网，放松提拍屈肘举在胸前，两眼注视对方发球动作，重心在前脚；另一种是双方双打过程中的准备姿势，一般右脚在前，左脚在后，脚前掌着地，脚跟提起，膝关节微屈，上体稍前倾，重心落在两脚之间，持拍于腹前。整个姿势要协调放松，保持一触即发的起动姿态。

（二）移动

移动是指从中心位置起动后到击球位置的移动方法。移动的基本步法有垫步、交叉步、小碎步、并步、蹬转步和腾跳步等。运用这些方法，构成了从中心位置到场区不同位置击球的组合步法——后退步法、两侧移动步法和上网步法。自中心位置到击球点的步数，一般用1步、2步或3步，具体情况根据球距身体的远近来决定。影响移动速度的因素有步数、步频和步幅。各种移动的基本步法动作如下。

（1）小碎步：以小的交叉步移动的称为小碎步。由于步幅小、步频快，一般在起动或回动起始时用。

（2）蹬跳步：在移动到最后一步时，采用单脚或双脚起跳击球的一种移动方法。如网前扑球时，为加快速度抢点击球，后脚用力蹬伸，前脚呈弓步前跃；在后场突击扣杀时，先转体用垫步或并步移动，最后一步再用单脚或双脚起跳扣杀。使用这种步法，要求协调性好、弹跳力强，在击球后还要善于控制自己的身体重心，重心一般在右脚，以便连贯好下一拍的击球。

（3）跨步：指向击球点迈出较大步幅的移动方法。通常在上网步法的最后一步时使用。

（4）垫步：在移动到最后一步，与击球点尚有较短的一段距离时，用另一脚再加一小步的移动方法。这一种步法比较轻捷、灵巧，不但能使移动的步数比较经济，而且还能保持移动中身体重心的稳定，有利于协助击球动作的完成。

（5）并步：离击球点方向远侧的脚，向前垫一小步，同时前脚在其尚未落地时，又马上向前跨出的一种移动方法。这种步法较多地运用在上网、接杀球和正手后退突击扣杀时。

（6）交叉步：侧对击球点方向，两脚采用前、后交叉的移动方法。这种步法的步幅较大。

（三）击球

移动的目的是为击球服务的，只有在步伐到位的情况下，才能发挥自己的击球水平。

（四）回动（回中心位置）

击球后，应尽力保持身体平衡，并立刻向中心位置移动，以便做好迎击下一个来球的准备，称为回动。初学者往往缺乏"回中心"的意识，哪里打完球就停在哪里。当然，经验丰富的选手并非千篇一律地每击一次球都必须回中心，而应根据比赛时的实际情况，根据双方技、战术的特点，选择最合理回击对方来球的回动路线和回动位置。

三、常用步法

根据场上移动的方向和场区的位置，通常将羽毛球步法划分为上网移动步法、后退步法、两侧移动步法和前后场连贯步法。

（一）上网移动步法

1. 上网移动步法

从中心位置移动到网前击球的步法，称为上网移动步法。上网移动步法可根据个人习惯采用交叉步、并步、垫步或蹬跨步。

（1）右边上网步法。

右边上网步法可采用两步或三步交叉步加蹬跨步移动的方法上网，也可采用垫一步再跨一大步移动的方法上网，如图12-2-1所示。

（2）左边上网步法。

同右边上网步法，只是移动方网是朝左边网前，如两步跨步上网，如图12-2-2所示。

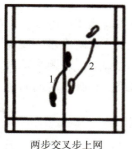 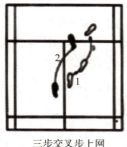  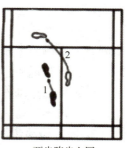

两步交叉步上网　　　　　三步交叉步上网　　　　　三步垫步上网　　　　　两步跨步上网

图 12-2-1　右边上网步法　　　　　　　　　图 12-2-2　左边上网步法

（二）后退步法

后退步法有右后场区后退步法和左后场区后退步法。右后场区后退步法主要是正手的后退步法；左后场区后退步法包括头顶后退步法和反手后退步法。不论是哪种后退步法，其移动前的准备动作和站位都同上网步法。

1. 正手后退步法

正手后退步法有并步和交叉步两种，实战中可根据场上情况和个人特点灵活使用。判断准来球后，先调整重心至右脚，然后右脚蹬地迅速向右后撤一小步，同时上体右转，左肩对网，接着，左脚用并步靠近右脚（或从右脚交叉后撤一步），右脚再向后移至来球位置。在移动的同时，必须完成挥拍击球前预备动作，待球在右肩上方下落时，作正手原地或起跳击球。击球后，身体重心随右脚前移，迅速用小步跑或并步回到中心位置，如图 12-2-3 所示。

2. 反手后退步法

反手后退时，应根据离球距离的远近来调整移动步子。如离球较近，可采用两步后退步法。一种是左脚先向左后方撤一步，接着，上体左转，右脚向左后方跨一步，背对网。另一种是右脚先向左脚并一步，然后，左脚向左后方跨一步，同时上体左转，右肩对网作反手击球。如离球较远，则要采取三步或五步后退步法。三步后退时，右脚先向左脚并一步，左脚再向左后方撤一步，同时上体左转，右脚再向左后方跨一步至来球位置，背对球网，作反手击球。如三步移动还未到来球位置，则左右脚再向后移动一步即成五步移动步法，如图 12-2-4 所示。

   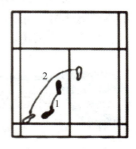

三步并步后退　　　　　三步交叉步后退　　　　　三步后交叉后退

图 12-2-3　正手后退步法　　　　　　　　　图 12-2-4　反手后退步法

（三）两侧移动步法

两侧移动步法多用于接对方的扣杀球和打来的半场低平球。其移动前的准备姿势及站位基本同上网步法。

1. 向右移动步法

采用向右移动步法时，判断准来球后，上体稍倾倒向左侧，用左脚掌内侧用力蹬地，右脚同时向右侧跨大步。若球离自身较近，则只需跨一小步；若球到达边线，需两小步，回完球后迅速小步退回中场。髋关节随之右转，上体稍倾倒向右侧，重心在右脚上。若距来球较近，可采用上述动作；若距来球较远，则需左脚先向右脚垫一小步再起蹬，右脚同时向右侧跨大步，但不要跨太大的步子，如图12-2-5所示。

2. 向左移动步法

采用向左移动步法时，判断准来球后，上体稍倾倒向右侧，用右脚掌内侧用力蹬地，左脚随髋关节的转动同时向左侧跨大步。若来球较远，左脚先向左侧移一小步，紧接着右脚往左侧方向起蹬并转身，向左跨大步，如图12-2-6所示。

蹬跨步（一步）　　　垫步跨步

图 12-2-5　向右移动步法

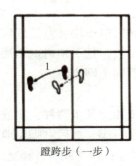 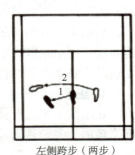
蹬跨步（一步）　　　左侧跨步（两步）

图 12-2-6　向左移动步法

（四）前后场连贯移动步法

连贯移动是指两个或两个以上击球动作之间的移动是连贯的。原因一般有两种：一种是战术目的明确或预测判断有十分把握的情况下步法移动迅速；另一种是双方互相还击的球速都比较快，如接杀抽放网、勾、推，这样一类技术，运动员跑起来步法之间衔接很快，也被认为是连贯的。其实无论什么情况，两个技术动作之间的步法必然会稍有停顿现象。只要运动员节奏掌握好，就不为人所注意。

总体而言，步法有一定的移动规律，掌握了这个规律，在场上就显得轻松自如。但来球的落点是千变万化的，步法还要随机应变、灵活调整。做出适当的调整并不破坏步法的规律性，反而使步法更灵活。

第三节　羽毛球运动基本技术

一、基本技术

（一）握拍方法

每个羽毛球技术动作都有各自相应的握法，从不同角度击球或击出不正确而灵活多变的握拍方法，是击球手法的前提条件，握拍要有利于手腕发力，能控制击球力量的大小和击球的飞行方向。

1. 正手握拍

正手握拍是羽毛球运动基本握拍方法之一，通常在还击握拍手身体同侧方向的来球时，采用此握拍法。

握拍方法：右手虎口对准拍柄窄面内侧斜棱，拇指和食指成"V"字形，相对贴握在拍柄的两个宽面上，中指、无名指和小指自然并握住拍柄，拍柄末端与小鱼际外缘齐平。食指与中指稍分开，掌心与拍柄应留有空隙。握拍后手臂自然前伸时，拍面与地面基本上保持垂直，如图12-3-1至图12-3-2所示。

图12-3-1 正手握拍一

图12-3-2 正手握拍二

2. 反手握拍

反手握拍是羽毛球运动基本握拍方法之一。通常在还击握拍手身体另一侧方向的来球时，采用此握拍法。

握拍方法：在正手握拍法的基础上，拇指和食指将拍柄向外转，食指稍向中指收拢，拇指内侧贴在拍柄的内侧棱上或内侧宽面上，如图12-3-3所示。

图12-3-3 反手握拍

（二）发球

发球是羽毛球基本技术之一。羽毛球发球可以通过不同的手法，发出不同弧度、不同落点的球来控制对方，为本方创造进攻得分的机会。因此，羽毛球的发球应引起初学者的充分重视。

发球可分为正手发球和反手发球。一般来说，发网前球、平快球、平高球均可以用正手发球或反手发球的技术来完成，而发高远球，则须采用正手发球。

1. 正手发球

站位：单打发球在中线附近，站在离前发球线约1 m。双打发球站位可靠近前发球线。

准备姿势：身体左肩侧对球网，左脚在前，右脚在后，重心在右脚上，右手持拍向右后侧举起，肘部放松微屈，左手拇指、食指和中指夹住球，举在胸腹间。发球时，身体重心由右脚移至左脚。

动作要领：站在靠中线、距前发球线1 m之内。左脚在前，左脚尖朝向球网，右脚在后，右脚尖朝向右斜前方，两脚间距与肩同宽，重心在两脚之间，自然放松站立，身体稍侧向球网。右手正手握拍，自然屈肘举于身体右侧；左手持球，举在胸前。身体稍向右转，形成左肩向球网，两脚重心转移至右脚，右脚跟提起，上体微微前倾，重心移至左脚，引拍，放球，腕部尽量伸展，挥拍击球，此时前臂内旋，使腕部动作由伸展至微屈。击球瞬间，手指紧握球拍，完成闪腕动作，球的路线与地面形成的仰角大于45°。击球后，右前臂继续内旋，并随着挥拍的惯性，自然向左肩上方挥动，然后回收动作至胸前，如图12-3-4~图12-3-7所示。

图12-3-4　正手发球一　　　　　图12-3-5　正手发球二

图12-3-6　正手发球三　　　　　图12-3-7　正手发球四

2. 反手发球

反手发球的特点是动作小、出球快、对方不易判断。在双打比赛中多采用此发球技术。

站位：站在前发球线后10~50 cm及发球区中线的附近，也可以站在前发球线及场地边线附近的地方（双打比赛中，从右场区发球时可以看到所示）。

准备姿势：面向球网，两脚前后站立（左脚或右脚在前均可），上体稍前倾，身体重心在前脚上。右手反手握拍，左手拇指、食指和中指捏住球的两三根羽毛，球托明显朝下（避免犯规），球体与拍面平行或球托对准拍面放在拍面前方。

动作要领：击球时，前臂带动手腕朝前横切推送。发网前球时，用力要轻，主要靠"切"送；发平射球时，发力要突然，击球时拍面要有"反压"动作，如图12-3-8、图12-3-9所示。

图 12-3-8　反手发球一　　　　图 12-3-9　反手发球二

（三）击球技术

1. 高远

用较高的弧线把球击到对方底线附近，以削弱对方的进攻威力，消耗对方的体力，正手发高远球如图 12-3-10 至图 12-3-14 所示。

图 12-3-10　正手发高远球一　　　　图 12-3-11　正手发高远球二

图 12-3-12　正手发高远球三　　图 12-3-13　正手发高远球四　　图 12-3-14　正手发高远球五

2. 吊球

把对方击来的球,从后场轻巧地还击到对方网前地区,叫吊球。它是调动对方,打乱对方阵脚、配合战术的一种击球技术,正手快吊如图 12-3-15 至图 12-3-18 所示。

图 12-3-15 正手快吊一　　图 12-3-16 正手快吊二　　图 12-3-17 正手快吊三　　图 12-3-18 正手快吊四

3. 杀球

杀球是把对方打过来的高球,尽量在高的击球点上用力扣压下去。这种球力量大、速度快,主要包括正手杀球、反手杀球和绕头杀球三种技术,原地正手腾空杀球如图 12-3-19 至图 12-3-23 所示。

图 12-3-19 原地正手腾空杀球一　　图 12-3-20 原地正手腾空杀球二

图 12-3-21 原地正手腾空杀球三　　图 12-3-22 原地正手腾空杀球四　　图 12-3-23 原地正手腾空杀球五

4. 放网前球

放网前球是将对方的吊球或网前球，用球拍轻轻一托，使球一过网顶就朝下坠落。

5. 搓球

搓球是放网前球技术的一种发展。击球点大约与肩同高时，利用"搓""切"的动作，摩擦球托底部，使球改变在空中的正常运行轨道，产生沿横轴翻滚或纵轴旋转越过网顶。

正手搓球如图 12-3-24 至图 12-3-26 所示。

图 12-3-24　正手搓球一　　　图 12-3-25　正手搓球二　　　图 12-3-26　正手搓球三

6. 推球

推球是与网前假动作相配合，在引诱对手上网时，突然将球快速推到后场底角，如图 12-3-27 至图 12-3-29 所示。

图 12-3-27　推球一　　　　　图 12-3-28　推球二　　　　　图 12-3-29　推球三

7. 勾球

勾球是在网前回击对角线的球。它和搓球、推球结合起来运用，常能达到声东击西的效果，正手勾球如图 12-3-30、图 12-3-31 所示。

8. 扑球

扑球是双打中常用的一项进攻技术。当对方发网前球或回击网前球，球越过网顶时，弧度较高，即迅速上步在网前举拍扑杀。正手扑球如图 12-3-32、图 12-3-33 所示。

图 12-3-30　正手勾球一　　图 12-3-31　正手勾球二　　图 12-3-32　正手扑球一　　图 12-3-33　正手扑球二

9. 挑高球

挑高球是把对方击来的吊球或网前球挑高，回击到对方后场去。这是在比较被动的情况下，采取的一项防守性技术，正手挑高球如图 12-3-34、图 12-3-35 所示。

10. 抽球

抽球是击球平飞过网的一种打法。抽击时，击球点在肩部以下的两侧，是下手击球速度较快的一项进攻技术，常用于双打，正手抽球如图 12-3-36 至图 12-3-38 所示。

图 12-3-34　正手挑高球一　　　　图 12-3-35　正手挑高球二

图 12-3-36　正手抽球一　　图 12-3-37　正手抽球二　　图 12-3-38　正手抽球三

11. 接杀球

接杀球是指将对方扣杀过来的球还击回对方场区的技术，是实战中的一个重要环节，接杀球技术运用得当，常能转守为攻，变被动为主动，甚至能直接得分。准确判断、快速反应、快速起动、快速移动及站位得当、回球落点变化多，是掌握好接杀球技术所必备的素质。具备这些素质后，可采用挡网前球、挑后场球、平抽、快打等技术来完成接杀球技术。

第四节 羽毛球运动基本战术

一、单打战术

1. 发球抢攻战术

发球抢攻是比赛的重要得分手段。发球可根据对手的站位、回击球的习惯球路、反击能力、打法特点、精神和心理状态等情况，运用不同的发球方法，取得前几拍的主动权。用这一战术对付应变能力较差的对手，或用于比赛的关键时刻，会起到很好的效果。

2. 攻后场战术

这种战术是通过反复向对方底线两角击出高球，寻找机会进攻。此战术对于步伐移动较慢、后场能力较差的对手往往很有效。

3. 攻前场战术

如果自己网前技术较好，可先将对手调至网前，然后攻其后场。此战术用于对付网前技术较差的对手。

4. 打四角球战术

通过攻击对方场区四个角落，调动对手前后奔跑，被动应付，寻找机会攻击对手空当。此战术用于对付步伐移动较慢、体力较差、技术不全面的对手。

5. 杀、吊上网战术

以杀、吊结合，回击对手击来的后场高球至对方场区两边线附近，待对手回出低质量的网前球时，迅速上网进攻。

6. 打对角线战术

如对手身体转动及步伐移动较慢，应以打对角线球为主，这样可以从对手身体条件的不足中，找到进攻机会。

7. 防守反击战术

当本方在对方主动进攻中处于被动防守时，可采用高质量的接球，或对方攻击力减弱时，以平抽球还击对方后场进行反击。

二、双打战术

1. 攻人战术

先集中攻击对手中较弱的一个，使其心理产生较大压力而出现失误；或伺机攻击对手中的另一个因疏忽而露出的空当。

2. 攻中路战术

对手分两边站位时,将球攻至两人中间;对手前后站位时,将球下压或平推两边半场,可使对手防守时互相争抢或互让出现失误。

3. 攻后场战术

对手后场扣杀能力较差时,可回对方后场高球,把对方一人紧逼在底线两角移动。当对方回出被动球时,可抓住机会进攻。

4. 后攻前封战术

本方前后站位且处于主动进攻时,后场队员可采用杀、吊战术,迫使对方回出网前球,此时前场队员可积极封网,待对方回出中场高球时,本方就赢得了进攻机会。

第十三章 乒乓球运动

学习重点

1. 了解乒乓球运动的基础知识
2. 了解乒乓球运动的比赛规则
3. 熟悉乒乓球运动的基本技术
4. 熟悉乒乓球运动的战术配合

乒乓球是一项快节奏的运动，对运动员的体能和运动心智能力都有很高的要求。职业体能训练和运动心智能训练在乒乓球运动中起着关键作用，可以培养运动员的战术思维，提高比赛中的决策能力，提高运动员的专注力，帮助他们保持冷静和应对各种情况，以助力他们取得好成绩。

第一节 乒乓球运动概述

乒乓球起源于英国，欧洲人把乒乓球称为"桌上的网球"，由此可以推断，乒乓球是由网球发展而来。

20 世纪 80 年代初，中国队囊括第 36 届世界乒乓球锦标赛 7 项冠军之后，就有人提出把乒乓球加大、把网加高等建议，但这一建议没有得到重视。此后，乒乓球运动技术不断发展，球速越来越快，旋转越来越强。不少运动员对阵时回合减少，有时球飞如闪电，观众还未看清，胜负已经决出，削弱了乒乓球爱好者的兴趣。

1999 年在第 45 届世乒赛期间举行的国际乒联代表大会上，"大球改革"提案因未获得 3/4 多数票而被搁置。2000 年 2 月 23 日，国际乒联特别大会和代表大会在吉隆坡通过 40 mm 大球改革方案，决定从 2000 年 10 月 1 日起，使用直径 40 mm、重量 2.7 克的大球，取代 38 mm 小球。

第二节 乒乓球运动基本技术

一、握拍法

乒乓球的握拍法有两种：一种是直握拍，另一种是横握拍。不同的握拍法产生了不同的打法。各种打法在世界乒坛上都占有一定的地位，都获得了较好的成绩。

握拍的方法与击球动作有着密切的联系。因为每个击球动作都是由手势、手腕、手指相互配合用力完成的，所以，握拍的好坏对技术的提高和技术的全面发展影响较大。

（一）直拍握法

正面：拇指第一关节压住球拍的左肩，球拍柄右侧贴在食指的第三关节处，以食指的第二关节压住球拍的右肩，食指第一关节自然向内弯曲，拇指与食指之间的距离要适中。

背面：三指自然弯曲斜形重叠，以中指关节托于球拍背面 1/3 上端，使球拍保持平稳，如图 13-2-1 所示。

图 13-2-1 直拍握法

这种握拍法手腕比较灵活，是近台快攻打法的较好握法。发球时，可利用手腕的灵活动作，发出相似而旋转、落点不同的球，又可灵活打出斜、直线球，有利于正、反手击球动作的迅速转换。正手攻球时，拇指与中指协调用力，食指自然放松，无名指微离中指，指尖托拍背面，以保持发球时球拍的稳定。反手攻球或推挡时，食指和中指协调用力，拇指相对放松。用手腕发力时（包括正、反手击球），以中指发力为主，拇指和食指保持稳定，同时辅助用力。

（二）横拍握法

横拍握法是以中指、无名指、小指自然地握住拍柄，拇指在球拍正面轻贴在中指旁边，食指自然伸直斜放于球拍的背面，虎口轻微贴拍。横拍握法分浅握和深握两种，握法基本相同。浅握虎口稍离球拍，深握虎口紧贴球拍，如图13-2-2所示。

图13-2-2　横拍握法

这种握法，正手攻球时食指要加力，食指稍微向上移动帮助压拍。反手攻球或快拨时，拇指要加力，稍微向上移动帮助压拍。这种握法是攻击型，包括快攻和弧圈两种。

二、击球的基本环节

判断来球、移动步法、出手击球、迅速还原，是乒乓球的四个基本环节。

（一）判断来球

要做到正确的击球，就必须养成善于判断的良好习惯，不断提高判断能力。当对方准备击球时，要注意对方的行动，即对方的手部动作和球拍的方向。

（1）根据对方球拍触球的角度来判断来球的旋转性能。
（2）根据对方球拍挥动的方向来判断来球的旋转性能。
（3）根据对方手臂、手腕振幅的大小、动作的快慢和来球的速度判断来球力量的大小、落点以及旋转的强弱。

有经验的运动员，击球时眼睛始终注视着来球。他的步法跟着来球的飞行方向移动，故击球失误少。要打好每一板球，就要提高观察和判断能力。

（二）移动步法

手法好并不等于步法好。训练步法比训练手法更为重要。当对方击出的球落到本方台面以前，就应当根据来球的飞行方向和击球力量，准确判断来球的落点，并立即迅速移动位置，保持好正确的击球姿势。当来球在本方台面弹起时，就要稳住站位的重心，准备将球回击过去。倘若来球速度太快，则应该迅速顺着球从台面弹出的方向跑动。

（三）出手击球

击球动作一般包括有选位、引拍、向前挥拍、球拍触球、身体协调和击球后动作。
（1）选位：首先要判断来球的落点和旋转性质，迅速选好合理的位置，调整身体重心，做好击球准备。

（2）引拍：向前挥拍之前的准备动作，目的是为击球时发力做好准备。同时还可以根据来球的旋转调节拍形，掌握来球方向，以正确的引拍来迎击每一个球。

（3）向前挥拍：是指引拍后向前挥动到击中来球这段过程，挥拍幅度的大小和快慢直接关系到击球的力量、速度和旋转的强弱。

（4）球拍触球：指球拍与球接触的一刹那。击球的部位与拍形直接影响击球的准确性，不但是决定击球方向和落点的关键，也是使球产生各种不同旋转性能的重要原因之一。

击球部位指球拍触及球的位置。如按照时钟的圆盘刻度来划分，可以分为上部、中上部、中部、中下部和下部五个部分。

拍形是指拍形角度和拍面方向。拍形角度是拍面与台面及其延长线形成的角度。同样以时钟的圆盘刻度来划分，拍形可以分为向下、前倾、稍前倾、垂直、稍后仰、后仰六种形状。拍面方向是指击球者面向球网站立，拍面所朝的方向。

（5）身体协调：身体协调是指击球时不持拍手臂以及身体转动、重心移动等动作与挥拍击球动作的配合。

（6）击球后动作：击球后球拍还要有一段随势前移的动作，这样才能有效保证击球的准确性。

（四）迅速还原

其是指将球击出后回复原来位置。球击出后，随着击球动作的结束，不仅要迅速收回球拍，并且还应将脚步收回，使身体重心恢复平衡，以利于迎击下次来球。

三、基本站位与基本姿势

基本站位应与不同类型打法及个人的打法特点相适应。

（一）基本站位

基本站位是指运动员离球台端线的远近距离和左右距离。不同的打法选择不同的基本站位。如左推右攻打法运动员的基本站位在近台中间偏左；弧圈球打法运动员的基本站位在中台偏左；两面攻打法运动员的基本站位在近台中间；横板攻削结合打法运动员的基本站位在中台附近；以削为主打法运动员的基本站位在中远台附近。

（二）基本姿势

基本姿势也称准备姿势，是指击球员准备击球或还击球时的身体各部位姿势。

动作要点：两脚左右开立，约与肩同宽。身体稍向右侧，面向球台，两膝自然弯曲，提踵，重心置于两脚之间；含胸收腹，上体略前倾，下颌微收，两眼注视来球；持拍手和非持拍手均应自然弯曲置身体侧前方，保持相对的平衡状态，如图13-2-3所示。

图 13-2-3　基本站位和基本姿势

四、发球技术与接发球技术

发球是乒乓球的重要技术。发球技术一般由抛球和挥拍触球两部分组成。发球技术的高低,直接影响着抢攻,而且与能否掌握场上的主动权有密切的联系。它是不少优秀运动员取胜的法宝,也是初学者必须掌握的技术之一。

(一)正手平击发球

站位在球台中间或偏左(以右手持拍者为例),身体偏右,离球台约 35 cm。两脚开立比肩稍宽,左脚稍前,身体重心放在右脚,上体略向右转。左手托球,置于身体右侧前方;右手持拍,置于身体右方。然后左手将球垂直向上抛起,同时右手持拍向右后方引拍,并使拍面稍向前倾。当球下落时,右臂向左前方挥动,球下降到稍高于球网时,球拍击球中上部,并向左前方发力,使球的第一落点在本方球台的中央。球被击出后,右臂顺势向左前方挥动。发球过程中,身体重心要从右脚逐步转到左脚上,如图 13-2-4 所示。

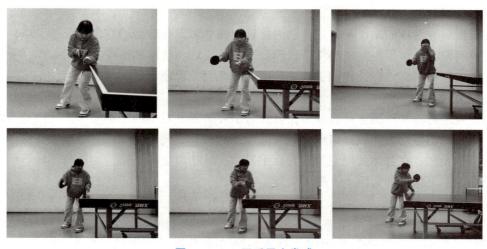

图 13-2-4　正手平击发球

(二)反手平击发球

站位在球台偏左位置,身体离球台约 35 cm。右脚稍前,身体重心放在左脚上。上体略向左转,左手托球,置于身体左侧前方;右手持拍,置于身体左前方。然后左手将球向上抛起,同时右手持拍向左后方引拍,并使拍面稍向前倾。当球下落时,手臂向右前方挥动,球下降到稍高于球网时,球拍击球中上部,并向右前方发力,使球的第一落点在本方球台的中央。右臂顺势向左前方挥动,发球过程中,身体重心要从左脚逐渐转到右脚上。

(三)低抛正手发加转下旋球与不转球

动作方法:持球手将球轻抛起后,持拍手向后方上方引拍。拍形稍立或微前倾。发加转下旋球时,持拍手向前下方挥摆,击球前,拍面稍平,击球时,手腕发力摩擦球的底部。发不转球时,持拍手向前下方挥摆,击球前,拍面不要太平,击球时,不是摩擦球体而是推打球的中下部。

五、接发球

接发球是乒乓球技术中的关键技术。由于发球权掌握在对方手中，对方可以随意将球发至任何位置，力量、速度和落点各不一样。不同类型打法的运动员所掌握的发球种类不同，从而增加了发球的多变性与接发球的难度。对方发球到本方接发球的时间很短，在短暂的时间内，要求运动员必须判断清楚来球的旋转、落点，并做出相应的步法移动和回接动作等，这就需要运动员反应快、技术熟练。一般说来，接发球是被动的，但是，若解决得好，往往能化被动为主动，成为取胜的关键。

接发球的手段很多，基本上是由点、拨、拉、推、搓、削、摆短和撇侧旋等各种技术组成。只有较全面地掌握各种接发球的方法，方能在比赛中减少被动，力争主动。接发球分判断、步法移动、击球三个阶段进行。

（一）判断

1. 站位的判断

可根据对方发球的站位来决定自己的位置。例如对方在球台的右角用正手发球，接球站位应在中间偏右；对手在左角用反手或侧身用正手发球，接球站位应在中间偏左。身体重心不要过低，应在两脚之间，持拍手放在台面同一高度，以便对付长球或短球。

2. 发球种类的判断

为了判断对方发球属于什么种类，首先必须弄清各种发球的基本动作，注意对方发球的挥臂动作和球拍移动方向以及与球接触瞬间球拍的移动方向。例如对方持球手在身体中右位置的为正手发球，在身体的中左位置为反手发球。球拍由上往下切，为转与不转下旋球；球拍向侧上、侧下移动的为侧上、侧下旋球。

3. 来球落点的判断

根据对方发球时挥臂动作的大小和身体的转动方向判断。挥臂动作大、力量重的是长球；挥臂动作小、力量轻的是短球。身体转动方向是指对方击球时的瞬间，这时对方身体朝向的那一面基本上就是发球的方向。对方发斜线球时，拍形向侧偏斜；发直线球时，拍形向前。如对方采用假动作掩护，发球会有所不同，在场上要分清真假，以便作出准确的判断。

4. 来球旋转的判断

可根据来球的速度、飞行弧线、摩擦力及落台后的冲力来判断旋转。如来球的速度较快，飞行弧线较高，落台后有一定的冲力，一般是上旋或不转球；来球速度较慢，飞行弧线较低，冲力小则是下旋球。无论上旋球或下旋球，当对方击球的瞬间摩擦力大于推打力时，则旋转较强。判断长胶粒和反粘胶皮的不同性能球拍发球时，击球时声响较大的、出球快的为长胶发球；声音不太响、出球慢的为反胶发球。

（二）步法移动

对对方的发球作出明确的判断后，就要用快速的步法移动到适合的位置准备击球。从判断到步法移动这段时间非常短暂，因此，接发球的步法要灵活、正确，重心交换要快，才能应付各种各样的发球，为击球做好充分的准备。

（三）击球

通过对来球的判断和及时移动，最后选择合适的击球方法。

六、攻球

攻球具有快速、有力的特点，是乒乓球比赛中争取主动和获得胜利的重要技术。因此，掌握全面的攻球技术，是在比赛中取得优势的重要保障。

（一）正手攻球

1. 正手近台攻球

特点：站位近、出手快、动作幅度小，可以为加力扣球创造条件，也可以直接得分。

动作要领：直拍近台攻球身体靠近球台 30~40 cm，右脚稍后，两膝微屈，上体略前倾。击球前，引拍至身体右侧成半横状，上臂与身体约成 35 度角，与前臂约成 120° 夹角。当球在台面弹起时，手臂由右侧向前上方迅速挥动，以前臂发力为主。击球时食指放松，拇指压拍，使拍面前倾，并结合手腕内转动作，在球弹起至上升期时击球的中上部，如图 13-2-5 所示。

图 13-2-5　正手近台攻球

横拍近台正手攻球时，手臂要自然弯曲，前臂和手腕成直线并与台面接近平行，拍面略朝下。击球的时间、部位、拍面角度及手臂挥拍方向基本与直拍相似。

2. 正手中台攻球

特点：站位稍远，动作幅度较大，要靠本身发力击球。由于击球力量大，在对攻中可以为下一板扣球创造机会，也可直接得分。

动作要领：右脚在后，重心支持点在右脚，身体离台 1 m 左右。击球前的准备姿势与正手近台攻球相似。击球时以上臂发力为主，带动前臂和手腕向左前上方挥动，在球最高点或下降期前段击球的中部。

3. 正手攻下旋球

特点：正手突击下旋的技术，在快攻技术中是属于难度较大的技术。由于站位近，出手要快，对方难防守，因此可以为扣杀创造机会，也可直接得分。

动作要领：站位靠近球台，右脚稍后，重心支持点在右脚上。击球时，前臂放松，引拍至身体右前方成半横状。手腕带动前臂向前上方用力，在球的最高点击球的中下部。

4. 攻弧圈（或带弧圈球）

特点：正手攻弧圈球，是正手对付弧圈球最有效的技术。

动作要领：回击加转弧圈球（快带），可在来球将着台时拉开手臂，球刚弹起即挥臂向前下方迎击。拍面前倾与台面约成 60° 夹角，击球中上部。

回击前冲弧圈球（快带）可在来球刚弹起时立即回击。拍一触球，前臂迅速内旋，击球时拍与台面约成70°夹角。

（二）反手攻球

1. 反手近台攻推挡

特长：反手攻球站位近、动作小、球速快，可为正手进攻创造机会。

动作要领：直拍反手近台攻球时，身体靠近球台，两脚平行开立。击球前，引拍至腹前左侧，肘关节略前出，上臂和前臂约成100°夹角，拍柄稍向下。击球时，上臂贴近身体，前臂外旋向右上方挥动，配合向上的转腕动作，使拍面略前倾。当球在上升期刚下降时击球的中上部。

2. 横拍反手攻推挡

特点：对付直拍左推右攻的一项相持性技术，可取得主动，也可直接得分。

动作要领：两脚平行开立，上体前倾，肘关节自然弯曲，手腕控制拍面约成100°夹角。击球时以前臂向右上方发力为主，手腕向外转动。当来球即将下降时击球的中部，如图13-2-6所示。

图13-2-6　横拍反手攻推挡

3. 反手快拨

特点：这是对付直拍推挡、反手攻球及强烈的上旋来球以及横拍攻球的一项重要技术。

动作要领：姿势与攻推挡大致相同，站位略前半步，前臂迅速伸入台内迎球，手腕控制拍面前倾，主要靠来球前进力量，在球拍触球时稍用力。击来球的上升期，球拍触球的中上部。快拨时强调线路变化，并与突击结合运用，以便为进攻创造有利条件。

七、弧圈球

弧圈球是一种有效的进攻技术。它上旋力强、稳健性高、攻击力量大。在比赛中弧圈球技术可以为快攻创造机会；在被动时可以用旋转控制对方作为过渡，一旦掌握主动即发力前冲直接得分。转、快、狠、变是弧圈球选手手腕的技术风格。

（一）正手弧圈

1. 正手加转弧圈球

特点：球速较慢、弧线较高、上旋力强。球着台后向下滑落快，回击不容易出界或出高球，是对付下旋球及难度较大的球时常用的技术。

动作要领：准备动作是两脚开立稍比肩宽，左脚在前，右脚稍后，两膝微屈，收腹，右肩略低于左肩。准备击球时，持拍手自然下垂，稍向后引，拍面略前倾与台面成80°夹角，身体向右转动，重心放在右脚上，待球在下降期时即击球。摩擦球的中部或中部偏上位置，发力以向上为主，略带向前。击球时，要注意配合腰部向左上方转动和右脚掌蹬地的力量。近台时，以前臂、手腕发力为主，远台时以上臂发力为主，摩擦球时突然加力。击球后，重心移至左脚，如图 13-2-7 所示。

图 13-2-7　正手加转弧圈球

2. 正手前冲弧圈球

特点：弧线低、上旋力较强、球速快、球到台后弹起不高、前冲力很大，是弧圈球选手得分的主要技术。在对付发球、一般上旋球和下旋球时运用较多。

动作要领：准备姿势与拉加转弧圈基本相同。准备击球时持拍手不要自然下垂，而是稍提高些拉向前倾，当球跳到高点或下降前期时，以向前为主，略向上发力，摩擦球的中上部。击球后，重心移至左脚。

3. 正手拉后扣杀

特点：弧圈选手，除了正手拉冲是主要得分手段外，拉后扣杀也是一个有效的得分手段。拉和扣的击球点、用力方向、球到对方球台后的移动方向和节奏完全不同，故会使对方猝不及防。然而，拉后扣杀有一定的难度，尤其是拉完前冲弧圈球后回球速度极快，难度就更大。

动作要领如下。

（1）击球前向后引拍动作，拉加转弧圈时持拍手自然下垂，扣杀时持拍手拉至身右侧，肘关节成80°夹角。

（2）击球时，拉加转弧圈是摩擦球的中部，扣杀时是撞击球的中上部；拉球以向上发力为主，稍带向前，扣杀以向前打为主，稍带向下。

（3）拉加转弧圈击球点在下降期，扣杀则在高点期击球。

（4）拉扣要抓住时机，结合运用。

（二）反手弧圈

反手弧圈分为反手加转弧圈与前冲弧圈。

特点：反手弧圈球多数由横拍运动员采用。横拍反手拉弧圈的技术，其特点与正手弧圈相同。由于受到身体的阻挡，手臂力量的发挥受到一定限制。如拉得好，可为正手创造机会，也可直接得分。

动作要领：两脚平行站立稍比肩宽，或左脚稍微站立，两膝微屈，收腹。击球前球拍引至腹部下方，肘关节稍向前，手腕内屈，拍下垂，拍面前倾。当球从台面跳起后，以肘关节为轴，前臂迅速向上、向前发力。加转弧圈在球的下降期摩擦球的中部或中上部，以向上为主，稍向前发力；前冲弧圈在球的高点或下降前期摩擦球的中上部，以向前为主，稍向上发力，同时要配合蹬腿的力量，抬起上身，辅助发力。

八、推挡球

推挡是直拍快攻打法的基本技术之一,在左推右攻打法中占有极其重要的地位。

特点和要求:站位近、动作小、球速快、变化多。要求做到速度快、力量大、变化多和出球稳健。

动作要领:运用推挡技术时站位离台 30~40 cm,于左半台的 1/3 处,两脚开立,比肩略宽,右脚稍前,左脚稍后,相差约半个脚位,或两脚平行。上体稍前倾,身体重心在两脚间,两膝微屈,拍呈半横状,拍面与球台平面约成 90°夹角。握拍时食指稍用力,拇指放松,上臂和肘部自然靠近身体右侧,上臂与前臂的角度约为 100°,肩部放松,如图 13-2-8 所示。

图 13-2-8 推挡球

(一)快推

特点和作用:回球速度快,有斜、直线变化,在相持中用对推两大角或推空当,使对方直接失误或露出破绽,为自己抢攻创造条件。快推一般适用于对付旋转较弱的拉球、推挡球和中等力量的突击。

动作要领:击球前,上臂、前臂适当后撤引拍。击球时,手臂迅速迎前,在来球上升期触球,触球一刹那,前臂稍外旋配合手腕向前转动,使拍面触球的中上部,手臂主要向前,稍微向上辅助用力。

(二)加力推

特点和作用:回球力量重、速度快、有落点变化,比赛中运用加力推挡,可迫使对方离台后退,从而为己方争得主动。加力推适用于对付速度较慢、旋转较弱的上旋或力量较轻的攻球及推挡。

动作要领:击球前,前臂必须提起,上臂后收,肘部贴近身体,在球的上升后期或高点期击球。击球时适当运用转腰动作加大手腕发力,并用中指顶住拍背向前用力。

九、步法

乒乓球运动常用的步法大致有单步、跨步、并步、跳步和交叉步五种。

(一)单步

单步是击球时,以一脚的前脚掌为轴,另一只脚向前、后、左、右不同方向移动,身体重心随之落到摆动脚上,然后挥臂击球。来球较贴身体时,常用这种步法。

（二）跨步

跨步是击球时，以一脚向前、向后或向左、向右的不同来球方向跨出一大步，身体重心随即移动到摆动脚上，另一脚迅速跟上，以便让两脚保持在最佳的距离上。一般在来球离身体较远、速度较快，可借助对方力量击球时使用此步法。

（三）并步

并步是移动的，先以与来球异方向的脚向另一脚并一步，然后与来球同方向的脚再向来球的方向迈一步迎击来球。由于并步移动范围大，能保持重心稳定，一般在来球速度不算太快时可以使用，如削球的左右移动、快攻、拉弧圈就常用这一步法。

（四）跳步

跳步是以与来球异方向的脚先起动，用力蹬地，两脚一同离地向左或向右移动，蹬地脚先落地，另一脚也跟着落地，站稳后击球。这种步法照顾范围比单步大。小跳步还可用来还原步法，调整攻球的位置，通常与单步、跨步综合运用。

（五）交叉步

交叉步是击球时，以靠近来球方向的脚作为支撑脚，远离来球的脚迅速向来球方向跨出一大步，腰和髋关节随势将支撑脚带向来球方向，在支撑脚落地前的瞬间击球。这种步法主要用来对付离身体较远的来球，一般在侧身攻球后扑右角空当时使用较多。由于有身体的辅助，故多以自己发力击球为主。削球打法在左右移动时运用交叉步较少，做前后移动时，用交叉步接短球或削突击来球较多。

第三节 乒乓球运动基本战术

一、战术与技术的关系

技术是战术的基础。技术质量的好坏，决定了战术运用的效果及战术变化的大小。比赛中，特别是实力相当的比赛中，战术起着重要的作用，有时甚至是决定性的作用。战术运用得当，可以保证技术水平的正常发挥，灵活地运用技术去取得胜利。反之，将导致失败。所以，战术与技术是相互依存、相互影响的。

二、常用战术

（一）发球抢攻

发球抢攻分为以下几种。

反手发侧上下旋球至对方正手短路和对方反手底线可以进行抢攻。此发球对付快攻、弧圈、削球均有效。

反手发急下旋斜线长球，配合直线长球和右方短球可以进行抢攻。发球要有速度并略带下旋。此发球对付快攻和弧圈有效。

侧身用正手发高、低抛左侧上下旋球至对方中路或左大角，结合发直线长球与短球抢攻。要求发长球有速度、短球不出台、旋转强。此发球对付快攻、弧圈和削球均有效。

正手发转与不转短球至对方右方或中间，配合发反手长球可以伺机抢攻。要求动作隐蔽、旋转差别大。此发球对付快攻、弧圈较有效。

（二）对攻战术

（1）紧压对方反手突变正手，伺机抢攻。
（2）调右压左是快攻对付弧圈的常用战术。
（3）加减力推挡结合推下旋伺机抢攻，是对付快攻常用战术之一。
（4）连续压对方中路，突变两角，伺机抢攻，是对付两面进攻或横板
（5）如选手反手攻球较强，则拉加转弧圈球至对方反手，伺机抢冲中间或正手。

（三）拉攻战术

对攻战术，主要用来对付削球手。
（1）拉两大角找机会扣杀中间直线，目的是迫使削球手忙于两边奔跑，为自己制造扣杀机会。
（2）拉追身球，找机会扣杀直线或两大角。
（3）长短球与拉搓结合，是对付稳削打法的有效战术。
（4）拉不同旋转的长、短弧圈球，伺机抢冲中路或空当；用相似动作拉出不同旋转的弧圈球，找机会抢冲，是对付削球的有效办法。

（四）搓攻战术

快搓后伺机抢攻，用快搓加转短球或长球至对方反手找机会。
搓转与不转球，利用旋转变化和落点变化找机会突击。

第十四章　健美操运动

学习重点

1. 了解健美操相关基础知识
2. 了解健美操的基本运动规则

通过系统的体能训练和心智素质的培养，健美操运动员能够塑造健美的身体，并获得更高水平的体能。这些训练也有助于提高个人的自信心和自律能力，使健美操成为一种积极的生活方式，带来身心健康和幸福感。无论是作为职业健美操运动员还是业余爱好者，体能和心智能的训练都是成功的关键要素。

第一节　健美操运动概述

一、健美操运动的起源与发展

健美操的起源可追溯到两千多年前，古希腊人因对人体美的崇尚而采用跑跳、投掷、柔软体操和健美舞蹈等各种体育项目进行人体美的锻炼。

健美操于20世纪70年代末传入我国，1986年开始，健身健美操和竞技健美操在我国得到了长足发展。1986年4月在广州举行了我国首次"全国女子健美操邀请赛"，1987年5月在北京又成功举办了首届竞技健美操比赛——"长城杯"健美操邀请赛。1992年2月，中国大学生体育协会健美操、艺术体操协会，在北京成立，1992年9月，中国健美操协会在北京正式成立。健美操的种类和练习形式呈多样化的发展趋势，标志着我国健美操运动进入到一个崭新的发展阶段。

二、健美操的概念与分类

（一）健美操的概念

健美操是一项以有氧运动为基础，以健、力、美为特征，融体操、舞蹈、音乐为一体的身体练习。它既是健身美体、陶冶情操的大众健身方式，又是竞技运动的一个项目。

（二）健美操的分类

目前，健美操种类繁多，分类方法也各不相同。根据健美操的目的和任务，可以将其分为健身健美操、竞技健美操和表演健美操三大类。

1. 健身健美操

健身健美操，也称为大众健美操，是集健身、娱乐、防病为一体的群众性普及性健身运动。健身健美操的主要目的在于健身，因此，其运动强度和动作难度相对较低，可为社会不同年龄、层次、性别、职业的人所选用。根据不同的需要，健身健美操还可从不同的角度进一步分类和命名。

（1）按年龄结构，可分为老年健美操、中年健美操、青年健美操、少年健美操、儿童健美操、幼儿健美操等。

（2）按人体解剖结构活动部位，可分为头颈健美操、肩部健美操、胸部健美操、臂部健美操、腹部健美操、髋部健美操、腿部健美操等。

（3）按练习的目的和任务，可分为热身健美操、姿态健美操、形体健美操、减肥健美操、节奏健美操、活力健美操、跑跳健美操等。

（4）按练习形式，可分为徒手健美操、持轻器械健美操（哑铃、彩球、花环、绳、手鼓等）、专门器械健美操（垫上健美操、踏板健美操、健骑机健美操等）。

（5）按人数，可分为单人、双人、3人、6人、8人和集体健美操。

（6）按性别，可分为女子健美操和男子健美操。

（7）按人名、动作特色，可分为简·方达健美操、迪斯科健美操、搏击健美操、拉丁健美操、爵士健美操等。

2. 竞技健美操

竞技健美操是根据竞赛规则与规程的要求编排的一套具有较高艺术性、以比赛取得优异成绩为主要目的的健美操。竞技健美操只进行自编动作的比赛，有特定的比赛规则和评分方法，需完成一定的难度动作，对人体的心肺功能、身体素质、技术技能和艺术表现能力有较高要求。一般较适合于青年人。竞技健美操比赛共设五个项目：男子单人、女子单人、混双、混合三人、混合六人健美操。

3. 表演健美操

表演健美操主要是以满足人们表现自我的需要为目的，在特定的活动、场合或节日庆典中进行表演，集观赏、娱乐为一体的体育节目。一般而言，健身健美操用于表演极其普遍，竞技健美操用于表演时可不受规则的限制。

三、健美操的特点

（一）健身健美操的特点

1. 集健美和健身于一体

健美操是以健身为基础，根据人体解剖学、运动生理学、体育美学等多学科理论，为使人体得到健康健美的发展而编排的。健美操动作讲究健美大方，强调力度和弹性，练习内容讲求针对性和实效性，不仅能使身体各部位的关节、韧带、肌肉得到充分锻炼，使人体匀称和谐发展，而且还能增强体质、培养健美的体形和风度、塑造健美的自我。因此，健美操是一项既注重外在美的锻炼，又强调内在美的培养的人体运动方式，对人的身心影响较为全面。

2. 鲜明的节奏感和韵律感

健美操是一种必须在音乐伴奏下进行的身体练习，音乐是健美操的灵魂，更强调动作的力度。因此，健美操的音乐节奏鲜明强劲，风格热烈奔放，音乐多取材于迪斯科、爵士、摇滚等现代音乐和具有上述特点的民族乐曲，音乐中的高低、长短、强弱、快慢等有节奏的变化，使健美操富有鲜明的现代韵律感。

3. 动作的多变性和协调性

健美操成套动作的多变性，表现在动作的节奏和力度以及动作的复合性方面。其每节操很少是单个关节的局部动作，大多为多关节的同步运动。如在完成大幅的上肢动作时，常伴有腰、膝、髋、踝和头部等的动作，这不仅可使身体各关节的活动次数成倍增长，而且还能有效地改善和提高身体的协调性。

4. 广泛的群众性

健美操是一项富有趣味性的运动，它能给人们带来热情奔放的情感体验，符合现代人追求健美、自娱自乐的需要，因此深受广大群众的喜爱。同时由于健美操，尤其是健身健美操，其练习形式多样，运动负荷和难度可以自我调节，不同年龄、性别、形体、素质、个性、气质的练习者都可酌情参加，各种人群都能从健美操练习中找到适合自己的练习方式，并通过训练增强体质，从中获得乐趣。因而，健美操是男女老幼所青睐的一项运动。此外，由于健美操不受气候的影响，对场地、器材条件的要求不高，练习起来简便安全，适合不同地区、不同条件的单位和部门开展。因此，这项运动具有广泛的群众性。

（二）竞技健美操的特点

1. 以操为主，操舞结合式动作设计

竞技健美操的动作必须设计成操的动作结构，有明显影响身体某一部位的目的性。强身健体是竞技健美操的主要功效性之一，在动作设计时应遵守符合强身健体和人体艺术造型的规律。在编排动作时，不仅要考虑到对身体各个部位的影响与发展力量、柔韧、协调、灵敏以及持久力等各种素质的练习，而且还应在运动形态上有舞蹈造型美、外形美的特点。

2. 精心构思，力求新颖

竞技健美操全套动作没有节的划分，动作重复次数少，复合性动作多、变化多、连续性强，对称性动作相应减少，行云流水，一气呵成。设计动作时要有新意，精心构思，可多设计粗犷、奔放、力度强、造型美、有弹性的动作。

3. 动作风格特点

动作风格就是创编设计动作素材的取向侧重面，如以中国武术、古典芭蕾、爵士舞、现代舞或迪斯科等动作为创作基调，将其贯通于全套动作的始终。一套操如果没有一个基本格调，就会显得杂乱无章、不伦不类，给人一种东拼西凑的感觉，不能体现一套操的特点。因此，把握动作风格特点是非常重要。

第二节 健美操运动的基本动作

一、身体各部分的基本动作

（一）头、颈部动作

屈：指头颈关节角度的弯曲，包括向前、后、左、右的屈。
转：指头颈部绕身体垂直轴的转动，包括向左、右的转。
绕和绕环：指头以颈为轴心的弧形和圆形运动，包括左、右绕和左、右绕环。
【要求】做各种形式头颈动作时，上体保持正直，速度要慢，头颈移动的方向要准确，颈部肌群充分伸展

（二）肩部动作

提肩：指肩胛骨做向上的运动，包括单肩、双肩的同时提和依次提。
沉肩：指肩胛骨做向下的运动，包括单肩、双肩的同时沉和依次沉。
绕肩：指以肩关节为轴做小于360°的弧形运动，包括单肩向前、后绕，双肩同时或依

次向前、后绕。

肩绕环：指以肩关节为轴做360°及360°以上的圆形运动，包括单肩向前、后绕环，双肩同时或依次向前、后绕环。

振肩：指固定上体，肩急速向前或向后摆动，包括双肩同时前、后振和依次前、后振。

【要求】 提肩时尽力向上，沉肩时尽力向下，动作幅度大而有力。绕肩时上体不能摆动，两臂放松，头颈不能前探；动作连贯，速度均匀，幅度大。振肩动作要有速度、力度和弹性。

（三）上肢（手臂）动作

举：指以肩为轴，臂的活动范围不超过180°而停止在某一部位的动作，包括单臂和双臂的前、后、侧，以及不同中间方向的举（如前上举、侧上举等）。

屈：指肘关节产生了一定的弯曲角度，包括头上屈、头后屈、肩侧屈、肩上侧屈、肩下侧屈、肩上前屈、胸前屈、胸前平屈、腰间屈、背后屈。

绕：指双臂或单臂向内、外、前、后做180°以上、360°以下的弧形运动。

绕环：指以肩关节为轴，双臂或单臂做向前、向后、向内的绕环。

摆：指以肩关节带动手臂来完成臂的摆动动作，包括单臂和双臂同时或依次向前、后、左、右的摆。

振：指以肩为轴，手臂用力摆至最大幅度，包括上举后振、下举后振、侧举后振。

旋：指以肩或肘为轴做臂的旋内或旋外动作。

（四）基本手型

掌型：五指伸直并拢。

拳型：握拳，拇指在外。

五指张开型：五指用力伸直张开。

（五）胸部动作

含胸：指两肩内合，缩小胸腔。

展胸：指两肩外展，扩大胸腔。

移胸：指髋部固定。做胸左、右的水平移动。

【要求】 练习时，收腹、立腰。含、展、移胸要达到最大极限。

（六）腰部动作

屈：指下肢固定，上体沿矢状轴和水平轴的运动，包括前、后、左、右的屈。

转：指下肢固定，上体沿垂直轴的扭转，包括左、右转。

绕和绕环：指下肢固定，上体沿垂直轴做弧形和圆形运动，包括左、右绕和绕环。

【要求】 练习时，身体远端尽力向外延伸，绕环幅度要大，充分而连贯，速度放慢。腰前屈，上体立直。

（七）髋部动作

顶髋：指髋关节做急速的水平移动，包括前、后、左、右顶髋。
提髋：指髋关节做急速向一侧上提的动作，包括左、右提髋。
摆髋：指髋关节做钟摆式的连续移动动作，包括左、右侧摆和前、后摆。
绕髋和髋绕环：指髋关节做弧形、圆形移动，包括向左、右的绕和绕环。
【要求】髋关节做顶、提、绕和绕环时应平稳、柔和、协调，稍带弹性，上体要放松。

（八）下肢动作

滚动步：两脚同时交替做由前脚尖至全掌依次落地动作。
交叉步：一脚向另一脚前或后交叉行进。
跑跳步：两脚交替进行，跑后支撑阶段有一次跳的过程。
并腿跳：双腿并拢，直膝或屈膝跳。
侧摆腿跳：单腿跳起，同时另一腿向侧摆动
【要求】跳跃要轻松自如，有弹性，注意配合呼吸。

二、健美操基本步伐

健美操基本步伐是体现健美操练习者下肢动作基本姿态的主要练习手段，根据动作的特点及运动强度差异，健美操的基本步伐分为以下十二大类。

（一）踏步类

踏步类动作运动强度较低，要求在运动过程中至少有一只脚与地面保持接触。常见的步伐如下。

1. 踏步（march）

种类：有脚尖不离地的踏步、脚离地的踏步、高抬腿的大幅踏步。
形式：有原位踏步、移动踏步及转体的踏步。
方向：有向前、后、左、右走的踏步。
【技术要点】落地时，由脚尖过渡到脚跟着地，屈膝时，胯微收，两臂自然前后摆动。

2. 走步

方向：有前 Forward 走、后 Back 走、斜向走、弧形走。
【技术要点】基本上同踏步。

3. "V"字步（"V" step）

种类：有正"V"字步、倒"V"字步。
形式：有平移的、转体的和小幅度跳的正"V"字步和倒"V"字步。
方向：有左、右腿的正和倒"V"字步。
【技术要点】一脚迈出，另一脚随之迈出成一条平线，两脚距离略比肩宽，两膝自然弯曲，然后依次收回。

4. 恰恰步（水兵步）

形式：有平移的和转体的恰恰步。

方向：有向前、向后、向侧的恰恰步。

【技术要点】 在2拍节奏中，快速踏步3次。

（二）并步类（touch）

1. 点地

种类：有脚尖点地；脚跟点地。

形式：有原位点地；移动点地及转体的点地。

方向：有脚尖向前、侧、后、斜方向的点地；脚跟向前、侧、斜的点地。

【技术要点】 点地有弹性，腿自然伸直。

2. 移重心（经半蹲左右）

种类：有双腿、单腿的移重心。

形式：有原位的移重心、移动的移重心、转体的移重心、跳的移重心。

方向：有向前、后、左、右的移重心。

【技术要点】 身体重心从一端移向另一端时，必须经两腿之间。

3. 并步（step touch）

种类：有两腿同时屈的、一直一屈的并步

形式：原位的并步；移动的并步（"之"字步）、转体的并步。

方向：有向前、后、左、右的并步。

【技术要点】 一脚并于另一脚，重心要随之移动，两膝自然屈伸。

（三）弓步类（lunge）

种类：有静力性的弓步、动力性的弓步。

形式：有左右弓步移重心的弓步（move）、移动的弓步、转体的弓步、跳的弓步。

方向：有上步弓步；后撤弓步；向侧伸弓步（lunge side）。

【技术要点】 一腿屈膝，脚尖与膝垂直，另一腿伸直，重心落于两腿之间。由于弓步的形式很多，因此在步法上有所不同。

（四）半蹲类（skurt）

种类：小分腿半蹲（skurt down up）、大分腿半蹲（skurt side）。

形式：向侧1次、向侧2次（two skurt）、转体。

方向：向侧（左右）。

【技术要点】 半蹲时，立腰。

（五）吸腿类（knee lift or knee up）

形式：有原位的吸腿及跳、移动的吸腿及跳、转体的吸腿及跳。

方向：有向侧、向前的吸腿及跳。

【技术要点】大腿用力上提，小腿自然下垂。

（六）弹踢类（skip）

形式：有原位的弹踢腿及跳；移动的弹踢腿及跳和转体的弹踢腿及跳。

方向：有向前的（forward skip）、向侧的（side skip）、向后的（back skip）弹踢腿及跳。

【技术要点】大腿抬起至一定角度后，小腿自然弹直。

（七）开合跳（jumping jack）

种类：双起双落的开合跳（两次开开合合、连续开合）、单起双落的开合跳。

形式：有原位的开合跳、移动的开合跳和转体的开合跳。

方向：向前的开合跳。

【技术要点】分腿时，两脚自然外开，膝关节沿脚尖方向弯曲。跳起与落地时，注意屈膝缓冲。

（八）踢腿类（kick）

种类：有弹动（spring）踢腿、一般的直踢腿。

形式：有原位的（弹）踢腿及跳；移动的（弹）踢腿及跳和转体（half air turn, single air turn）的（弹）踢腿及跳。

方向：有向前的、向侧的、向斜前的（弹）踢腿及跳。

【技术要点】腿上踢时，须加速用力；立腰；上体尽量保持不动。

（九）后踢腿跑（jog）

形式：有原位的后踢腿跳、移动的后踢腿跳、转体的后踢腿跳。

方向：向后的后踢腿跳。

【技术要点】髋和膝在一条线上或后提，小腿尽量叠于大腿。

（十）点跳

形式：有原位的点跳、移动的点跳、转体的点跳。

方向：有向侧、向前、向后的点跳。

【技术要点】点地时身体重心在一条腿上。

（十一）摆腿跳

形式：有原位的摆腿跳、移动的摆腿跳和转体的摆腿跳。

方向：有向侧、向前、向后的摆腿跳。

【技术要点】摆腿时上体顺势前倾或后倒或侧倾。

（十二）并跳

形式：移动的并跳、转体的并跳。

方向：有向前、向后的并跳。

【技术要点】一腿迈出蹬地，另一腿并上，身体重心随着跟上。

第三节 大众健美操基本套路

健美操大众锻炼标准（二级）

组合一

1×8			
节拍		下肢步伐	上肢动作
一	1~4	左脚十字步（box step）	1 左臂侧举，2 右臂侧举，3 双臂上举，4 下举
	5~8	向后走 4 步 4（walk bwd）	举臂自然摆动，7~8 同 5~6
二	1~8	动作同第一个 8 拍，但向前走 4 步	

1×8			
节拍		下肢步伐	上肢动作
三	1~6	6 拍漫步（baby mambo）	1~2 左手前举，3 双手叉腰，4~5 右手前举，6 双手胸前交叉
	7~8	1/2 后漫步（1/2 mambo bwd）	双臂侧后下举

1×8	

续表

节拍		下肢步伐	上肢动作
四	1~2	左脚向右并步跳（cha cha side）	屈右臂自然摆动
	3~8	右脚向左前方做6拍前侧后漫步（baby mambo）	3~4 前平举弹动2次，5~6 侧平举，7~8 后斜下举
第五至八个八拍，动作相同，但方向相反			

组合二

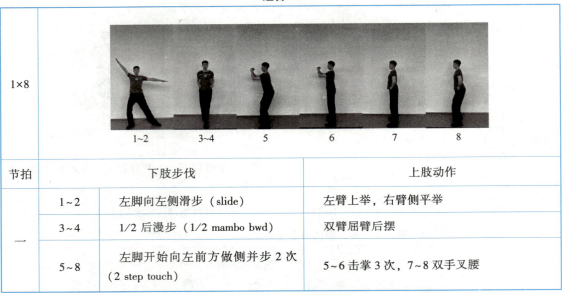

节拍		下肢步伐	上肢动作
一	1~2	左脚向左侧滑步（slide）	左臂上举，右臂侧平举
	3~4	1/2 后漫步（1/2 mambo bwd）	双臂屈臂后摆
	5~8	左脚开始向左前方做侧并步2次（2 step touch）	5~6 击掌3次，7~8 双手叉腰

节拍		下肢步伐	上肢动作
二	1~4	右脚开始向左后方做侧并步2次（2 step touch）	5~6 击掌3次，7~8 双手叉腰
	5~6	右脚向右侧滑步（slide）	右臂侧上举，左臂侧平举，
	7~8	1/2 后漫步（1/2 mambo bwd）	双臂屈臂后摆

续表

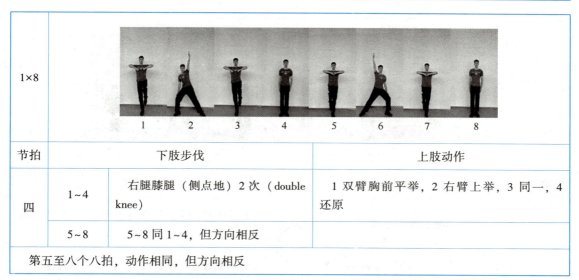

节拍		下肢步伐	上肢动作
三	1~4	左转90°，上步吸腿2次（step two knee）	单臂向前冲拳，向后冲拳2次
	5~8	"V"字步右转90°（V step）	单臂由左向右水平摆动

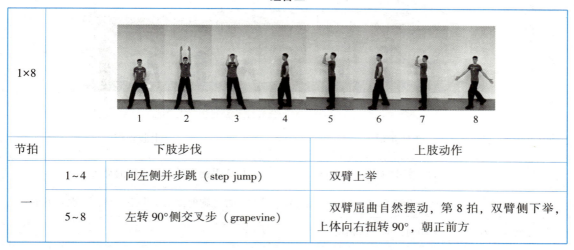

节拍		下肢步伐	上肢动作
四	1~4	右腿膝腿（侧点地）2次（double knee）	1 双臂胸前平举，2 右臂上举，3 同一，4 还原
	5~8	5~8同1~4，但方向相反	
第五至八个八拍，动作相同，但方向相反			

组合三

1×8			

节拍		下肢步伐	上肢动作
一	1~4	向左侧并步跳（step jump）	双臂上举
	5~8	左转90°侧交叉步（grapevine）	双臂屈曲自然摆动，第8拍，双臂侧下举，上体向右扭转90°，朝正前方

续表

1×8		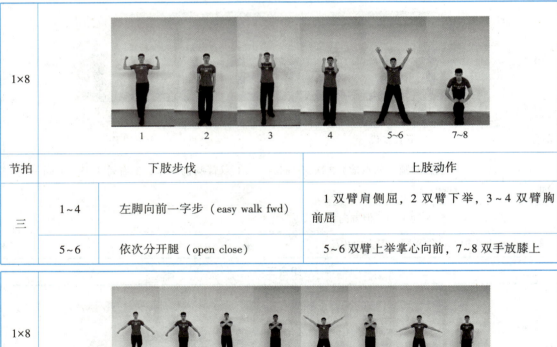	
节拍		下肢步伐	上肢动作
二	1~4	向左侧并步跳（step jump）	双臂上举
	5~6	右转 90°，右脚开始侧并步 2 次（2 step touch）	5~6 左臂前下举，7~8 右臂前下举

1×8			
节拍		下肢步伐	上肢动作
三	1~4	左脚向前一字步（easy walk fwd）	1 双臂肩侧屈，2 双臂下举，3~4 双臂胸前屈
	5~6	依次分开腿（open close）	5~6 双臂上举掌心向前，7~8 双手放膝上

1×8			
节拍		下肢步伐	上肢动作
四	1~4	向后一字步（easy walk bwd）	1~2 手侧下举，3~4 胸前交叉
	5~6	依次分开腿 2 次（2 open close）	双臂经胸前交叉 1 次侧上举，一次侧下举

第五至八个八拍，动作相同，但方向相反

组合四

1×8			
节拍		下肢步伐	上肢动作
一	1~4	左脚开始小马跳4次，向侧向前呈梯形（4 pony）	单臂体侧向内绕环，5~8同1~4

1×8		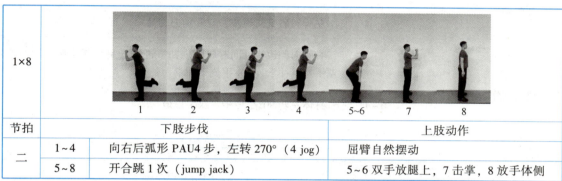	
节拍		下肢步伐	上肢动作
二	1~4	向右后弧形PAU4步，左转270°（4 jog）	屈臂自然摆动
	5~8	开合跳1次（jump jack）	5~6双手放腿上，7击掌，8放手体侧

1×8		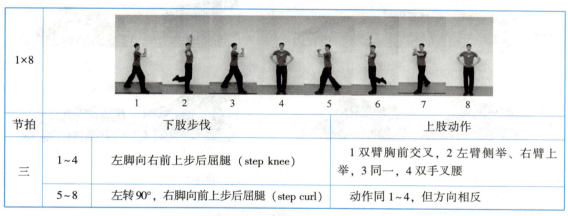	
节拍		下肢步伐	上肢动作
三	1~4	左脚向右前上步后屈腿（step knee）	1双臂胸前交叉，2左臂侧举、右臂上举，3同一，4双手叉腰
	5~8	左转90°，右脚向前上步后屈腿（step curl）	动作同1~4，但方向相反

1×8			
节拍		下肢步伐	上肢动作
四	1~4	左，右侧点地各一次（2 tap side）	1左手左前下举，2双手叉腰，3~4动作相同，但方向相反
	5~8	右脚上步转体，还原（hip twist）	5双臂胸前平屈，6前推，7同5，8放于体侧

第五至八个八拍，动作相同，但方向相反

力量训练部分

开始动作 ＜br＞1~2　3~4	过渡动作 ＜br＞1　2　3~4　5~8	

节拍分段		动作描述
开始动作	4拍	1~2　右脚向右迈步，右臂前平举，左臂上举
		3~4　左脚右后交叉迈步，双臂胸前交叉
过渡动作	一	1~2　右脚向侧迈步，同时屈膝内扣，再打开呈分腿半蹲，同时5左手左下冲拳，6左手侧下冲拳
		3~4　身体左转90°呈弓步，双手撑地
		5~8　呈俯撑

二 1×8	＜br＞1　2　3~8	三 1×8　＜br＞1　2~8
四 1×8	＜br＞1　2~8	五 1×8　＜br＞1　2~8

节拍分段		动作描述
核心练习	二	1~8　左、右脚依次点地
	三	1~8　左右脚依次屈膝着地，成跪撑
	四	1~8　屈肘依次撑地，成肘撑
	五	1~8　左、右腿依次伸直，保持肘撑

续表

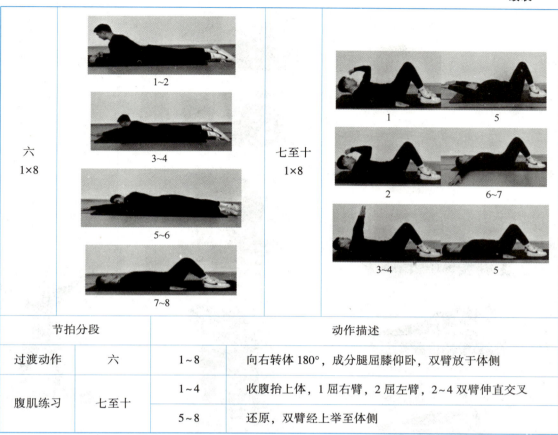

节拍分段			动作描述
过渡动作	六	1~8	向右转体180°，成分腿屈膝仰卧，双臂放于体侧
腹肌练习	七至十	1~4	收腹抬上体，1屈右臂，2屈左臂，2~4双臂伸直交叉
		5~8	还原，双臂经上举至体侧

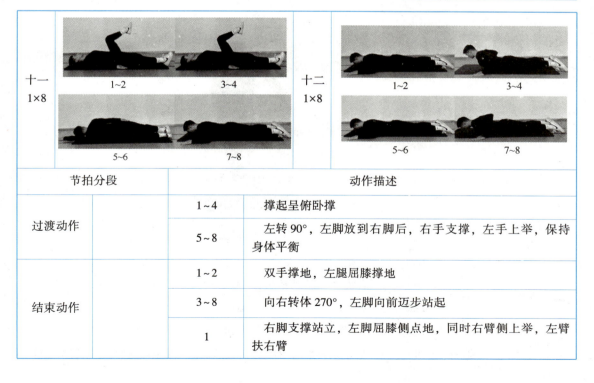

节拍分段			动作描述
过渡动作		1~4	撑起呈俯卧撑
		5~8	左转90°，左脚放到右脚后，右手支撑，左手上举，保持身体平衡
结束动作		1~2	双手撑地，左腿屈膝撑地
		3~8	向右转体270°，左脚向前迈步站起
		1	右脚支撑站立，左脚屈膝侧点地，同时右臂侧上举，左臂扶右臂

续表

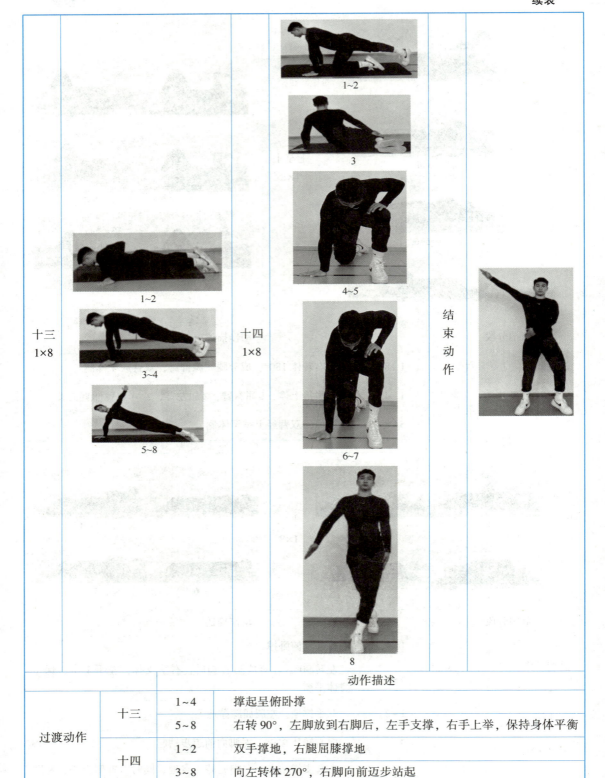

过渡动作	十三	1~4	动作描述
	十三	1~4	撑起呈俯卧撑
		5~8	右转90°，左脚放到右脚后，左手支撑，右手上举，保持身体平衡
	十四	1~2	双手撑地，右腿屈膝撑地
		3~8	向左转体270°，右脚向前迈步站起
结束动作	1拍	1	左脚支撑站立，右脚屈膝侧点地，同时左臂侧上举，右臂扶左臂

健美操大众锻炼标准（三级）

组合一

1×8	预备　　1~2　　3　　4　　5　　6　　7　　8

	节拍	下肢步伐	上肢动作
	预备姿势	站立	
一	1~4	左脚开始向侧迈步后屈腿2次，呈"L"形（4 step curl）	1~2 左臂摆至上举，右臂至肩平屈 3~4 同1~2，但方向相反
	5~8	向右后迈步后屈腿2次转体180°（2 step curl）	双手叉腰

1×8	1　　2　　3~4　　5　　6~7　　8

	节拍	下肢步伐	上肢动作
二	1~2	1/2 "V"字步（1/2 "V" step）	1 左臂侧上举，2 右臂侧上举
	3~8	向后6拍漫步，8 左转90度（baby mambo bwd）	随脚的动作自然前后摆动

1×8	1　　2　　3　　4　　5　　6　　7　　8

	节拍	下肢步伐	上肢动作
三	1~8	交叉步两次，呈"L"形（2 grapevine）	1 双臂前举，2 胸前平屈，3 同1，4 击掌，5~8 同1~4

续表

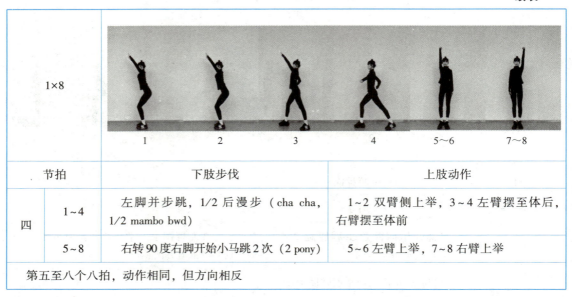

节拍		下肢步伐	上肢动作
四	1~4	左脚并步跳，1/2 后漫步（cha cha, 1/2 mambo bwd）	1~2 双臂侧上举，3~4 左臂摆至体后，右臂摆至体前
	5~8	右转90度右脚开始小马跳2次（2 pony）	5~6 左臂上举，7~8 右臂上举
第五至八个八拍，动作相同，但方向相反			

组合二

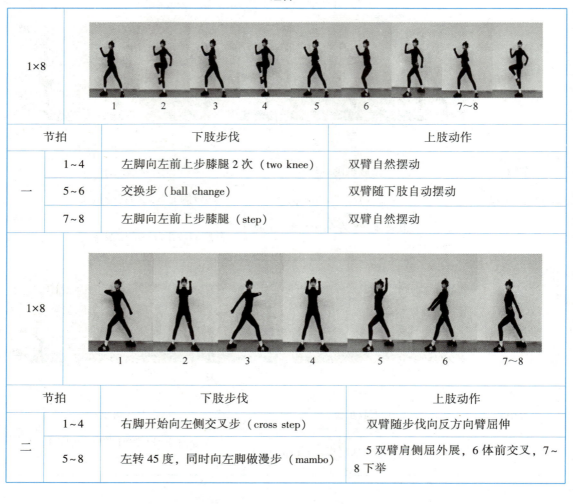

节拍		下肢步伐	上肢动作
一	1~4	左脚向左前上步膝腿2次（two knee）	双臂自然摆动
	5~6	交换步（ball change）	双臂随下肢自动摆动
	7~8	左脚向左前上步膝腿（step）	双臂自然摆动

节拍		下肢步伐	上肢动作
二	1~4	右脚开始向左侧交叉步（cross step）	双臂随步伐向反方向臂屈伸
	5~8	左转45度，同时向左脚做漫步（mambo）	5 双臂肩侧屈外展，6 体前交叉，7~8 下举

续表

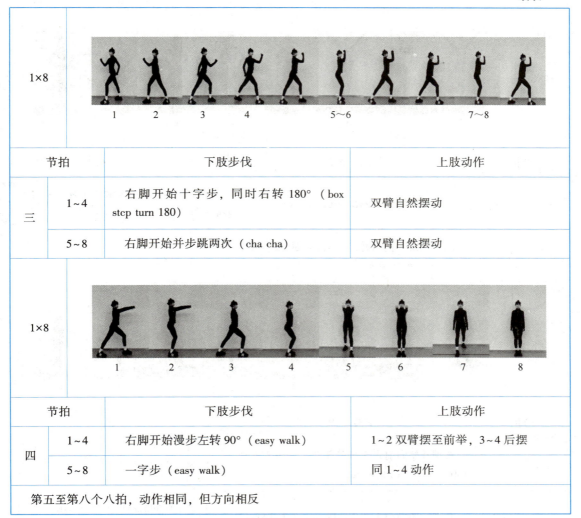

节拍		下肢步伐	上肢动作
三	1~4	右脚开始十字步,同时右转180°（box step turn 180）	双臂自然摆动
	5~8	右脚开始并步跳两次（cha cha）	双臂自然摆动
四	1~4	右脚开始漫步左转90°（easy walk）	1~2双臂摆至前举,3~4后摆
	5~8	一字步（easy walk）	同1~4动作

第五至第八个八拍,动作相同,但方向相反

组合三

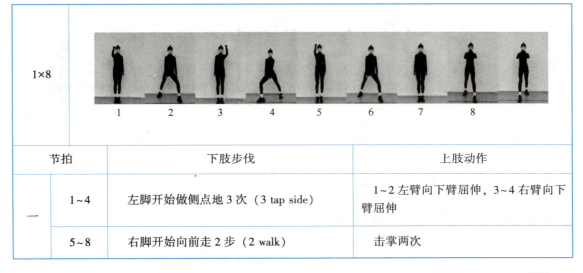

节拍		下肢步伐	上肢动作
一	1~4	左脚开始做侧点地3次（3 tap side）	1~2左臂向下臂屈伸,3~4右臂向下臂屈伸
	5~8	右脚开始向前走2步（2 walk）	击掌两次

续表

1×8		

	节拍	下肢步伐	上肢动作
二	1~4	右脚开始膝腿跳两次（D. knee up）	1侧上举，2双臂胸前平屈，3同1，4叉腰
	5~8	膝左腿跳，向后落地，转体180度，膝左腿（knee up twist knee）	双手叉腰

1×8		

	节拍	下肢步伐	上肢动作
三	1~4	右脚开始向前走3步膝腿跳，同时右转体180°（walk fwd knee turn）	1~3叉腰，4击掌
	5~8	左脚开始向前走3步膝腿（walk fwd knee）	5~6手臂同时经前下摆，7~8经肩侧屈外展至体前击掌

1×8		

	节拍	下肢步伐	上肢动作
四	1~4	右脚开始侧并步4次，呈"L"形（4 step touch）	双臂做屈臂提拉4次
	第五至第八个八拍，动作相同，但方向相反		

组合四

1×8	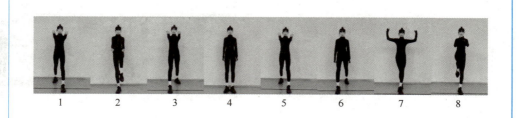

节拍		下肢步伐	上肢动作
一	1~4	右腿上步膝腿（step knee）	双臂做向前冲拳，后拉2次
	5~8	右脚向前走3步膝腿（walk fwd knee）	手臂同时经前向下摆，4击拳

1×8	

节拍		下肢步伐	上肢动作
二	1~4	1右脚向侧迈步，2~3向左前1/2前漫步。4左脚向侧迈步，（step baby mambo step）	1侧上举，2~3随脚的动作自然摆动，4同1
	5~8	左脚向右做漫步（mambo）	双臂自然摆动

1×8	

节拍		下肢步伐	上肢动作
三	1~4	左脚开始上步膝腿3次（step knee）	1肩侧屈外展，2击掌，3~8同1~2
	5~8	右脚前1/2漫步（1/2 mambo）	双臂自然摆动

续表

节拍		下肢步伐	上肢动作
1×8		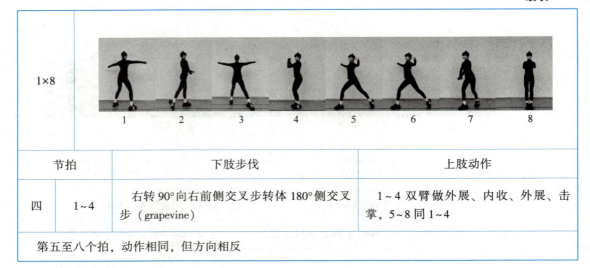 1 2 3 4 5 6 7 8	
四	1~4	右转 90°向右前侧交叉步转体 180°侧交叉步（grapevine）	1~4 双臂做外展、内收、外展、击掌，5~8 同 1~4
第五至八个拍，动作相同，但方向相反			

第十五章　健美运动

> **学习重点**
> 1. 熟悉健美运动的基本动作
> 2. 熟悉健美运动的基本技术
>
> 　　健美运动是一种追求美观和健康的体育运动，它注重塑造身体的肌肉线条和提高身体的健康水平。健美运动不同于竞技性的运动，它更侧重于个人锻炼和身体改善，而不是竞争和比赛。许多人将健美运动作为一种生活方式，通过锻炼和饮食来塑造健康、强壮和有吸引力的身体。

第一节 健美运动的起源与发展

健美运动起源于德国。20世纪后在美国开始广泛开展。1903年美国体育家伯纳德举办了全美第一次体格比赛。20世纪30年代后期,美国各地纷纷举行比赛。1939年全美业余体育联合会举办了第一届"美国先生比赛"。1946年,加拿大的韦德两兄弟创建了国际健美联合会(In ternational Federation of Body Building & Fitness,IFBB),此后健美运动蓬勃开展。

我国的健美运动是在20世纪30年代由美国传入。1940年上海健身学院创办了《健力美》杂志,有健美运动开创人赵竹光任主编。1944年在上海举办了第一届上海市男子健美比赛。1983年举办了第一届"力士杯"男子健美邀请赛,得到国家体育总局和中国举重协会的大力支持,后改名为"全国健美锦标赛",以后每年举行一次。1985年11月中国举协健美运动委员会成立,并正式加入国际健美联合会,成为第128个会员国。现在我国开展的健美运动比赛项目有传统健美、古典健美、男子健体、健身先生、健身小姐、形体小姐、比基尼小姐等。

第二节 健美动力的概述

一、健美的概念

(一)健美

健美,最简单的理解就是在健康基础上的美。它是根据健康原则、美学原则以及年龄、性别特征等对人体的肤色、体形、姿态、动作和风度等进行的综合评价,是一项在相对静态中自我塑造和美化人体的运动。

(二)健美运动

健美运动是一项利用徒手和器械,采用各种动作和训练方法,达到锻炼身体、增强体力、发达肌肉、改善体形、体态和陶冶情操为目的的运动,是一种获得健美标准体格的身体活动过程。为了达到健美的目的,健美运动有自己特殊的训练方法。采用各种器械如哑铃、杠铃、壶铃、单杠、双杠以及弹簧扩胸器、滑轮拉力器、橡胶带和特制的力量器械等做各种动作,在器械重量、动作的次数、组数和运动量等方面都有专门的要求。

二、健美的标准

(一)形态匀称、平衡和健壮

以骨骼为支架构成的人体各部比例要匀称平衡,组合、联结是合度的,骨骼发育是良好的。由肌肉美发达所呈现的人体形态，强调协调匀称。人体的外部轮廓线条是由肌肉所决定的，全身的肌肉锻炼全面、胸肌发达、胸廓丰隆、背阔肌发达；臀部圆满适度，腿修长，大腿和小腿有明显曲线，小腿肚结实而隆起，左右对称，直立时膝关节、两小腿腓肠肌可以并拢。身体的几个围度要求比例合理。

（二）肤色的美观

肤色的美观指皮肤弹性好、红润、有光泽。

（三）姿态优美

姿态优美指姿态端正、动作灵巧。稳健、优美、端正的姿态，给人以挺拔优雅印象，而敏捷准确、协调的动作，则能显示力和轻巧、曲线变化柔和而流畅，和谐而富有节奏，给人以优美的感觉。

（四）风度美

风度美是人体美的一种高级形式，是对人体美的社会因素和自然因素的一种综合和高层次的评价，较之其他人体美的因素要复杂、深刻。风度如何，反映的不仅仅是一个人的形体外貌，更主要的是反映一个人的精神风貌和内在气质。

第三节 健美运动的内容与分类

一、健美运动的内容

根据练习的性质和形式主要包括以下几方面。
（1）用杠铃、哑铃、拉力器和各单项或综合器进行的全身各部位肌肉的练习。
（2）利用各类形体健美操、艺术体操、各种舞蹈而进行造型动作，姿态练习。
（3）有氧代谢运动，主要用于群众性健美形体，如减肥操、健身舞、长跑、游泳、自行车。
（4）为矫正不良体形而进行的各类专门练习。

二、健美运动的分类

根据健美练习的目的和任务不同，可分为一般性健美运动（也称健身健美）和竞技性健美运动两类。

（一）一般性健美运动

一般性健美运动的目的和任务，在于增进练习者身体健康，促进身体正常发育，改善身体形态，使肌肉较发达。练习手段多，徒手、器械都可以。有广泛的适应性，不同年龄、性别、体质、爱好和训练水平的人都可以根据自己的情况有选择地进行系统练习，塑造健美的形体。

（二）竞技性健美运动

在身体健康和全身肌肉发达匀称的基础上，按规则评比肌肉的围度、匀称度、造型的一种竞赛。正规的比赛有严格的裁判标准和动作要求以及特定的比赛项目、内容、级别和评分方法。国际健美联合会承认的各种职业比赛和业余比赛，对选手参赛资格有严格的要求和限制。

第四节 健美运动基本练习方法

由于每个人体形体态、体质强弱、所需发展的肌肉部位不同，所以形成的动作练习组数、强度、动作组合形式和进行程序的运用方式也不同。目前普遍采用的练习方法基本上由以下四种练习形式发展而来。

一、定量间歇训练法

定量间歇训练法是指一个动作在一次课中所用的重量，练习组数与每组练习次数基本相同，组与组之间休息 1~2min。这一类型是一般常用的，对初练者比较适用。

二、金字塔型训练法

金字塔型训练法是指一个动作在一次课中用的重量由轻逐组加重，再由重逐组减轻地进行练习，动作的组数较多，适合有一定训练基础的练习者采用。这类训练方法能加深对肌肉的刺激，对提高肌肉力量有特殊效果。

三、循环训练法

循环训练法是指将一次课中安排的全部动作，从第一个做到最后一个为一个循环，每个动作做一组，按动作顺序循环去做。这类训练方法既可使训练达到相当大的运动量，又可使身体得到全面锻炼，适合以健身为主要目的的减肥者采用。

四、身体分部锻炼法

身体分部锻炼法是指一般在经过 3~6 个月的初练阶段后，随着对各部分肌肉锻炼所采用的动作和每个动作重复组数的增加，可把全身各肌肉群分成几个部分，每次训练课只练一部分，逐次轮换进行。这样既能在每次训练课集中精力和时间，使锻炼的肌肉群得到超负荷锻炼，又能使另一些肌肉群获得充分休息，以达到超量补偿的实现。

一般全身各肌肉群有以下几种划分法和组合法。

（1）上身和下身分开法。

（2）重点发展部分和非重点部分分开法。

（3）起"拉"作用的肌肉和起"推"作用的肌肉群分开法。

（4）以锻炼主要肌肉群为主的"基本动作"和以分别锻炼个别肌肉群的"孤立动作"分开法。

（5）大小肌肉群或重点、非重点，上身和下身混合搭配后的均匀分布法。

（6）根据练习者的爱好，习惯和能收到较佳锻炼效果或按器材场地的特点而组合成的分布法。

这里必须指出，某个组合、某个课程、某个计划对你个人是否有效，必须通过亲身练习所得效果来判定，并应结合各自身体实际情况加以必要的调整才能获得最佳效果。

第五节 健美运动基本动作技术

一、常用名词概念

（一）运动量

运动量也称"运动负荷"，它包括重量、组数、次数、密度、时间、速度和完成动作的质量等要素。这些要素相互联系和制约，改变任何一种要素，都会直接影响运动量的大小。

（二）生理负荷量

生理负荷量是指人体对训练量反应的量，即引起人体生理机能反应的量、范围或身体反映出来的征象。它主要用生理、生化指标来表示。由于年龄、性别、体质、健康状况及训练水平的差异，即使承担同样的运动量，所引起的生理反应也是不同的。因此，它是评定运动量大小的客观依据。

（三）重量

重量是指健美训练时某一动作每次训练的重量和每次训练的总重量。它包括所用器械的重量和人体本身的重量，也称为练习负荷。单位为 kg。练习的重量，以个人力量的大小为标准，一般可分为以下几种。

（1）极限重量：个人最大力量的100%以上。也就是说，按照规定的动作姿势，用全力只能完成一次所用的重量。

（2）大重量：个人最大力量的80%~100%。

（3）中等重量：个人最大力量的60%~80%。

（4）小重量：个人最大力量的50%以下。

（5）RM：为 Repetition Maximum 的缩写，意思是指在疲劳前能按规定的重复次数推、拉、举起的最大重量，如8RM即为能推、拉举起8次的最大重量。

（四）密度

密度是指单位时间内重复练习的量，体现着训练中时间和数量的关系。它分为单个动作密度和一次训练课的总密度。如果每组练习之间和每个动作练习之间的间歇短，就称为密度大；反之，则为密度小。

（五）强度

强度是指单位时间内的负荷量，包括训练的重量、密度、速度、组数、次数等。其中，重量和密度决定强度。如果训练的重量较重，密度较大时，训练的强度就大；反之，强度就小。

（六）数量

数量是指每一次训练项目的多少，每个项目练习组数的多少，每组练习次数的多少。如果在一次训练中，训练项目多、每项练习组数多、每组练习次数多，则运动量就大；反之，运动量就小。

二、颈部肌肉的练习方法

颈肌，由浅层肌肉和深层肌肉组成。浅层的包括颈阔肌、胸锁乳突肌、舌骨上下肌群；颈部深层肌群位于脊柱颈段的前外侧，又分内侧和外侧两群。颈部肌肉群的功能是使头部转向侧面，向两侧倾斜，做前后屈和吞咽发音等动作。增强颈部肌肉群的力量，除了能防止扭伤，还能消除颈部多余脂肪和使脑的血液供应流畅。对长期伏案工作或中年人，锻炼颈部则可以防止由于颈部肌肉萎缩而引起颈椎关节的疾病。

（一）徒手练习——抱头颈屈伸

预备姿势：两脚左右开立，与肩同宽。上体正直，两手抱头或用毛巾拉着。

练习方法：两臂缓缓用力使头部前倾，与此同时，颈肌则施以适当的抵抗力，直至头部完全前屈为止。颈肌稍时放松，头部再慢慢抬起。这时两臂给予适当的抵抗力，直至头部完全抬起为止。用同样的方法可做左右屈伸。

该练习主要是锻炼颈部屈伸肌群，练习时切莫用力过猛，以防颈部受伤。此练习可采用静力和动力练习。

（二）戴颈帽练习法

颈帽，是一种戴在头上，通过耳侧的带子系重物的练习器械。重物的形状不限，一般用杠铃片等，重量可大可小。颈帽的制作很简单，可用3~4 cm宽的帆布缝制一个头套，再在两耳侧各缝一根带子，并将带子系于带子下端的铁环上。

练习方法：采取站、坐、俯卧等姿势，做颈部向前后左右屈伸及头部扭转动作，以此来发展颈部肌肉。

（三）器械的练习方法

联合训练器多数没有发展颈部肌肉的练习部位，但我们可以用它的重量片来练习，戴上颈帽，用帽子的两侧铁环挂在训练器钢丝绳的铁环上，通过钢丝绳上的重物使颈部有一个抵抗力，来达到练习目的。

三、臂部肌肉的练习方法

臂部肌肉主要包括肱二头肌、肱三头肌、前臂肌和三角肌。

（一）肱二头肌

肱二头肌位于上臂的前面，小部分被三角肌和胸大肌遮盖，呈梭形，有长、短两头。主要机能：使上臂屈，以及前臂屈和旋外。

1. 站立正握弯举

预备姿势：两脚开立，上体正直，挺胸抬头，两手掌心向前持铃下垂于大腿前，全身直立，上臂紧贴体侧，如图 15-5-1、图 15-5-2 所示。

练习方法：首先吸气，肱二头肌收缩使杠铃弯至肩前并完全收紧配合呼气，稍停，再吸气，慢慢使杠铃放下放松还原。要求练习者持铃弯起或放下时，上臂一定要紧贴体侧，不能前后移动和上下弯动，手腕必须与前臂保持直线状。肱二头肌练习也可以用哑铃拉力器来进行。

图 15-5-1　站立正握弯举预备姿势　　图 15-5-2　站立正握弯举练习方法

2. 坐姿弯举

坐姿弯举动作有"正坐""俯坐""斜坐"。坐姿练习主要是使下肢在固定不动的状态中，使上肢用力更集中。

预备姿势：正坐在凳子上，手持哑铃下垂于体侧，上体挺直。"俯坐"是手持哑铃下垂于两腿间，并使上臂的外侧下端（肘部）靠近在大腿膝部内侧，上体略前倾。"斜坐"是坐在上体向后倾斜的靠椅上，手持哑铃下垂于体侧。

练习方法：坐在凳子上，上体稍前，屈膝两肘放在膝上，然后做前臂弯举。不管哪种坐姿，前臂必须下垂伸直。上臂一定紧贴体侧，不要借力。动作要领与上述相同。

3. 侧弯举

侧弯举动作主要发达上臂肱前肌和前臂伸指肌，它可以站立或坐姿练习。两手或一手持哑铃练习。

预备姿势：两脚左右开立，与肩同宽。上体正直，两臂于体侧伸直，两手握着哑铃，拳眼向前。

练习方法：两前臂同时用力弯起，至两臂完全弯屈止。练习时，不得借助于上体摆动的力量。此动作也可单臂练习，动作要领与上述相同，如图 15-5-3、图 15-5-4 所示。

图 15-5-3　侧弯举一

图 15-5-4　侧弯举二

（二）肱三头肌

肱三头肌位于上臂后面，有长头、外侧和内侧三个头。

主要机能：使前臂伸。

1. 颈后臂屈伸

颈后臂屈伸动作可用杠铃、哑铃或弹性拉力器等练习。站姿和坐姿练习都可以。

预备姿势：两脚左右开立，与肩同宽（或坐在凳子上）。上体正直，两臂肩上后弯屈，两手反握杠铃，握距与肩同宽（也可窄于肩）。将杠铃向上提起置于颈后，如图 15-5-5 所示。

练习方法：两前臂同时用力向上伸直，至完全伸直为止。动作要求以肘关节为支点，集中前臂肌肉力量缓慢地经头顶做伸屈动作，如图 15-5-6 所示。

图 15-5-5　颈后臂屈伸预备姿势

图 15-5-6　颈后臂屈伸练习方法

2. 仰卧臂屈伸

这个动作可以用杠铃，也可以用哑铃单手或双手进行练习。

预备姿势：练习者平仰卧位，两腿屈膝分开，全脚掌着地。两臂向上伸直，两手正（反）握杠，握距可任选窄、正常或稍宽一种。

练习方法：练习者两臂慢慢弯屈，至最大限度（头部），接着用力向上伸直，直至完全伸直为止。

呼吸方法：屈臂前吸气，还原呼气。要求肘关节不得下降，否则会加重前臂负担，减轻肱三头肌的受力程度，动作尽量缓慢进行。

3. 重力下压臂屈伸

此动作一般使用重锤拉力器练习效果较好。

预备姿势：两脚左右开立，与肩同宽，上体正直，两手反握拉力器的把手，两臂于体侧弯曲。

练习方法：上臂不动，以肘关节为轴，两前臂用力下压，直至完全伸直为止。还原时动作要慢。此练习也可使用橡皮条练习。

要求：上臂紧贴体侧，两手臂贴近胸部，吸气。以肱三头肌的收缩力量，使两手向下拉，呼气，两手慢慢向上还原。另肱三头肌的练习，经常采用俯卧撑和双杠的臂屈伸效果也较好。

（三）前臂肌

前臂肌分为前和后，前群位于前臂的背侧面和内侧面，包括屈肘、屈腕、屈指和使前臂旋内的肌肉；后群位于前臂的背侧面和外侧面，包括伸指、伸腕和使前臂旋外的肌肉。

对前臂肌练习一般掌握两个原则：一是多重复，即每组所做的次数要多于其他部位练习；二是高密度，即组与组之间的间隔时间要短。

1. 杠铃前臂弯屈

预备姿势：两脚左右开立，与肩同宽，上体正直，两手反握直臂提铃于体前。

练习方法：吸气，两前臂同时用力翻手腕使杠铃提拉于胸前，握距同肩宽。呼气，然后再将杠铃慢慢放下还原，如图 15-5-7、图 15-5-8 所示。

图 15-5-7　杠铃前臂弯屈一　　　　图 15-5-8　杠铃前臂弯屈二

2. 杠铃腕伸屈

预备动作：坐姿，两腿分开，上体稍倾斜，两前臂放在大腿上，两手腕在膝前悬空。两手正握杠铃，与肩同宽。

练习方法：两上臂向内夹紧，两手腕反复做屈伸动作，可用哑铃来进行练习，如图 15-5-9、图 15-5-10 所示。

图 15-5-9　杠铃腕伸屈一　　　　图 15-5-10　杠铃腕伸屈二

3. 杠铃腕屈伸

动作方法同杠铃腕伸屈，只是反握杠铃，动作相反。

（四）三角肌

三角肌位于肩部皮下，是一个底向上的三角形肌肉，肩部的膨隆外形由该肌形成。主要机能：前部收缩，使上臂屈和旋内；中部收缩，使上臂外展到水平位置；后部收缩，使上臂伸、旋外；三部同时收缩，使上臂外展。

1. 前平举

前平举动作锻炼部位是三角肌前束，可用杠铃、哑铃或拉力带进行练习，如图15-5-11、图15-5-12所示。

预备姿势：两脚左右开立，与肩同宽。上体正直，两臂体侧伸直，两手反握哑铃，握距同肩宽。

练习方法：直臂持铃经体前举起至与肩齐平位置，稍停，再呼气，直臂慢慢放下还原。

要求：手肘不要弯屈，上体不能前后摆动。

图15-5-11　前平举一

图15-5-12　前平举二

2. 侧平举

侧平举动作主要是锻炼三角肌中束，可用哑铃、拉力带或持重物来进行练习，如图15-5-13、图15-5-14所示。

预备姿势：两脚左右开立，与肩同宽。上体正直，两手持铃直臂下垂于体侧，两拳眼向前。

练习方法：吸气，手臂用力做侧平举，再呼气，然后慢慢放下还原至体侧。

要求：持铃举平时，手肘稍有弯屈，不得借力。

图15-5-13　侧平举一

图15-5-14　侧平举二

3. 俯立侧平举

也称俯立飞鸟，主要锻炼部位是锻炼三角肌后束和上臂肌群，可用哑铃或拉力带进行练习，如图 15-5-15、图 15-5-16 所示。

预备姿势：两脚左右开立，大于肩宽。上体俯身（也称躬身）屈体与地面平行，头部稍抬起，两手持铃直臂于体前，拳眼向前。

练习方法：吸气，同时用力向上做侧平举，稍停，再呼气，持铃慢慢放下还原成下垂姿势。

要求：不得借力，上体不能上下摆动。

图 15-5-15　俯立侧平举一　　　　图 15-5-16　俯立侧平举二

4. 颈后推举。

预备姿势：两脚左右开立，与肩同宽。上体正直，两臂侧屈，两手正握杠铃，置于颈后肩上，握距宽于肩。

练习方法：吸气，两臂同时用力垂直推起至头顶后上方，稍停，再呼气，然后慢慢放下还原，如图 15-5-17、图 15-5-18 所示。

要求：两臂同时发力，还原时避免碰头。

图 15-5-17　颈后推举一　　　　图 15-5-18　颈后推举二

四、胸大肌的练习方法

胸大肌位于胸前皮下，为扇形扁肌。胸部肌肉群由胸大肌、胸小肌、前肌和肋间内、外肌等组成。主要功能是使上臂内收，拉引肩胛前伸、上下回旋和辅助吸气的肌群。

（一）俯卧撑

对于初练者来说，应先练习平地支撑的俯卧撑，随着力量的增强，练习次数的增多，再进行支架俯卧撑和负重俯卧撑。

预备姿势：两手自然张开撑地，与肩同宽，两臂伸直（一般练习时，两臂支撑地面不是垂直的，应有一定的角度，这样有利于胸大肌的练习）。两腿并拢，脚尖着地，身体成前高后低的姿势。

练习方法：屈臂时整个身体下降，至胸部接近地面为止，然后两臂同时用力平稳地推起。

要求：身体上下摆动一致，用力不要过猛、过快。

（二）支架俯卧撑

该动作要求有一定的练习基础。首先要用铁管（废旧）焊接三角架，也可用凳子代替。随着力量增大，可以逐步加大练习难度，如在脚尖处垫上箱子、凳子等物体，最后过渡到手倒立撑或背部加适宜重量的重物。预备姿势和练习方法同俯卧撑。

（三）平卧推举

预备姿势：仰卧在平板卧推凳上，两腿屈膝分开，两脚掌着地，两手正握杠铃，握距宽于肩，两肘外展（也可用哑铃进行练习）。

练习方法：两臂同时用力，先将杠铃从握推架取出，慢慢置胸上，接触胸后，吸气，再用力推起至两臂完全伸直为止，如图15-5-19、图15-5-20所示。

要求：采用中握距，也就是说稍宽于肩。随着能力的增加，可采用宽握距，就是比肩宽1~2个手掌宽度。

图15-5-19　平卧推举一　　　　　　　图15-5-20　平卧推举二

（四）下斜卧推

下斜握推可以用杠铃或哑铃来练习。主要发展胸大肌外侧翼下部，此练习适合于有一定基础的练习者。

预备姿势：仰卧在下斜板上或下斜凳上。两腿分开，膝关节弯曲，两脚掌着地。形成膝高头部低姿势，两手正握杠铃或哑铃，握距稍宽于肩，位于胸部乳头下沿位置。

练习方法：吸气，两臂平稳用力，使杠铃或哑铃垂直向上推起，到两臂伸直为止，稍停，然后再慢慢放下还原。

（五）上斜卧推

上斜卧推即头高脚低的斜板上仰推举。此练习主要是发展胸大肌的上部。

预备姿势：仰卧在上斜板卧推凳上，两腿分开，两脚掌着地，两手正握杠铃，握距稍宽于肩，杠铃置于上胸部，两肘外展。

练习方法：两臂平稳用力，垂直向上推起到两臂伸直为止。

（六）平卧飞鸟

也称仰卧飞鸟，这个动作对发达胸大肌外侧的中部有作用，对扩大胸腔有特殊作用。一般使用哑铃或橡胶带进行练习，如图15-5-21、图15-5-22所示。

预备姿势：仰卧在长凳（或体操垫上）。两腿分开，屈膝，两脚掌着地，两手持哑铃，置于胸上，掌心相对。

练习方法：直臂举起哑铃成侧平举，两臂稍屈同时平稳用力上举，至两哑铃在胸上接触为止。此练习还有上斜飞鸟。动作要领是相同的，只是卧推板有角度上的变化。

图15-5-21　平卧飞鸟一

图15-5-22　平卧飞鸟二

五、背部肌肉的练习方法

现代男性把背部"V"字三角形所构成的挺拔体姿，作为健与美的综合反映。正因为有丰满、结实、宽阔的背阔肌，才能给人以背宽体阔之感，才能呈现出强壮有力的身躯。

（一）仰身杠铃提拉

也称躬身划船，这个动作有三种不同的握距。"窄握距"两手间离开一掌宽度，主要是发达背阔肌上部，包括菱形肌、冈下肌、大圆肌和小圆肌等；"中握距"两手间与肩同宽，主要是发达背阔肌中部，可以使背阔肌宽厚；"宽握距"两手间距比肩宽1~2个掌宽，主要是发达中阔肌的下部。

预备姿势：两腿分开，躬身站立。两臂下垂，两手正握杠铃，分窄、中、宽握距。

练习方法：吸气，两臂同时用力向上提拉至最大限度。稍停，呼气，慢慢放下还原。

练习时要注意，上体保持不动。为防止腰部受伤，可系上腰带。

（二）单手俯身提铃

也称单手哑铃划船，这个动作有利于背阔肌的集中用力，如图15-5-23、图15-5-24所示。

预备姿势：两脚分开，躬身站立。一手支撑在凳子或支撑物上，一手直臂握铃。

练习方法：吸气，以背阔肌的用力收缩，使哑铃略向后拉起，并沿腿侧提起至小腹外侧，稍停。提铃时上臂要贴近体侧。呼气，仍以背阔肌控制住，使哑铃慢慢沿腿侧放下还原。

图15-5-23　单手俯身提铃一　　　　　　图15-5-24　单手俯身提铃二

（三）引体向上

此动作可在单杠或其他横梁上进行练习。它有胸前和颈后两种姿势的练习方法。从效果上来说，颈后比胸前效果更好些，宽握距比窄握距更有利于背阔肌的集中发力。初练者，应以同肩宽握距开始练习，如图15-5-25、图15-5-26所示。

预备姿势：两手正握杠，握距同肩宽。身体悬垂，两腿并拢。

练习方法：使腰背部以下放松，背阔肌充分伸长，随即吸气，集中以背阔肌的收缩力，屈臂引体向上至上胸前或颈后，接近杠面稍停，再呼气，以背阔肌控制住，使身体慢慢下降还原。有一定基础时可在腰间用带子悬挂杠铃片等重物以增加练习的强度。

图15-5-25　引体向上一　　　　　　图15-5-26　引体向上二

（四）坐姿对握重锤引拉

预备姿势：练习者坐在地上或垫子上，两腿伸直，两脚掌蹬在前方的固定板上，两手对握着把手,两臂伸直在体前,两肩胛放松,上体略向前倾。

练习方法:吸气,以背阔肌的收缩力量,屈肘使两臂贴身向胸前拉引,至两手位于胸腹前。稍停,再呼气,以背阔肌控制住,慢慢地向前伸直还原。

(五)俯身弯起

预备姿势:两脚开立比肩宽。两手正握持铃置于颈后肩上。挺胸收腹,全身直立。

练习方法:吸气,上体向前慢慢弯下,至背部与地面平行为止。这时臀部应向后移。稍停,呼气,再吸气,上体慢慢抬起还原。还原后进行自然呼吸。

(六)直腿硬拉

预备姿势:两脚并立同肩宽。两手一正一反握杠铃,直臂持杠铃下垂于腿前。

练习方法:呼气,上体慢慢向前弯屈,两腿保持伸直,直至杠铃片将触地面为止,胸部尽量向前挺出。保持直腰姿势。不准松腰弓背,如图15-5-27、图15-5-28所示。

图15-5-27 直腿硬拉一

图15-5-28 直腿硬拉二

(七)俯卧挺身

预备姿势:以小腹和大腿部分俯卧在体操凳上,脚后跟倒钩在固定物上或一人坐压在练习者小腿上。练习者两手指交叉抱头。

练习方法:上体下垂头部触不到地面为准,随即吸气以腰背肌的力量,使上体向上挺身抬起。全身成反弓形,抬头挺身后仰,稍停再呼气,腰背慢慢下降还原,如图15-5-29、图15-5-30所示。

图15-5-29 俯卧挺身一

图15-5-30 俯卧挺身二

六、腰腹肌与腰部的练习方法

在各项体育项目中，都少不了体前屈、体侧屈、转体、收腹和挺腹等动作。这些动作主要是依靠腰腹肌力量来完成。因此，加强腰腹肌训练，对提高各项运动技术有很大的帮助。

腹部肌群主要是腹直肌，它分上腹部和下腹部。腰侧部位主要是腹外斜肌，通过系统的锻炼不但能增强腹壁肌群，减少腹部脂肪，而且对增强内脏器官功能有特殊的作用。它的主要作用是压缩腹腔，保持骨盆的正常位置，使脊柱前后屈、侧屈及扭转。

（一）仰卧起坐

此动作主要是练习上腹部，可在海绵垫上或斜板上等不同位置来进行练习。对初练者一般先采用平卧的仰卧起坐，然后再逐步提高难度。

预备姿势：练习者仰卧在垫子上，两腿并拢伸直，两手抱头。踝关节处固定，可用带子，也可让同伴按住其脚腕。

练习方法：吸气，上体起立并前屈。呼气再还原。此练习主要发展上腹部肌肉。

（二）转体仰卧起坐

预备姿势：仰卧在垫子上，两腿并拢可屈伸，两手并拢合拳。

练习方法：吸气，上体起立，双腿离开地面，同时以腹外侧肌力量，使上体向左侧转90°。呼气转体还原。吸气，使上体向右侧转90°，呼气转体还原，如图15-5-31、图15-5-32所示。

图 15-5-31　转体仰卧起坐一　　　　图 15-5-32　转体仰卧起坐二

（三）仰卧举腿

这个动作锻炼部位是下腹部，可以平卧练习，也可利用斜板加强难度进行练习，如图15-5-33所示。

图 15-5-33　仰卧举腿

预备姿势：仰卧在垫子上或斜板上，两腿并拢伸直，上体固定，可以两手握着把手。

练习方法：吸气，下腹部收缩用力，做直腿上举，至最大限度为止。呼气，然后慢慢还原。此练习也可单腿交替进行练习。

七、腿部肌肉的练习方法

腿是人体的支柱，健美的身材在很大程度取决于是否有一双健美的腿，所以，应该重视腿部肌肉的锻炼。

人体的下肢肌群，由臀部、大腿和小腿肌群组成。臀部主要有臀大肌和臀中肌等。大腿主要是有前肌群的股四头肌和缝匠肌等，后群肌的股二头肌等组成。小腿三头肌主要是由腓肠肌和比目鱼肌组成。臀大肌、股四头肌和小腿三头肌是维持人体直立最主要的三大肌肉群。

（一）股四头肌

股四头肌包括股直肌、股外肌、股内肌、股中肌。股直肌位于大腿前表面；股外肌位于股骨的外侧面；股内肌位于股骨的前内侧面；股中肌位于股直肌的深层。股四头肌的主要功能是使大腿屈、小腿伸和维持人体站立姿势。

1. 负重深蹲

这个动作主要是发达股四头肌和臀大肌群。它有胸前深蹲、颈后深蹲和半蹲等练习。深蹲的呼吸方法：开始几次或重量较轻时，一般采用下蹲时呼气，起立时吸气。当深蹲到最后几次呼吸较急促或重量较重时，一般可采用下蹲前，先深呼吸二三次，即吸足一口气，在憋住气的同时下蹲，做短促的呼气，同时发力起立，直到两腿伸直还原。

（1）胸前深蹲（也称前蹲）。

预备姿势：两脚左右开立，与肩同宽。两手正握杠铃，握距同肩宽，将杠铃置于锁骨及三角肌前群部位上。

练习方法：吸气，两腿慢慢弯屈下蹲，至最低点时，再同时用力站起，呼气要求抬头、挺胸、塌腰。不可先起臀部，以防腰部受伤。

（2）颈后深蹲（也称后蹲，如图15-5-34、图15-5-35所示）。

图15-5-34　颈后深蹲一

图15-5-35　颈后深蹲二

预备姿势：两脚左右开立，与肩同宽。两手正握杠铃，握距稍宽于肩。将杠铃置于颈后肩上。

练习方法：同"前蹲"。特别注意的是，在深蹲起立中，使身体重心和杠铃重心尽量接近脚掌支撑面的垂线上。不要借助于腰部的力量把臀部先抬起来，这样做，就使股四头肌的用力分散了。为了克服和防止抬臀动作，一般练习前，可在脚处放 3~5 cm 的垫木或垫板。

（3）半蹲。

预备姿势和练习方法同上。

2. 坐姿小腿屈伸

这个动作对发达股四头肌效果较好，是在训练器、腿屈伸架上进行练习，也可脚绑缚重物，如图 15-5-36、图 15-5-37 所示。

预备姿势：正坐在屈伸架的凳面上的一端，弯膝，使踝关节处卡着在屈伸架下部，小腿下垂放松。

练习方法：呼气，以股四头肌的收缩力量把重物举起至两腿伸直。稍停，呼气，再以股四头肌的力量控制住，慢慢落下还原。

图 15-5-36　坐姿小腿屈伸一

图 15-5-37　坐姿小腿屈伸二

（二）股二头肌

股二头肌的发展，应该引起健美练习者的重视，它不像上肢肌肉，即使不做专门的练习，也会得到不同程度的发展，特别针对大学生来讲，训练股二头肌，会增强你的快速跑和跳跃的能力。而对健美练习者，能使大腿的形状更加完美。

股二头肌位于大腿后面的外侧，有长短二头。

主要机能：使大腿在髋关节处伸、小腿在膝关节处屈和旋外。

练习方法：主要有俯卧小腿弯举。此动作练习时可双腿或单腿进行练习，使用的器械也很多，如利用训练器、橡皮条以及人工施压都可以。

预备姿势：俯卧在训练器凳面上或体操凳上，两手把住凳子头，两腿并拢伸直。然后将两脚踝关节处卡在练习架上。

练习方法：呼气，以肱二头肌的收缩力，两小腿同时用力弯起。呼气，小腿再慢慢放下还原。

（三）小腿三头肌

小腿后群肌肉主要包括腓肠肌、比目鱼肌。此肌肉比较发达，显现隆起。主要机能是使小腿屈、足屈并维持人体直立姿势。

1. 站立负重提踵

预备姿势：手提杠铃，两臂侧屈，两手正握杠铃稍宽于肩，两脚稍分开，前脚掌站在一块厚约 10cm 的木板上或其他物体上，如图 15-5-38、图 15-5-39 所示。

练习方法：两腿伸直，反复提踵。

图 15-5-38　站立负重提踵一

图 15-5-39　站立负重提踵二

2. 坐姿负重提踵

预备姿势：正坐在凳子上，两脚前脚掌支撑在垫木上，在两大腿的膝盖上负着杠铃或重物，两手固定好重物。

练习方法：两小腿并直，以小腿三头肌的力量反复提踵。

要求：尽量提高。

（四）各种跳跃练习

腿部的肌肉练习，多采用一些单脚跳、双脚跳、跨步跳、多级跳、跳台阶等练习，一方面能达到练习目的，另外还能提高弹跳能力和协调能力。

第十六章　瑜伽运动

学习重点

1. 熟悉瑜伽的基本动作
2. 提升参与瑜伽运动的技能水平

瑜伽是一个自我意识的感知过程，是帮助人们充分发挥潜在的心能和智能的哲学过程及运动过程，也是一种提高人们生理、心理、情感、精神等方面的健康能力达到身体、心灵与精神三者和谐统一的运动方式。

第一节 瑜伽的概念、起源和发展

一、瑜伽的概念

"瑜伽"一词是梵文"yoga"的译音,此词最早出现在公元前1 500年的婆罗门教经典,意思是指两种事物相互"连接""结合"。瑜伽是一个自我意识的感知过程,是帮助人们充分发挥潜在的心能和智能的哲学过程及运动过程,是一种提高人们生理、心理、情感、精神等方面的健康能力的方法,也是一种达到身体、心灵与精神三者和谐统一的运动方式。

二、瑜伽的起源和发展

瑜伽的起源最早可以追溯到公元前3 000年,是印度宗教特有的产物。19世纪以来瑜伽渐渐传入世界各地。瑜伽经过了几千年的发展演变,从传统的印度瑜伽中衍生出了许多不同的流派,主要有王瑜伽——又称八支分法瑜伽(Raja Yoga);哈他瑜伽——又称诃陀瑜伽Hathayoga;智瑜伽——又称吉纳瑜伽(Janan Yoga);业瑜伽——又称实践瑜伽(Karma Yoga);巴克缇瑜伽——又称奉爱瑜伽(Bhakti Yoga)等。

公元前7世纪瑜伽由佛教渠道开始传入我国西藏,自12世纪开始,中国西藏成为瑜伽新的摇篮,修持者秘而不宣,直至2000年随着瑜伽运动的推广才在全国各地开始盛行。目前国内主要流行的有哈他瑜伽,以及阿南达瑜伽、经络瑜伽、阿斯汤伽瑜伽等。与传统的印度瑜伽有所不同的是,现今的瑜伽不仅仅是修持的概念,还是调整自我、预防疾病和促进身心灵健康的一种新型的生命工程学健身方式。

第二节 瑜伽运动的类别

瑜伽经过几千年的发展和演变,形成了各种派别。传统的流派主要有五大类,即智瑜伽、业瑜伽、奉爱瑜伽、王瑜伽和哈他瑜伽。然而随着时代的变迁和社会的发展以及人们对锻炼需求的不同,也衍生了一些功能性的瑜伽课程,如经络瑜伽、双人瑜伽、亲子瑜伽、孕妇瑜伽、高温瑜伽等,而现今世界上最盛行的是以调息与体位法相结合为核心的体动瑜伽,从它的流程和形式来划分,我国目前主要流行的有哈他瑜伽、王瑜伽、阿南达瑜伽、阿斯汤伽瑜伽等。

一、哈他瑜伽(Hatha Yoga)

哈是太阳的意思,达是月亮的意思,也可喻为阴阳两种力量的结合,以达到平衡。古代的哈他瑜伽讲求禁欲、绝食、长时间的做同一姿势或闭气,以追求人体的极度境界。现代哈他瑜伽主要是以强调机体的锻炼与调息结合为主的一种流派,所有当今以这种方式进行身体锻炼的派别都可以归为哈他瑜伽。

二、王瑜伽（Raja Yoga）

王瑜伽是来自帕坦伽利的《瑜伽经》介绍的八步功法，是印度古典瑜伽练习的著名方法之一，强调身体和心灵并行的锻炼方式，八步即为外在控制、内在控制、坐法、调息法、内省、集中、禅定、三摩地。每步的练习核心是：外在控制——指外在的行为习惯禁制；内在控制——指内在的品行习惯的修持；坐法——指练习时的体位法；调息法——指控制神经系统和生命能量的呼吸调控方法；内省——指自然心灵对感官和思想的凝聚和控制；集中——指将意识和心灵专注于一个目标上，使机体和心灵获得安宁；禅定——是冥想阶段，将心灵提升到宁静、安详、平和的境界；三摩地——冥想的高级阶段，较长时间的将心灵提升到永恒的宁静、安详、平和、愉悦的境界。

三、阿南达瑜伽（Ananda Yoga）

阿南达瑜伽创建于加利福尼亚阿南达世界兄弟村的阿南达瑜伽中心，创建人是有斯瓦米·克里亚南达。锻炼内容较为温和是阿南达瑜伽练习的一大特征，尤为重视在体位法锻炼中每个体式相关的动作的稳定与定式，练习内容也包括了尤伽南达的能量练习，练习时有意识地引导身体能量向各个不同的器官和组织运行。通过能量的转化，增强了机体的活性、平衡能力和调节力，使人体获得生命力和免疫抵抗力。

四、阿斯汤伽瑜伽（Ashtanga）

阿斯汤伽瑜伽也被称为"力量瑜伽"，是由被尊称为现代哈塔瑜伽之父的克里希那马查于上个世纪初传承了阿斯汤伽温亚萨瑜伽，后由帕塔比·乔伊斯创建和完善而成。40年之后传入西方，并成为风靡世界的瑜伽体系之一。

阿斯汤伽瑜伽技术上有串连体位式、喉呼吸法、收颔收束法、会阴收束法和点凝视法等。它的体位法练习内容难度较大，需要具备一定的体能素质才能完成。

第三节 瑜伽运动的作用

一、增进健康，增强体质

瑜伽运动的形式和方法都是人体自然活动的整个生理和心理活动过程，通过这种与自然相结合的练习方式，可以有效地增强人体的心肺功能，调节人体的中枢神经系统。瑜伽的体位练习法可以使心跳加速，不仅促进了身体的血液循环，加快了身体的新陈代谢，还使单位时间内流过大脑的血液量增多，进而增加了血糖的比例，脑细胞也得到了充足的氧气和养料。在通常情况下，人体心脏每分钟只输出5升左右的血，但在瑜伽运动过程中，心输出量就大大增加，可达到平时的4~5倍，血管弹性增强，提高了全身的供氧能力，因此能很好地促进心血管系统的发展。瑜伽的呼吸法练习使人体深层次地"吐故纳新"，在一吸一呼间完成吸收氧气和营养物质，排除二氧化碳和废物的身体净化过程；呼吸频率的快慢能使肺活量增大，提高呼吸的深度，进而增加呼吸时的肺通气量，增强了呼吸系统的机能储备力和摄养能力，从而增强呼吸系统的机能和抗疲劳能力。

二、塑造形体，矫正体形和体态

体形是指人体全身各部位的骨骼、肌肉、脂肪等组织的组成比例和分布状况。而体态则是指身体的各主要部位的形态。瑜伽的体位法练习是身体各部位的肌肉控制、消耗和牵拉过程，它的各类动作都给予了所锻炼的身体相应部位的刺激和影响，使锻炼部位发生不同程度的改变，从而达到消除脂肪、紧实牵拉肌肉、塑造体形的功效；瑜伽运动也是一种静力性的抗阻力运动，绝大多数的练习是依靠克服自身的重量来进行练习，许多动作在练习过程中能够给予身体的某些特殊需要加强的部位以强有力的刺激和影响，使这些部位从内到外发生改变，并按预定的目标形态来发展，因此，瑜伽运动对矫正人体的不正确的身体姿势、某些畸形或某些缺陷有特殊的康复和治疗效果，并能通过练习培养和获得良好、优美的体态。

三、调节心理，缓减压力

健康和美的心理是瑜伽运动的最基本核心，只有无欲、无私、无杂念的思想和意识，才能在瑜伽练习的呼吸和冥想阶段进入静心、禅定和最高境界三摩地，才能使人体真正得到净化和最大限度地修复和调整。瑜伽的冥想通过神经中枢的兴奋与抑制，使人体意念和意识有效地紧张与放松。在冥想和呼吸过程中，人的意念和意识高度集中，是控制精神紧张和心理失调最有效的途径，此时神经和经络得到极好的修整，有助于消除过度紧张和缓解来自生活、工作的压力，通过练习可以使练习者拥有平静、平和、自信的心态，从健康的源头——心理上彻底获得良好的改观。

四、陶冶情操，调整情绪

瑜伽是在舒缓的音乐伴奏下进行的练习，通过曼妙柔美的音乐配合静心的呼吸、冥想和各类优美的体位式练习，使人陶醉在美的旋律、意念和动作中，使人们不仅领略了东方古老文化的神秘美，也切身体验了它带给人们的宁静、安详和身体被牵拉后的舒适，使人回归自然，激发美感，启迪美的心灵，陶冶美的情操。尤其通过克服杂念达到静心和克服体位式难度的练习，较大程度地增强了人体的意志力和耐力，提升人格，增强了自信心，并能使练习者被压抑或急躁的情感和精神得到宣泄和抚慰，通过净化练习转变成积极、向上及平和的心境和心态。因此，通过瑜伽运动还可以培养练习者良好积极的情绪和情感。

五、增强适应自然环境和适应社会的能力

瑜伽是一项"天人合一"的运动，要求人与自然融为一体，并使人体在自然环境中发挥出最佳的生理状态。人体的内环境和外环境保持动态平衡是人体在自然环境中保持健康能力的标志，通过瑜伽练习可使身体各方面的机能大幅提高，从而使人体能有效地防御外界不良环境的侵袭，增强对自然环境的适应能力。另外，通过生理和心理上的练习和修持，人体的耐力、意志力和体能都有提高，拥有良好心态和平和的心境，在日常生活中人就会精神饱满，对生活充满信心，变得宽容、博爱和乐观，提高协调社会人际关系的能力，与社会发展相适应。

六、全面发展身体素质

人的体能是由身体素质和身体基本活动能力构成的，身体素质是指通过生理和心理的基本活动所形成的机体各器官系统的一种综合能力，而身体基本活动能力是指依赖人体的肌肉和意识控制所表现出的运动能力，二者的结合构成了健康的要素。瑜伽是人体在自然状态下有意识地控制心理以及使机体生理状态达到最佳状态的运动，它的运动形式内容丰富、多样，全身每个部位都有独特的锻炼方法，从而能有效和全面地发展身体的各项机能，使身体素质得到全面发展。

第四节 瑜伽练习的内容与方法

一、瑜伽练习的内容

瑜伽练习内容分为五部分。

（一）道德规范

这是瑜伽练习的根基，瑜伽练习讲求身心和精神的洁净和健康，没有道德规范作为基础，瑜伽练习的修身养性就达不到从内到外、尽善尽美的至高境界。因此，要求以德为整个练习的指导，追求真实、真诚和自身内外的净化。其中，外净化是要求端正行为和习惯，内净化则是要根除六种恶习，即根除贪欲、恶意、嫉妒、狂乱、迷恋和愤怒。

（二）体位练习

体位练习是身体各种姿势的静力练习。它可针对身体的各个部位肌肉、器官、腺体、呼吸系统、消化系统、神经系统等起到良好的调节作用，提高人体机能状态和身体素质，有效增强人体的体能。

（三）呼吸法

呼吸法是指有意识地延长吸气、屏气和呼气的时间，通过鼻腔进行缓慢、细长、久远的吸气和呼气。吸气是接受宇宙能量的动作，屏气是活化宇宙能量，呼气则是除去一切思想、情感和杂念，静心安神，同时排除体内废气和浊气，使身心得到最大限度的调整，达到宁静、安定与平和。呼吸的形式可分为浅呼吸、深呼吸和完全呼吸。浅呼吸是胸式呼吸，也是一般人通常的呼吸方式；深呼吸是腹式呼吸，是以人体丹田穴为核心的深度呼吸；而完全呼吸则是经人体意念和意识有目的地控制呼和吸的过程。深呼吸和完全呼吸是瑜伽运动的主要呼吸方式。

（四）冥想

冥想是瑜伽的最高层次的练习，是一种静定的空灵和忘我状态的修炼，即意识不到自己的呼吸、精神和智性，它可通过语音、意念和意境的结合使注意力集中，从而使身心进入一种放松、安宁、平和、无畏的境界，使身体的每个细胞都充满宁静、安详和力量。它可分为语音冥想法、凝视冥想法和唱颂冥想法等。

（五）休息术

休息术是瑜伽练习的最后阶段，是一种最深度的放松，通过前面的体位和呼吸的练习，在最后过程通过意念、意识和呼吸的有效控制来彻底放松身体的每个细胞、器官、肌肉、关节、神经和经络，以进入深度睡眠为最佳放松状态。

二、瑜伽练习的基本方法

瑜伽的练习方法颇多，最多进行的是体位练习。体位练习内容是以身体的各个部位为着力点和锻炼点去模仿各类动物的动作或物体的形状来进行的身体练习。

（一）瑜伽练习的基础知识

1. 常用基本手形

（1）基本手形：五指自然伸直。

（2）合掌：双手掌心相贴，拇指关节弯曲内扣。

（3）剑指：食指和中指并拢伸直，其余三指内扣压紧。

（4）扣指：双手十指交叉握紧后两食指伸直。

（5）智慧手：拇指和食指相贴，其余三指自然伸直放松，掌心向上。

（6）秦手印：做法和智慧手相同，唯掌心向下。

2. 基本动作技术

（1）屈：以身体某一部位为轴心，向前、后、两侧成折叠状。

（2）转：以身体某一部位为轴心，向左、右、后转动。

（3）伸：以身体某一部位为轴点，向反方向无限伸长。

（4）举：手臂以肩为轴、腿以髋关节为轴，抬起后停止在某一位置，活动范围不超出180°，分为前举、前上举、前下举、上举、下举、侧举、侧上举、侧下举、侧平举、侧后举、侧前举等。

（5）直立：两腿并拢、膝盖伸直。

（6）开立：两腿分开同肩宽或宽于肩、膝盖伸直。

（7）立踵：两脚跟提起离地，用前脚掌站立。

（8）弓步：两腿前后或左右开立，一腿弯曲，另一腿绷直。

（9）马步：两腿左右开立，膝盖向两侧打开，屈膝半蹲。

3. 基本坐姿

（1）简易坐（也称盘坐）：坐姿，两腿分开小腿内曲，左脚压在右腿下，右脚压在左腿下，保持脊柱挺直，如图16-4-1所示。

（2）半莲花坐：坐姿，两腿内屈，左脚压在右腿下，右脚放在左腿上，保持脊柱挺直，如图16-4-2所示。

（3）莲花坐：坐姿，两腿内屈，先把左脚放在右腿上，再从外把右脚放在左腿上，保持脊柱挺直。

图 16-4-1　简易坐

图 16-4-2　半莲花坐

（二）瑜伽呼吸练习方法

瑜伽理论认为，呼吸的快慢决定人的健康和长寿，学会调整呼吸是获得健康的重要基础。通过肺呼吸，身体将获得无限的宇宙能量，并能将这种能量通过血液循环运送到全身，故而就有了"缓慢呼吸是长寿的关键，若要长生，秘诀就是呼吸自然而深远"的理论。

瑜伽的呼吸法常用的有三种方式，即胸式呼吸法（浅呼吸）、腹式呼吸法（深呼吸）和完全呼吸法。其练习方法如下。

1. 胸式呼吸法

胸式呼吸是人体较为常见的一种呼吸方式，这种呼吸浅而短，只用肺部来进行，其练习方法是：采用站立、盘坐或仰卧的姿势，将肋骨向外扩张，用鼻孔做深吸气，吸至不能再吸进为止，稍微屏住呼吸停留，使大量氧气补充进体内，然后让肋骨慢慢收紧压缩胸腔，同时配合深呼气，呼到最远端，从而净化体内环境，排除体内毒素，活化身体机能，使肌体气血流畅、轻松。

2. 腹式呼吸法

腹式呼吸也称为"横膈膜呼吸法"，是瑜伽练习最常用的呼吸方式。它不同于胸式呼吸，它是利用腹部横膈膜上下移动来完成呼吸的全过程，这种呼吸方式使呼吸更彻底，它能以最少的力得到最多的氧气和能量，呼吸过程犹如按摩，可有效地促进体内的新陈代谢，排除体内二氧化碳和废气。其练习方法是：站立、盘坐或仰卧，意念集中在腹部，双手置于腹部上方，用鼻孔做缓慢而深远的吸气，同时将腹部慢慢鼓起，横膈膜下移。此时整个胸腔充满新鲜空气，吸收了大自然宇宙间的能量和营养，然后再用鼻孔和嘴巴做深深的呼气，将腹部内收压缩腹腔，收缩肺部，横膈膜上移，尽量把气呼出吐尽。每天可练习 3~5 次，是使身体机能保持良性循环的有效呼吸方法。

3. 完全呼吸法

完全呼吸法是胸式呼吸和腹式呼吸相结合，机体本体意念有意控制，能获取更多的氧气，使体循环更加通畅，从而有效提高免疫力。这种练习法宜采用盘坐或仰卧，先用鼻孔做深吸气，做腹式呼吸的吸气，将腹部鼓起，然后屏住呼吸稍做保持停留，接着做腹式呼吸的呼气，横膈膜上移，同时将胸部向两侧扩张成胸式呼吸的吸气状态，肋骨慢慢内收，通过肺换气将浊气全部呼尽，然后屏住呼吸稍做停留，又从头开始。每次练习反复重复约 5 min，长期练习后可据情况延长屏气时间。

（三）瑜伽冥想练习方法

冥想是意念与意境的结合，是先天意识的显露和后天意识的有意控制。要求在练习时肌体处于松弛状态，练习时身体姿势要舒适、自然，对于初学者来说一般多采用盘坐，经常练习者则可采用半莲花坐或莲花坐，只有让身体处在一个舒适的体姿下，才有助于冥想练习的导入和完成。一般冥想练习的方法有三种：语音冥想法、唱颂冥想法和凝视冥想法，下面介绍前两种。

1. 语音冥想法

这是瑜伽最常见的一种冥想方式，也称为"曼特拉冥想"。曼特拉是指能把人的心灵从其世俗的思想、忧虑和精神负担等引开去的一切特殊语言。其练习方法是：采用盘坐（简易坐）坐姿，闭上双眼，做瑜伽的腹式呼吸或完全呼吸，在每次吸气后深呼气时，用深沉的语音（如噢-姆或1-2）念得与深呼气过程一样长远，此时，把所有注意力都集中到所发出的这个语音上，然后在接下来的深吸气和深呼气让思想和心灵专注于听此语音，并想象整个音节进入体内充满每一个细胞，给整个身心带来了宁静、和平、安详和美好。

2. 唱颂冥想法

采用盘坐（简易坐）坐姿，闭上双眼，做瑜伽的腹式呼吸或完全呼吸，在每次深吸气和深呼气时，跟随音乐旋律和节奏用语音（如噢-姆或1-2）反复咏唱颂念，以此来专注意念和心灵，排除一切杂念，使人体进入空灵忘我的境界，彻底调整身心的平衡。

（四）休息术

瑜伽的休息术是机体通过瑜伽的紧张与放松交替练习后，在音乐或瑜伽教练语音口令和自我意念的引导下进行的身体全方位的放松。其做法是：在瑜伽教练语音口令和自我意念的引导下把意念集中在身体每个被放松的部位，配合着深长的呼吸，想象着每一个部位在由紧张、收紧慢慢变得松弛、放开、下沉，全身的每个细胞、神经、脏器、肌肉都在向外扩张、放松。身体的经脉、气血由意识控制从脚底的涌泉穴向上到腹部的丹田穴再向上经过人体的左脉（即任脉）、中脉、右脉（即督脉）直到头顶的百会穴都因放松而畅通，并滋养着身体的脏腑，身体的各个系统得到有效的调节。瑜伽的休息术配合瑜伽练习可以为身体良性循环增添无穷的动力。

（五）体位练习法

瑜伽练习动作极多，约有上百个的动作，并根据现有动作又延伸出许多新的练习动作，因此在这里仅介绍常用的经典动作。

1. 颈部练习

（1）颈部前屈式。

做法：坐姿或站姿，双手十指交叉在脑后，轻轻用力下压，拉伸后颈部，自然呼吸，到位保持5~10 s后还原，如图16-4-3所示。

（2）颈部后屈式。

做法：坐姿或站姿，双手合掌于胸前，双手指抵住下颚，轻轻用力上推，拉伸前颈部，自然呼吸，到位保持 5~10 s 后还原，如图 16-4-4 所示。

图 16-4-3　颈部前屈式

图 16-4-4　颈部后屈式

（3）颈部扭转式。

做法：坐姿或站姿，双手自然放于膝关节上或自然放下，颈部轻轻用力向左或右转至极限，自然呼吸，到位保持 5~10 s 后还原，如图 16-4-5 所示。

（4）颈部侧屈式。

做法：坐姿或站姿，一手放于头的另一侧，轻轻用力向侧拉，拉伸侧颈部，自然呼吸，到位保持 5~10 s 后还原，如图 16-4-6 所示。

图 16-4-5　颈部扭转式

图 16-4-6　颈部侧屈式

（5）颈部绕环。

做法：坐姿或站姿，双手自然放于膝关节上或自然放下，颈部轻轻用力慢慢地自左、后、右、前或反方向的极限转动，自然呼吸。

2. 臂部练习

（1）牵引式。

做法：坐姿或站姿，双手向上举，一手在头后方抓住另一手的肘关节，两手相对用力。保持 10~15 s，自然呼吸（此式也可双手向前举），如图 16-4-7 所示。

（2）坐姿反拉式。

做法：坐姿或站姿，双手向后十指交叉，手臂伸直，身体慢慢前俯，低头至头顶着地，双手慢慢向后伸直上抬起至极限，保持 10~15 s 后慢慢还原，如图 16-4-8 所示。

图 16-4-7　牵引式

图 16-4-8　坐姿反拉式

（3）颈后拉式。

做法：坐姿，双手向上举，左臂肘关节向后下弯曲，右手在头侧方抓住左手，用力下拉。保持 10~15 s，自然呼吸（可换另一手做），如图 16-4-9 所示。

（4）牛面式。

做法：坐姿，左臂肘关节向后下弯曲，右手从后向上手指扣住左手手指，背部挺直，头部保持正立。保持 15~20 s，自然呼吸（可换另一手做），如图 16-4-10 所示。

图 16-4-9　颈后拉式　　　　　　　　　图 16-4-10　牛面式

（5）坐姿鹫式。

做法：坐姿或站姿，身体正直，双臂向前十字交叉，右肘压住左肘向上屈臂，双手臂相绕，双手掌反合十，用力上抬至极限。保持 10~15 s，自然呼吸（可换另一手在上做），如图 16-4-11 所示。

3. 胸腰练习

（1）拜日式

做法：站姿，身体正直，双手合十向上伸直，带动上身慢慢向后仰，后屈体至极限，腰、腹、臀收紧前挺。保持 10~15 s，自然呼吸，如图 16-4-12 所示。

（2）下犬式。

做法：站姿，身体向下俯身，双手和双脚前后分开支撑于地面，头、颈放松，上身慢慢向后拉压肩、胸、背部至极限，保持 10~15 s，自然呼吸，如图 16-4-13 所示。

图 16-4-11　坐姿鹫式

图 16-4-12　拜日式

图 16-4-13　下犬式

（3）握手式。

做法：坐姿或跪姿，身体正直，双手合十于胸前，两手相对用力推挤，胸、腰、腹收紧，保持 10~15 s，自然呼吸图，如图 16-4-14 所示。

（4）骆驼式。

做法：双腿跪立，吸气时身体慢慢后仰至极限，呼气，两手撑于脚踝后，充分伸展胸、腰、腹，头颈自然放松，保持 10~15 s，自然呼吸，如图 16-4-15 所示。

图 16-4-14　握手式

图 16-4-15　骆驼式

（5）蛇伸展式。

做法：双腿跪立，身体前俯，两手撑于地面，屈肘，身体从头开始依次经颈、胸、腰、髋沿地面向前蛇形钻，至两手臂伸直后身体和头后仰，充分伸展胸、腰、腹，保持 10~15 s，自然呼吸，如图 16-4-16 所示。

（6）脊柱扭转式。

做法：坐姿，两腿分开左小腿内曲，右腿大腿放于左腿上方，右小腿立于左腿侧，左手搬住右腿膝盖，右手在右臀后方撑地，身体慢慢右后转至极限。保持 10~15 s，自然呼吸（换另一腿做），如图 16-4-17 所示。

·229·

图 16-4-16 蛇伸展式

图 16-4-17 脊柱扭转式

（7）三角伸展式。

做法：站姿，两腿分开比肩稍宽，两臂侧平举，手臂带动身体慢慢向一侧弯曲，至同侧手触地面或脚面停住，另一臂向上伸直至极限，胸、腰、腹向前在同一水平面上，头看上方手指，保持 10~15 s，自然呼吸（换另一侧），如图 16-4-18 所示。

（8）风吹树式。

做法：站姿，两腿并腿伸直，两臂由侧平举向上合十夹住耳根，手臂带动身体慢慢向一侧弯曲至极限，保持 10~15 s，自然呼吸（换另一侧），如图 16-4-19 所示。

图 16-4-18 三角伸展式

图 16-4-19 风吹树式

（9）站姿扭转式。

做法：站姿，两腿分开比肩稍宽，两臂侧平举，手臂带动头和身体慢慢向一侧后方扭转至极限停住，保持 10~15 s，自然呼吸（换另一侧），如图 16-4-20 所示。

（10）战士第一式。

做法：站姿，两腿前后分开成弓步，髋部下压，两手臂向上合十伸直，双肩打开，脊柱向上保持伸直，保持 10~15 s，自然呼吸（换另一腿做），如图 16-4-21 所示。

4. 腹背练习

（1）船式。

做法：身体仰卧，双手向上伸直，腹部和背部用力慢慢起身和抬起双腿，成"V"字形，身体脊柱挺直，腰腹收紧，保持 10~15 s 后还原，自然呼吸，如图 16-4-22 所示。

（2）反弓式。

做法：身体俯卧，双手向后伸直拉住双脚，腹部贴住地面，背部用力慢慢起身和抬起双腿，成反弓形，挺胸抬头，保持 10~15 s 后还原，自然呼吸，如图 16-4-23 所示。

图 16-4-20　站姿扭转式

图 16-4-21　战士第一式

图 16-4-22　船式

图 16-4-23　反弓式

（3）猫式。

做法：双腿跪立，双手直臂撑地，慢慢弓起背至极限，低头含胸，再慢慢向下塌腰至极限，挺胸抬头，保持 10~15 s，自然呼吸，如图 16-4-24 所示。

（4）仰卧起身式。

做法：身体仰卧，双手伸直放于体侧，双腿屈膝脚掌触地，上腹部和背部用力慢慢起上身至 45°角，双手跟随上体上抬至前上举，身体脊柱挺直，腰腹收紧，挺胸抬头，保持 10~15 s 后还原，自然呼吸，如图 16-4-25 所示。

图 16-4-24　猫式

图 16-4-25　仰卧起身式

(5) 上抬腿式。

做法：身体伸直仰卧，双手伸直放于体侧，下腹部用力慢慢抬起双腿分别至30°、45°、90°，腰腹收紧。每一角度保持10~15 s后还原，自然呼吸，如图16-4-26所示。

(6) 四柱支撑式（跪姿）。

做法：从斜板式，双肩在手腕正上方，脚掌垂直，核心收住，双腿收紧上提，脚跟向后蹬。吸气准备，呼气重心前移，屈手肘，大臂夹向躯干，小臂垂直，屈双膝，缩短距离，降低难度，保持10~15 s后还原，自然呼吸，如图16-4-27所示。

图16-4-26　上抬腿式　　　　图16-4-27　四柱支撑式（跪姿）

(7) 半弓式。

做法：身体俯卧，一手向后伸直拉住异侧脚，腹部和髋部着地，另一手向前上伸直，背部用力慢慢起身，拉起单腿，成反弓形，另一腿跟随抬高，挺胸抬头，保持10~15 s后还原，自然呼吸（换另一腿做），如图16-4-28所示。

5. 臀腿练习

(1) 桥式。

做法：身体仰卧，双腿屈膝脚掌触地，脚后跟尽量靠近臀部，双手伸直由体侧拉住踝关节，腹部和背部用力慢慢向上抬起，腰、腹、臀收紧，保持10~15 s后还原，自然呼吸，如图16-4-29所示。

图16-4-28　半弓式

(2) 拱桥伸腿式。

做法：身体仰卧，单腿屈膝脚掌触地，脚后跟尽量靠近臀部后脚尖点地，另一腿向上伸直，双手伸直放于体侧，腹部、背部和腿部用力慢慢向上抬起至极限，腰、腹、臀收紧，保持10~15 s后还原，自然呼吸，如图16-4-30所示。

图16-4-29　桥式　　　　图16-4-30　拱桥伸腿式

（3）侧抬腿式。

做法：身体伸直侧卧，一手肘关节支撑地面，另一手掌在胸前撑地，双腿伸直，侧腰部和臀部用力慢慢抬起双腿至极限，腰腹收紧，保持 10~15 s 后还原，自然呼吸，如图 16-4-31 所示。

图 16-4-31　侧抬腿式

（4）卧姿飞鸟式。

做法：身体俯卧，双手分开向前伸直，腹部和髋部着地，手臂、上身和双腿用力慢慢起至极限，成飞鸟状，向上挺胸，腿、腰、腹收紧，保持 10~15 s 后还原，自然呼吸，如图 16-4-32 所示。

（5）开腿俯卧式。

做法：坐姿，两腿伸直分开至极限，双手上举，身体慢慢向前俯身至胸贴地面，保持 10~15 s 后还原，自然呼吸，如图 16-4-33 所示。

图 16-4-32　卧姿飞鸟式

图 16-4-33　开腿俯卧式

（6）"V"形平衡式。

做法：坐姿，两腿屈膝，身体脊柱挺直，双手慢慢向上拉腿至双腿伸直成"V"字形，臀部着地，头看双脚，保持平衡 10~15 s 后还原，自然呼吸，如图 16-4-34 所示。

（7）跪立伸展式。

做法：双腿跪立，双手撑地，单腿向前含胸收起，异侧手收于体侧，慢慢把收起的腿和手分别向两头延伸至极限，身体平行于地面，保持平衡 10~15 s 后还原，自然呼吸，如图 16-4-35 所示。

图 16-4-34 "V"形平衡式

图 16-4-35 跪立伸展式

(8) 舞王式。

做法：双腿站立准备，一腿向后屈小腿，同侧手向后拉住脚背，异侧手上举，单腿支撑，身体慢慢前倾，异侧手前伸，同时同侧手拉住脚背慢慢向上拉开至极限，保持平衡 15~20 s 后还原，自然呼吸，如图 16-4-36 所示。

图 16-4-36 舞王式

(9) 树式。

做法：双腿站立准备，一腿向内侧屈小腿，脚掌贴住站立腿的大腿内侧，膝盖外开，双手合十，双臂慢慢向上伸直，身体脊柱挺直，胸、腰、腹收紧，保持平衡 15~20 s 后还原，自然呼吸，如图 16-4-37 所示。

(10) 千斤顶式。

做法：双腿站立准备，双腿微屈半蹲，膝盖外开，双臂向两侧打开至上举，双手扣指向上伸直，身体脊柱挺直，慢慢立起脚尖至极限，胸、腰、腹收紧，保持平衡 15~20 s 后还原，自然呼吸，如图 16-4-38 所示。

图 16-4-37 树式

图 16-4-38 千斤顶式

第十七章 体育舞蹈

学习重点

1. 了解体育舞蹈相关基础知识和技巧
2. 了解体育舞蹈的基本运动规则

体育舞蹈不仅是高尚的社交技艺,更是有益身心健康的运动,是娱乐,是艺术,更是一种竞技运动。它是一项让舞者既能得到艺术享受又能进行自我锻炼的舞蹈,同时又是一项具有高度观赏性、竞技性、表演性的艺术舞蹈。体育舞蹈以人体自身为表现方式,在音乐的伴奏下,随着乐曲的节奏与旋律,以骨骼为杠杆,通过各关节、各部位肌群的协调活动和有规律的配合,创造出千变万化的舞步和舞姿,同时通过身体的形态动作与音乐结合表达出人的内心世界情感、向往,使人陶醉在高尚的精神境界之中,从而获得美好的艺术享受,以达到在舞蹈当中强身健体、愉悦身心、提高修养、磨炼意志、培养气质、增强自信、提高社交能力的目的。

第一节 体育舞蹈概述

一、体育舞蹈的起源与发展

体育舞蹈起源于欧美传统的宫廷舞、交际舞和各种土风舞,它的发展经历了原始舞蹈—公众舞—民间舞—宫廷舞—社交舞—新旧国际标准舞等阶段,它的形式经历了对舞、圈舞、行列舞、集体舞等的演变过程,成为流传广泛的社交舞蹈。19世纪20年代后,英国皇家舞蹈教师协会对舞种、舞步、舞姿等进行了规范整理,制定比赛规则,国际标准交谊舞得以形成,1947年在德国柏林举行了第一届世界标准交谊舞锦标赛。经多年发展,体育舞蹈已发展成艺术性高、技巧性强的竞技性体育项目。

二、体育舞蹈的分类

体育舞蹈是一项集动作美、服装美、音乐美、形体美于一身,具有健身、竞技、表演、矫正不良身体形态、培养良好气质及文化修养的运动。它是在音乐的伴奏下,运用各种不同类型的舞蹈动作,融体育、舞蹈、音乐感受于一体的身体练习。

体育舞蹈分两大项群,其中标准舞(摩登舞)项群含有华尔兹、快步舞、狐步舞、探戈舞和维也纳华尔兹;拉丁舞项群包括伦巴舞、恰恰舞、牛仔舞、桑巴舞和斗牛舞。每个舞种均有各自独特的舞曲、舞步及风格,并根据各舞种的乐曲和动作要求,组编成了不同的成套动作,具体如表18-1-1所示。

表 18-1-1　体育舞蹈分类

分类	名称	英文表示	起源	音乐节拍	风格特点
标准舞	华尔兹	W	德国	3/4拍,30小节/分	舞曲轻盈,明朗动人,富有诗意
	快步舞	Q	美国	4/4拍,50小节/分	动作伶俐、轻快,舞步轻盈跳跃
	狐步舞	F	美国	4/4拍,30小节/分	悠闲、轻松、流畅、优美
	探戈舞	T	阿根廷	2/4或3/4拍,34小节/分	刚劲挺拔,潇洒豪放
	维也纳华尔兹	VW	奥地利	3/4拍,56~60小节/分	快速左右旋转交替
拉丁舞	伦巴舞	R	非洲	4/4拍,27~29小节/分	舒展优美、婀娜多姿
	恰恰舞	C	墨西哥	4/4拍,30~32小节/分	热情奔放,舞步花俏、利落
	牛仔舞	J	美国	4/4拍,42~44小节/分	舞步敏捷、跳跃,舞姿轻松、欢快
	桑巴舞	S	巴西	2/4或4/4拍,50~52小节/分	律动感强,步法摇曳、紧凑
	斗牛舞	P	法国	2/4拍,60~62小节/分	舞姿挺拔、动静分明、力度感强

三、体育舞蹈的特点及价值

体育舞蹈横跨教育、艺术和体育三大领域,极赋时代气息,已成为艺术性高、技术性强的竞技体育项目。它具有休闲娱乐、身体健美、礼仪社交等功能。

(一) 体育舞蹈的技术特点

1. 规范性

体育舞蹈本身的舞蹈体系完整,沿着舞程线逆时针方向绕场进行。它的握抱姿势、握持姿势、舞步、舞蹈动作规范严谨。此外,对不同的舞种、舞曲、节拍、风格等特点都有特定的要求。

2. 技术性

不同的舞蹈有不同的技术特点和不同的技术要求。如华尔兹,上体和胯部保持相对稳定挺拔、动作飘逸,律动感强,起伏连绵,结合身体的升降、倾斜、摆荡,舞姿华丽,具有端庄典雅的绅士风度;拉丁舞,时而活泼热烈、刚劲有力,时而缠绵浪漫、节奏感强。

3. 艺术性

艺术性包括动作、节奏、构图三个方面,被艺术化的舞步及身体动作是体育舞蹈的基本要素。它是艺术形象和思想内容通过角色把情感表达出来,在音乐的启发下舞者进行再创作。体育舞蹈是集形体美、动作美、风度美、心灵美、服装美和艺术美于一体的综合性体育运动艺术。同时,在优雅音乐的伴奏下,可充分发挥人的创造美的能力,体现出音乐意境和人的感情,富有强烈的艺术感染力。

(二) 体育舞蹈的锻炼价值

1. 健身价值

体育舞蹈具有很高锻炼身体的价值,它的运动量适中,属于有氧锻炼,对骨骼、肌肉、关节等产生良好的保健作用。由于运动中要求身体姿态挺拔向上、动作规范,可塑造良好的体形,另外它可预防疾病、延缓衰老、舒缓压力、调节心情。

2. 竞技价值

体育舞蹈是世界舞蹈锦标赛和中国舞蹈锦标赛、公开赛、精英赛、团体赛等的正式比赛项目,它有较完善的、严谨的裁判规则,一方面可促进群众性体育舞蹈运动的开展,丰富群众业余文化生活,促进社会主义精神文明的发展,另一方面可提高参赛者技术水平。

3. 观赏价值

当参赛选手的竞技实力都很强时,能导致比赛结果的不确定性,增加了比赛的激烈程度,有较强的观赏性。参加者在优美的旋律、明快节奏的音乐伴奏下,翩翩起舞,有短促刚劲之美,也有轻柔婉约之美,有舞蹈中的绚烂,也有配合中的默契,可谓是千姿百态、美不胜收。它表现出健康美、姿态美和形体美,给舞者和观赏者以美的享受,也可提高人们的艺术修养和审美情趣。

4. 娱乐价值

在现代生活中,娱乐是体育舞蹈的特性之一。因为,舞蹈本身就是快乐生活的产物,不仅使参与者愉悦身心,也使观赏者赏心悦目。参与舞蹈运动可培养人的高尚的生活情操,同时，在与舞伴的配合中，不断进行协调、沟通，可使人们在交往中产生合作的成就感，是充实生活的较好手段。

第二节 体育舞蹈综合知识

一、基本名词和术语

体育舞蹈基本名词是指体育舞蹈中常用的名词术语，这些名词已成为世界性通用语言，因此，要熟悉这些规范性名词的含义。

1. 舞程向

在一个舞池中，为避免互相碰撞而规定舞者必须按逆时针方向行进，这个行进方向叫舞程向。

2. 舞程线

在跳舞时为了防止碰撞，规定舞者必须按规定的行进路线有序行进，这条按逆时针方向行进的路线叫舞程线。

3. 团体舞

团体舞是现代舞或拉丁舞的混合舞，由 8 对选手组成，借助音乐的引导，将 5 种舞蹈在变化莫测的队形变动中编排出丰富多样的图案。它将音乐、舞姿、队形、图案和选手们的和谐配合融为一体，达到了完美的统一，使体育舞蹈的风格特点得到了鲜明的表现。

4. 合对位舞姿（闭式舞姿）

"合"指男女交手握抱，"对"指男女面对面，泛指男女面对双手扶握的身体位置。

5. 开式舞姿

开式舞姿指男士的右侧与女士的左侧身体紧密贴靠，身体的另一侧略向外展开成"V"形的站立或行进的身体位置。

6. 影子位舞姿

影子位舞姿是指男女舞伴向同一方向重叠而立，形影相随的身体位置，以女士居前较常见。

7. 升降动作

升降动作是指在跳舞是身体的上升与下降，升降动作是在膝、踝、趾关节的屈和伸动作的转换中完成的。

8. 倾斜动作

倾斜动作是指在跳一些舞步时，身体的倾斜。从形体上讲，是指肩的平衡线向左向右的倾斜，它与地面的水平线成三角斜线。

9. 反身动作

反身动作是指一侧脚前进或后退时，同侧肩和胯后让或前送，使身体与舞步形成反向配合的身体动作。人身体维持相靠姿态的身体位置叫"反身动作位置"，常用于外侧舞伴姿态、侧行位置姿态的舞步中。

10. 节奏
节奏是指一定规律反复出现，赋予音乐以性格的具有特色的节拍。

11. 速度
速度是指音乐速度，即每一分钟内所演奏的小节总数。

12. 组合
组合是指两个或两个以上的舞步形的结合。

13. 套路
套路是指由若干个组合而串编成的一套完整的舞步形。

14. 擦步
擦步是指当动力脚从一个开位向另一个开位移动时，必须先向主力脚靠拢，而重心不变的舞步。

15. 蹉跎步
蹉跎步是指前进暂时受阻的舞步型或舞步型部分重心停留于一脚超过一拍。

16. 滑步
滑步是指在第二步双脚并拢时第三步的舞步。

17. 锁步
锁步是指两脚前后交叉的步子。

18. 轴转
轴转是指一脚脚掌的旋转，另一脚处于或前或后的反身动作位置。

19. 脚跟转
脚跟转是指向后迈出的脚的脚跟转。在动作过程中并上的脚必须与主力脚平行，旋转结束时身体重心移动至并上的那只脚。

20. 脚跟轴转
脚跟轴转是指不变重心的单一脚跟旋转。

21. 开式转
开式转是指第三步不是并靠而是超越第二步的旋转。

22. 平衡
平衡是指舞蹈中身体重心的准确分配。

23. 角度
角度分为以下几种：旋转时以每转360°为1周，旋转45°为1/8周，旋转90°为1/4周，旋转180°为1/2周，旋转225°为5/8周，旋转270°为3/4周，旋转315°为7/8周。在记录旋转动作时，应先标明旋转的方向，即左转或右转，再标明角度。

二、体育舞蹈的基本舞步

（一）摩登舞

1. 华尔兹（Waltz）
华尔兹的基本舞步包括并脚换步、右转、左转、右旋转、叉形步、侧行并步、犹豫步、外侧换步、左侧转、后叉形步、双左旋转、犹豫拖步、后退锁步等。

2. 快步舞（Quick step）

快步舞的艺术舞步包括1/4转、右转及犹豫步、右轴转、左旋转、行进并步、左转并步、前进锁步、后退锁步、"之"字步锁步和跑步、右并步、交叉并步、换向步、双左疾转等。

3. 狐步舞（Foxtrot）

狐步舞的基本舞步包括羽步、三直步、右转、左转、推转、左转波浪步、转折步、纺织步等。

4. 探戈（Tango）

探戈的基本舞步包括常步、行进旁步、侧行并步、摇转步、分式左转、后侧步、行进连步、分式左转结束、行进旁步左转、分式侧行步、右拧转、侧行右转等。

5. 维也纳华尔兹（Viennese Waltz）

维也纳华尔兹的基本舞步包括右转、左转、换步、原地右转、原地左转等。

（二）拉丁舞（Latin）

1. 伦巴舞（Rumba）

伦巴舞的基本舞步包括扇形步、阿力玛娜、曲棍步、行进走步、右陀螺转、右展开步、闭式扭臀、库卡拉恰、手拉手、原地转身等。

2. 恰恰舞（Cha Cha Cha）

恰恰舞的基本舞步包括扇形步、阿力玛娜、曲棍步、右陀螺转、右展开步、闭式扭臀步、手拉手、点转、节奏步、纽约步等。

3. 桑巴舞（Samba）

桑巴舞的基本舞步包括移动步、叉形步、并进叉形步、旁桑巴步、行进侧点步、正反并进侧点步、左转、推割步等。

4. 牛仔（Jive）

牛仔的基本舞步包括并退摇摆、并退抛掷、连步摇摆、右左换位、左右换位、背后换手、美式疾转、走步、绕转等。

5. 斗牛（Paso doble）

斗牛的基本舞步包括原地踏步、基本动作、踩步、攻步、追步、并进走步、推分离步、推分离步并退、八步、十六步等。

第三节 体育舞蹈套路

一、校园维也纳华尔兹二级规定套路

前奏：预备。2小节。

第1、2小节：1、2、3拍男女身体面向前方原地平行站立，两脚并拢，男左女右两臂屈肘于体前相握，如图17-3-1所示。

第一段：前进基本不接分展步，8小节。

第1小节：1、2、3拍男士右脚开始向前迈出1、2、3步，身体重心依次右、左、右脚转移，右手握持女士左手，掌心向上，左手屈肘于体前。

1、2、3拍女士左脚开始向前迈出1、2、3步，身体重心依次左、右、左脚转移，左手握持男士右手，掌心向下，右手胸前击掌男士左手，如图17-3-2所示。

图17-3-1　前奏

图17-3-2　第一段第1小节

第2小节：1、2、3拍男士左脚开始向前迈出1、2、3步，身体重心依次左、右、左脚转移，右手握持女士左手，掌心向上，左手经体前至左斜上45°，掌心向下。1、2、3拍女士右脚开始向前迈出1、2、3步，身体重心依次右、左、右脚转移，左手握持男士右手，掌心向下，右手经体前至右斜上45°，掌心向下，如图17-3-3所示。

第3小节：与第1小节相同。

第4小节：与第2小节相同。

第5小节。1、2、3拍男士右脚向右侧迈出一小步，身体重心转移至右脚，左脚侧点地，左手胸前击掌女士右手。1、2、3拍女士左脚向左侧迈出一小步，身体重心转移至左脚，右脚侧点地，右手胸前击掌男士左手，如图17-3-4所示。

图17-3-3　第一段第2小节

图17-3-4　第一段第5小节

第6小节。1、2、3拍男士原地不动，身体重心转移至左脚，右脚侧点地，左手经体前至左斜上45°，掌心向下。1、2、3拍女士原地不动，身体重心转移至右脚，左脚侧点地，右手经体前至右斜上45°，掌心向下，如图17-3-5所示。

第7小节：与第5小节相同。

第8小节：与第6小节相同。

第二段：行礼接前后交替基本步，8小节。

第1小节：1、2、3拍男士收回左脚两脚并拢，两手侧平举，掌心向下。

1、2、3拍女士左脚向前1步，同时左转180°面向男士，两脚并拢，左臂侧平举，掌心向下，右臂上举，掌心向外，如图17-3-6所示。

图17-3-5　第一段第6小节　　　　图17-3-6　第二段第1小节

第2小节：1、2、3拍男士原地不动，右手放于胸前，左手五指并拢屈肘于体后，体前屈向女士行礼1次。1、2、3拍女士右脚交叉于左脚后，两脚屈膝，右手垂于体前，左手垂于体后，体前屈向男士行礼一次，如图17-3-7所示。

第3小节：1、2、3拍男士原地不动，右手屈肘于体前，手心向上，握持女士左手，左手五指并拢屈肘于体后。1、2、3拍女士右脚向左脚并拢，身体直立，左手掌心向下与男士握持，两人相对站立，如图17-3-8所示。

第4小节：1、2、3拍男士原地不动，右手屈肘于体前，手心向上，握持女士左手，将女士引导至身体右侧，手臂放于体侧。1、2、3拍女士左脚向男士右侧一步，右脚并向左脚同时身体向右转体180°，与男士平行站立，手臂放于体侧，如图17-3-9所示。

图17-3-7　第二段第2小节　　图17-3-8　第二段第3小节　　图17-3-9　第二段第4小节

第5小节：1、2、3拍男士左脚开始向前迈出1、2、3步，身体重心依次左、右、左脚转移，双臂伸直从下经体前向上摆动，掌心向上。1、2、3拍女士左脚开始向前迈出1、2、3步，身体重心依次左、右、左脚转移，双臂伸直从下经体前向上摆动，掌心向上，如图17-3-10所示。

第6小节：1、2、3拍男士右脚开始向后退1、2、3步，身体重心依次右、左、右脚转移，双臂伸直从上经体前向下摆，掌心向前。1、2、3拍女士右脚开始向后退1、2、3步，身体重心依次右、左、右脚转移，双臂伸直从上经体前向下摆，掌心向前，如图 17-3-11 所示。

第 7 小节：与第 5 小节相同。

第 8 小节：与第 6 小节相同。

第三段：转体前后交替基本步接转体 180°，8 小节。

图 17-3-10　第二段第 5 小节

图 17-3-11　第二段第 6 小节

第 1 小节：1、2、3 拍男士向右转体 135°，同时左脚开始向前迈出 1、2、3 步，身体重心依次左、右、左脚转移，与女士成相对平行位，双手屈肘于体后，五指并拢，头向左转，眼光与女士交流。1、2、3 拍女士向左转体 45°，同时左脚开始向前迈出 1、2、3 步，身体重心依次左、右、左脚转移，与男士成相对平行位，双手屈肘于体后，五指并拢，头向左转，眼光与男士交流，如图 17-3-12 所示。

第 2 小节：1、2、3 拍男士向左转体 45°，同时右脚后退 1、2、3 步，身体重心依次右、左、右脚转移，与女士成相对位，双手屈肘于体后，五指并拢，头转向正面，眼光与女士交流。1、2、3 拍女士向左转体 45°，同时右脚后退 1、2、3 步，身体重心依次右、左、右脚转移，与男士成相对位，双手屈肘于体后，五指并拢，头转向正面，眼光与男士交流如图 17-3-13 所示。

图 17-3-12　第三段第 1 小节

图 17-3-13　第三段第 2 小节

第 3 小节：与第 1 小节相同，动作相反。

第 4 小节：与第 2 小节相同，动作相反。

第 5 小节：1、2、3 拍男士向右转体 45°，同时左脚开始向前迈出 1、2、3 步，身体重心依次左、右、左脚转移，与女士成相对平行位，左臂肩上屈肘 90°与女士掌心相对，右臂屈肘于体后，头向左转，眼光与女士交流。1、2、3 拍女士向右转体 45°，同时左脚开始向前迈出 1、2、3 步，身体重心依次左、右、左脚转移，与男士成相对平行位，左臂肩上屈肘 90°与男士掌心相对，右臂侧平举，掌心向下，头向左转，眼光与男士交流，如图 17-3-14 所示。

第 6 小节：1、2、3 拍男士向左转体 45°，同时右脚后退 1、2、3 步，身怀重心依次右、左、右脚转移，与女士成相对位，双手屈肘于体后，五指并拢，头转向正面，眼光与女士交流。1、2、3 拍女士向左转体 45°，同时右脚后退 1、2、3 步，身体重心依次右、左、右脚转移，与男士成相对位，双手放于体侧，五指并拢，头转向正面，眼光与男士交流，如图 17-3-15 所示。

第 7 小节：与第 3 小节相同。

第 8 小节：1、2、3 拍男士向右转体 180°，同时右脚前进 1、2、3 步，身体重心依次右、左、右脚转移，与女士成相对位，两臂放下，头转向正面，眼光与女士交流。1、2、3 拍女士向右转体 180°，同时右脚前进 1、2、3 步，身体重心依次右、左、右脚转移，与男士成相对位，两臂放下，头转向正面，眼光与男士交流，如图 17-3-16 所示。

图 17-3-14　第三段第 5 小节　　图 17-3-15　第三段第 6 小节　　图 17-3-16　第三段第 8 小节

第四段：反身位转体前后交替基本步接 360°旋转，8 小节。

第 1 小节：1、2、3 拍男士向右转体 45°，同时左脚前进 1、2、3 步，与女士成相对平行位，双臂伸直从下经体前向上举，掌心向上，头向左转，眼光与女士交流。1、2、3 拍女士向右转体 45°，同时左脚前进 1、2、3 步，与男士成相对平行位，双臂伸直从下经体前向上举，掌心向上，头向左转，眼光与男士交流，如图 17-3-17 所示。

第 2 小节：1、2、3 拍男士向左转体 45°，同时右脚后退 1、2、3 步，身体重心依次右、左、右脚转移，与女士成相对位，双臂伸直从上经体前向下摆，掌心向前，头转向正面，眼光与女士交流。1、2、3 拍女士向左转体 45°，同时右脚后退 1、2、3 步，身体重心依次右、左、右脚转移，与男士成相对平行位，双臂伸直从上经体前向下摆，掌心向前，头转向正面，眼光与男士交流，如图 17-3-18 所示。

图 17-3-17　第四段第 1 小节　　图 17-3-18　第四段第 2 小节

第 3 小节：与第 1 小节相同，动作相反。

第 4 小节：与第 2 小节相同，动作相反。

第 5 小节：1、2、3 拍男士向左转体 180°，男女身体成反向逆时针旋转，同时左脚前进 1、2、3 步，身体重心依次左、右、左脚转移，两臂屈肘于体后，五指并拢，左臂与女士交叉，眼睛注视女士。

1、2、3 拍女士向左转体 180°，男女身体成反向逆时针旋转，同时左脚前进 1、2、3 步，身体重心依次左、右、左脚转移，左臂与男士交叉，右臂侧平举，掌心向下，眼睛平视右斜前方，如图 17-3-19 所示。

第 6 小节：1、2、3 拍男士继续向左转体 90°，男女身体成反向逆时针旋转，同时右脚前进 1、2、3 步，身体重心依次右、左、右脚转移，两臂屈肘于体后，五指并拢，左臂与女士交叉，眼睛注视女士。1、2、3 拍女士继续向左转体 90°，男女身体成反向逆时针旋转，同时右脚前进 1、2、3 步，身体重心依次右、左、右脚转移，左臂与男士交叉，右臂侧平举，掌心向下，眼睛平视右斜前方，如图 17-3-20 所示。

图 17-3-19　第四段第 5 小节

第 7 小节：1、2、3 拍男士继续向左转体 90°，男女身体成反向逆时针旋转，同时左脚前进 1、2、3 步，身体重心依次左、右、左脚转移，两臂屈肘于体后，五指并拢，左臂与女士交叉，眼睛注视女士。1、2、3 拍女士继续向左转体 90°，男女身体成反向逆时针旋转，同时左脚前进 1、2、3 步，身体重心依次左、右、左脚转移，左臂与男士交叉，右臂侧平举，掌心向下，眼睛平视右斜前方，如图 17-3-21 所示。

第 8 小节：1、2、3 拍男士继续向左转体 90°，男女身体成反向逆时针旋转，同时右脚前进 1、2、3 步，身体重心依次右、左、右脚转移，两臂屈肘于体后，五指并拢，眼睛平视前方。1、2、3 拍女士继续向左转体 90°，男女身体成反向逆时针旋转，同时右脚前进 1、2、3 步，身体重心依次右、左、右脚转移，双臂放于体侧，眼睛平视前方，如图 17-3-22 所示。

图 17-3-20　第四段第 6 小节　　图 17-3-21　第四段第 7 小节　　图 17-3-22　第四段第 8 小节

第五段：前进基本步转体，8 小节。

第 1 小节：1、2、3 拍男士左脚前进 1、2、3 步，身体重心依次左、右、左脚转移，两臂屈肘于体后，五指并拢，眼睛平视前方男女士反向行进。1、2、3 拍女士左脚前进 1、2、3 步，身体重心依次左、右、左脚转移，左臂屈肘于体后，右臂由外向内摆臂，眼睛平视前方,男女士反向行进,如图17-3-23所示。

第2小节:1、2、3拍男士右脚继续前进1、2、3步,身体重心依次右、左、右脚转移,两臂屈肘于体后,五指并拢,眼睛平视前方。1、2、3拍女士右脚继续前进1、2、3步,身体重心依次右、左、右脚转移,左臂屈肘于体后,右臂由内向外摆臂,眼睛平视右前方,如图17-3-24所示。

图17-3-23　第五段第1小节

图17-3-24　第五段第2小节

第3小节:1、2、3拍男士向右转体90°,左脚前进1、2、3步,两臂屈肘于体后,五指并拢,眼睛平视前方男女士反向行进。1、2、3拍女士向左转体90°,左脚前进1、2、3步,左臂屈肘于体后,右臂由外向内摆臂,眼睛平视前方,男女士反向行进。

第4小节:1、2、3拍男士右脚继续前进1、2、3步,身体重心依次右、左、右脚转移,两臂屈肘于体后,五指并拢,眼睛平视前方。1、2、3拍女士右脚继续前进1、2、3步,身体重心依次右、左、右脚转移,左臂屈肘于体后,右臂由内向外摆臂,眼睛平视右前方,如图17-3-25所示。

第5小节:与第3小节相同。

第6小节:与第4小节相同。

第7小节:1、2、3拍男士右侧一步,右脚重心,左脚侧点地,身体面向前方,右手握持女士左手,左手与女士右手相对,眼睛平视前方。1、2、3拍女士左侧一步,左脚重心,右脚侧点地,身体面向前方,左手握持男士右手,右手与男士左手相对,眼睛看男士,如图17-3-26所示。

第8小节:1、2、3拍男士原地不动,身体重心转移至左脚,左脚重心,右脚侧点地,左手经体前至左斜上45°,掌心向下。1、2、3拍女士原地不动,身体重心转移至右脚,右脚重心,左脚侧点地,右手经体前至右斜上45°,掌心向下,如图17-3-27所示。

图17-3-25　第五段第4小节

图17-3-26　第五段第7小节

图17-3-27　第五段第8小节

第六段：男士跪地，女士以前进基本步绕转360°，8小节。

第1小节：1、2、3拍男士左脚原地跪立，右手肩上屈肘，有手握持女士左手，眼睛平视前方。1、2、3拍女士向左转体90°，左脚前进1.2.3步，左手与男士向握持，右臂由外向内摆臂，眼睛平视前方，如图17-3-28所示。

第2小节：1、2、3拍男士原地左脚跪立，右手握持女士左手，眼睛平视前方。1、2、3拍女士右脚继续前进1、2、3步，身体重心依次右、左、右脚转移，右臂由内向外摆臂，眼睛注视右臂方向，如图17-3-29所示。

第3、5、7小节：与第1小节相同。

第4、6小节：与第2小节相同。

第8小节：1、2、3拍男士向右转体90°，左脚并右脚，身体起立，与女士成相对位，双手放于体侧。1、2、3拍女士向左转体90°，左脚并右脚，与男士成相对位，双手放于体侧，如图17-3-30所示。

图17-3-28 第六段第1小节　　图17-3-29 第六段第2小节　　图17-3-30 第六段第8小节

第七段：前进基本步接转体90°，8小节。

第1小节：1、2、3拍男士左脚前进1、2、3步，身体重心依次左、右、左脚转移，右臂向前，左臂向侧，男女士反向行进，眼光与女士交流。1、2、3拍女士左脚前进1、2、3步，身体重心依次左、右、左脚转移，右臂向前，左臂向侧，男女士反向行进，目光与男士交流，如图17-3-31所示。

第2小节：1、2、3拍男士右脚继续前进1、2、3步，身体重心依次右、左、右脚转移，左臂向前，右臂向侧，男女士反向行进，眼睛平视前方。1、2、3拍女士右脚继续前进1、2、3步，身体重心依次右、左、右脚转移，左臂向前，右臂向侧，男女士反向行进，眼睛平视前方，如图17-3-32所示。

图17-3-31 第七段第1小节　　图17-3-32 第七段第2小节

第 3 小节：1、2、3 拍男士向左转体 90°，左脚前进 1、2、3 步，身体重心依次左、右、左脚转移，右臂向前，左臂向侧，男女士向前行进，眼睛平视前方。1、2、3 拍女士向右转体 90°，左脚前进 1、2、3 步，身体重心依次左、右、左脚转移，右臂向前，左臂向侧，男女士向前行进，眼睛平视前方，如图 17-3-33 所示。

第 4 小节：1、2、3 拍男士右脚继续前进 1、2、3 步，身体重心依次右、左、右脚转移，左臂向前，右臂向侧，男女士向前行进，眼睛平视前方。1、2、3 拍女士右脚继续前进 1、2、3 步，左身体重心依次右、左、右脚转移，左臂向前，右臂向侧，男女士向前行进，眼睛平视前方，如图 17-3-34 所示。

第 5 小节：1、2、3 拍男士左侧一步，左脚重心，右脚侧点地，身体面向前方，左手握持女士右手，右手与女士左手相对，眼睛平视前方。1、2、3 拍女士右侧一步，右脚重心，左脚侧点地，身体面向前方，右手握持男士左手，左手与男士右手相对，眼睛看前方，如图 17-3-35 所示。

图 17-3-33　第七段第 3 小节　　图 17-3-34　第七段第 4 小节　　图 17-3-35　第七段第 5 小节

第 6 小节：1、2、3 排男士原地不动，身体重心转移至右脚，右脚重心，左脚侧点地，左手握持女士右手，右手经体前右斜上 45°，掌心向下。1、2、3 拍女士原地不动，身体重心转移至左脚，左脚重心，右脚侧点地，右手握持男士左手，左手经体前至左斜上 45°，掌心向下，如图 17-3-36 所示。

第 7 小节：1、2、3 拍男士收回右脚两脚并拢，两手体前握持女士，掌心向上。1、2、3 拍女士向右转体 180°面向男士，同时左脚向右并拢，两手体前握持男士双手，掌心向下，如图 17-3-37 所示。

第 8 小节：1、2、3 拍男士向左侧一步，身体重心转移至左脚，右脚侧点地，左手经体前至左斜上 45°，掌心向下。1、2、3 拍女士继续向右转体 180°，同时右脚向右侧一步，身体重心转移至右脚，左脚侧点地，右手经体前至右斜上 45°，掌心向下，如图 17-3-38 所示。

图 17-3-36　第七段第 6 小节　　图 17-3-37　第七段第 7 小节　　图 17-3-38　第七段第 8 小节

第八段：侧行前交叉步接前后交替基本步，8小节。

第1小节：1、2、3拍男士向右转体90°，与女士成相对位置，左脚向右前方侧点地1、2、3步，身体重心依次左、右、左脚转移，左臂屈肘于体后，右臂屈对于体前与女士推掌，眼睛注视女士。1、2、3拍女士向左转体90°，与男士成相对位置，左脚向右前方侧点地1、2、3步，身体重心依次左、右、左脚转移，左臂屈肘于体前与男士推掌，右臂经体前向右侧伸直，眼睛注视右侧手臂，如图17-3-39所示。

第2小节：1、2、3拍男士原地与女士成相对位置，右脚左前方侧点地1、2、3步，身体重心依次右、左、右脚转移，右臂，屈肘于体后，左臂屈肘于体前与女士推掌，眼睛注视女士。1、2、3拍女士原地与男士成相对位置，右脚左前方侧点地1、2、3步，身体重心依次右、左、右脚转移，右臂屈肘于体前与男士推掌，左臂经体前向左侧伸直，眼睛注视左侧手臂，如图17-3-40所示。

图17-3-39　第八段第1小节

图17-3-40　第八段第2小节

第3小节：1、2、3拍男士原地与女士成相对位置，左脚向右前方侧点地1、2、3步，身体重心依次左、右、左脚转移，左臂屈肘于体后，右臂屈肘于体前与女士推掌，眼睛注视女士。1、2、3拍女士原地与男士成相对位置，左脚向右前方侧点地1、2、3步，身体重心依次左、右、左脚转移，左臂屈肘于体前与男士推掌，右臂经体前向右侧伸直，眼睛注视右侧手臂，如图17-3-41所示。

第4小节：1、2、3拍男士原地与女士成相对位置，右脚向左脚并拢，左臂屈肘于体后，左脚并拢，左臂屈肘于体后，右臂屈肘于体前与女士推掌，眼睛注视女士。1、2、3拍女士原地与男士成相对位置，右脚向左脚并拢，右臂屈肘于体前与男士推掌，左臂经体前向左侧伸直，眼睛注视男士，如图17-3-42所示。

图17-3-41　第八段第3小节

图17-3-42　第八段第4小节

第5小节：1、2、3拍男士右脚前进1、2、3步，身体重心依次右、左、右脚转移，与女士成相对平行位，右臂肩上屈肘90°与女士右手掌心相对，左臂屈肘于体后，头向右转，眼睛注视女士。1、2、3拍女士右脚前进1、2、3步，身体重心依次右、左、右脚转移，与男士成相对平行位，右臂肩上屈肘90°与男士掌心相对，左臂侧平举，掌心向下，头向右转，如图17-3-43所示。

第6小节：1、2、3拍男士身体位置不变，同时左脚后退1、2、3步，身体重心依次左、右、左脚转移，与女士成相对位，右臂肩上屈肘90°与女士掌心相握，左臂屈肘于体后，头向右转，眼睛注视女士。1、2、3拍女士身体位置不变，同时左脚后退1、2、3步，身体重心依次左、右、左脚转移，与男士成相对位，右臂肩上屈肘90°与男士掌心相握，左臂侧平举，掌心向下，头向左转，如图17-3-44所示。

图17-3-43　第八段第5小节

图17-3-44　第八段第6小节

第7小节：1、2、3拍男士开始向右转180°，右脚前进1、2、3步，身体重心依次右、左、右脚转移，与女士交换位置，右臂肩上屈肘90°与女士右手掌心相对，左臂屈肘于体后，头向右转，目光与女士交流。1、2、3拍女士开始做臂下左转180°，右脚前进1、2、3步，身体重心依次右、左、右脚转移，与男士交换位置，右臂肩上屈肘90°与男士右手掌心相对，左臂收于体前，如图17-3-45所示。

第8小节：1、2、3拍男士身体位置不变，同时原地并脚，与女士成相对位，右手与女士相握，左臂屈肘于体后，头向右转，眼睛看女士。1、2、3拍女士身体位置不变，同时左脚后退并步，身体重心在两脚中间，与男士成相对位，右手与男士相握，左臂侧平举，掌心向下，头向左转，如图17-3-46所示。

图17-3-45　第八段第7小节

图17-3-46　第八段第8小节

第九段：反向侧行前交叉步接前后交替基本步，8 小节。

第 1、3、5 小节：与第八段的 1、3、5 小节动作相同。

第 2、4、6 小节：与第八段的 2、4、6 小节动作相同。

第 7 小节：1、2、3 拍男士开始出右脚向左侧前方前进 1、2、3 步，同时右转 90°，身体重心依次右、左、右脚转移，与女士交换位置，身体面向前方，两臂放于体侧。1、2、3 拍女士开始向左做臂下转 90°，右脚前进 1、2、3 步，身体重心依次右、左、右脚转移，与男士交换位置，身体面向前方，两臂放于体侧，如图 17-3-47 所示。

第 8 小节：1、2、3 拍男士身体位置不变，同时原地并脚不动，身体面向前方，两臂放于体侧。1、2、3 拍女士身体位置不变，同时原地并脚不动，身体面向前方，两臂放于体侧，如图 17-3-48 所示。

图 17-3-47　第九段第 7 小节

图 17-3-48　第九段第 8 小节

第十段：侧后交叉步接转体 360°，8 小节。

第 1 小节：1、2、3 拍男士左脚向左侧一步，右脚于左后交叉步点地 1、2、3 步，身体重心依次左、右、左脚转移，右臂从右侧经体前至左侧画弧，左臂向后摆动，掌心向下。1、2、3 拍女士左脚向左侧一步，右脚于左后交叉步点地 1、2、3 步，身体重心依次左、右、左脚转移，右臂从右侧经体前至左侧画弧，左臂向后摆动，掌心向下，如图 17-3-49 所示。

第 2 小节：与第 1 小节动作相同，方向相反。

第 3 小节：1、2、3 拍男士以左脚为轴，向左转体 360°，两臂屈肘于体后。1、2、3 拍女士以左脚为轴，向左转体 360°，两臂上举，掌心相对，如图 17-3-50 所示。

图 17-3-49　第十段第 1 小节

图 17-3-50　第十段第 3 小节

第 4 小节：1、2、3 拍男士左脚向侧一步，左膝弯曲，右脚侧点地，右臂从右侧经体前至左侧画弧，左臂向后摆动，掌心向下。1、2、3 拍女士左脚向侧一步，左膝弯曲，右脚侧点地，右臂从右侧经体前至左侧画弧，左臂向后摆动，掌心向下，如图 17-3-51 所示。

第 5 小节：与第 1 小节动作相同，方向相反。

第 6 小节：与第 2 小节动作相同，方向相反。

第 7 小节：与第 3 小节动作相同，方向相反。

第 8 小节：1、2、3 拍男士两脚并拢，站在女士左侧，右手扶持女士后背，左手握持女士左臂。女士两脚并拢，站在男士右侧，左手放于男士左臂，右手侧平举，如图 17-3-52 所示。

图 17-3-51　第十段第 4 小节

图 17-3-52　第十段第 8 小节

第十一段：女士左右换位原地基本步。

第 1 小节：1、2、3 拍男士左脚开始原地踏步 1、2、3 步，身体重心依次左、右、左脚转移，右手扶持女士后背，左手握持女士左臂。1、2、3 拍女士左脚开始原地踏步 1、2、3 步，身体重心依次左、右、左脚转移，左手放于男士左臂，右手侧平举，如图 17-3-53 所示。

第 2 小节：1、2、3 拍男士右脚开始原地踏步 1、2、3 步，身体重心依次右、左、右脚转移，右手扶持女士后背，左手握持女士左臂。1、2、3 拍女士右脚开始原地踏步 1、2、3 步，身体重心依次右、左、右脚转移，左手放于男士左臂，右手侧平举，如图 17-3-54 所示。

第 3 小节：1、2、3 拍男士两脚原地站立，左臂将女士领带至男士身体左侧，右手握持女士右臂，左手扶持女士后背。1、2、3 拍女士以左脚为轴，向左转体 360°至男士左侧站立，右手放于男士右臂，左手侧平举，如图 17-3-55 所示。

图 17-3-53　第十一段第 1 小节

图 17-3-54　第十一段第 2 小节

图 17-3-55　第十一段第 3 小节

第 4 小节：1、2、3 拍男士两脚原地站立，右手握持女士右臂，左手扶持女士后背。1、2、3 拍女士两脚原地站立，右手放于男士右臂，左手侧平举，如图 17-3-56 所示。

第 5 小节：1、2、3 拍男士右脚开始原地踏步 1、2、3 步，身体重心依次右、左、右脚转移，左手扶持女士后背，右手握持女士右臂。1、2、3 拍女士右脚开始原地踏步 1、2、3，身体重心依次右、左、右脚转移，右手放于男士右臂，左手侧平举，如图 17-3-57 所示。

第 6 小节：1、2、3 拍男士左脚开始原地踏步 1、2、3 步，身体重心依次左、右、左脚转移，左手扶持女士后背，右手握持女士右臂。1、2、3 拍女士左脚开始原地踏步 1、2、3，身体重心依次左、右、左脚转移，右手放于男士右臂，左手侧平举，如图 17-3-58 所示。

图 17-3-56　第十一段第 4 小节

图 17-3-57　第十一段第 5 小节

图 17-3-58　第十一段第 6 小节

第 7 小节：1、2、3 拍男士两脚原地站立，右臂将女士领带至男士身体右侧，右手扶持女士后背，左手握持女士左臂。女士以右脚为轴，向右转体 360°至男士右侧站立，左手放在男士左臂，右手侧平举，如图 17-3-59 所示。

第 8 小节：1、2、3 拍男士两脚原地站立，右手扶持女士后背，左手握持女士左臂。1、2、3 拍女士两脚原地站立，左手放于男士左臂，右手侧平举，如图 17-3-60 所示。

图 17-3-59　第十一段第 7 小节

图 17-3-60　第十一段第 8 小节

第十二段：女士左右换位原地基本步，8 小节。

第 1、3、5 小节：与第十一段第 1、3、5 小节动作相同。

第 2、4、6 小节：与第十一段第 2、4、6 小节动作相同。

第 7 小节：1、2、3 拍男士两脚原地站立，右臂将女士领带至男士体前，相对站立，两臂围成圆形从外扶住女士后腰。1、2、3 拍女士以右脚为轴，向右转体 180°至男士体前，相对站立两臂放在男士肩上，如图 17-3-61 所示。

第 8 小节：1、2、3 拍男士两脚原地站立于女士体前，相对站立，两臂围成圆形从外扶住女士后腰，如图 17-3-62 所示。1、2、3 拍女士两脚原地站立于男士体前，相对站立，两臂放于男士肩上。

图 17-3-61　第十二段第 7 小节

图 17-3-62　第十二段第 8 小节

第十八章　定向越野

学习重点

1. 了解定向越野运动规则
2. 熟练运用道具参与定向越野运动

定向越野源自瑞典语 Orienteering 一词，其原意是借助地图和指北针穿越未知地带，以徒步越野跑的形式，按顺序以最短的时间完成地图上所标示的各个检查点，完成规定赛程的体育运动项目。其比赛的成败全在于个人的识图和方向判别能力，是智力和体力的结合，适于各种年龄、性别的人参加。

第一节 定向越野的分类与准备

一、定向越野的分类

定向越野的形式和比赛方式多种多样。按场地的不同可分为野外定向、公园定向、校园定向、古镇定向、街道定向、其他定向等;按比赛时间的不同,可分为日间定向、夜间定向、多日定向等;按比赛性质的不同,可分为个人赛、接力赛和团队赛;按比赛距离的不同,可分为百米定向、短距离赛、中距离赛、长距离赛、其他距离赛等。

二、定向越野的基本工具与装备

良好的运动装备不仅能保护参与者的安全,也能帮助其更好地发挥运动技能。定向越野的基本工具和装备包括以下几种。

(一)地图

定向越野地图是按照一定的数学法则,运用符号系统,概括地将地球表面上各种自然和社会现象缩绘在平面上的图形。定向地图是一种专用地图,是一种附加了地表面阻碍或妨碍通信和易跑性信息,用磁北方向定向的详细地形图,同时根据国际定向联合会制定的《国际定向运动图制图规范》绘制成的运动地图。与其他地图相比,它是一种更为清晰、易读,更适合在公园、校园、野外等行进中使用的专用地图。一张标准的定向越野地图上标有比例尺、等高线、磁北线、地貌、地物等各种符号、图例说明等内容。

(二)指北针

定向越野实用的指北针分两类:基本式和拇指式,如图 18-1-1 所示。

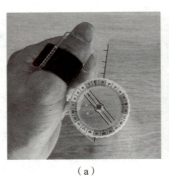

(a) (b)

图 18-1-1 指北针
(a)拇指式;(b)基本式

指北针一般都是用装有磁针的透明有机玻璃盒为主体,盒内装有起稳定作用的特殊液体,能够增加磁针的稳定性,以适宜在奔跑中使用。

(三) 点标旗

点标旗由 3 面 30 cm×30 cm 的正方形标志旗连接组成。每面标志旗沿对角线分开。左上部为白色。右下部为橙黄色，如图 18-1-2 所示。点标旗应悬挂在图上标明的检查点的实际地形中的位置，通常距地面80～120 cm。

图 18-1-2　点标旗

(四) 打卡器

打卡器是与点标旗配合而起作用的，打卡器通常要编上代码，以便选手在比赛时根据卡上的代码来判断其是否找到了正确的检查点，它提供给参赛者一个到达位置的凭据。

图 18-1-3　机械（针孔）打卡器

1. 机械打卡器

机械（针孔）打卡器用弹性较佳的塑料材料制成，一端装有钢针，如图 18-1-3 所示。每个打卡器钢针的组合图案都不相同。运动员可在记录卡上打孔，也可直接将孔打在地图的记录卡上。这种打卡器价格便宜，使用方便，适合于日常教学与训练以及小型比赛。

2. 电子打卡计时系统

电子打卡计时系统一般由指卡（SI-card）、打卡器（SI-Station）和终端打印系统组成，如图 18-1-4 所示。

图 18-1-4　电子打卡计时系统

在使用电子打卡计时系统的定向比赛中，每个参赛者实际都会收到一个统一编号的指卡，它可存贮开始和结束的时间。打卡器存贮参赛者到访时的时间。当将指卡插入打卡器时，打卡器便自动将到访的时间写入指卡。在比赛时，运动员应将指卡佩戴在手指上，并按以下程序进行打卡。

(1) 运动员出发前打"清除"，清除卡中原有的信息。
(2) 出发时打"起点"，比赛开始计时。
(3) 比赛中途按比赛要求找到每一个检查点，并在相应检查点的"打卡器"上打卡。
(4) 回到终点在"终点"打卡，比赛结束。
(5) 到主站上打卡，领取个人成绩条。

(五) 服装和鞋

对于初学者来说，参加定向运动对服装和鞋并没有特殊的要求。如果是参加校园和公园定向活动，穿着只要舒适、便于活动就可以了。如果要参加野外定向活动，为了自身的安全，最好选专业的定向运动服装和性能优良的专业定向运动鞋。

第二节 定向越野的技术和指导

三、定向越野技术体系

定向越野技术体系由读图技术、指北针使用技术、距离判断技术、路线选择技术、重新定位技术和检查点捕捉技术几部分组成。

（一）读图技术

读图是将二维的平面地图通过对地图知识的理解，在头脑中形成与实际地形相对应的认知过程。学习读图，首先要掌掌握一定的地图知识，并能够熟练地运用到读图中去，从而做到迅速准确地读图。读图技术分为动作技术和认知技术两个方面。

读图的动作技术包括标定地图、确定前进方向、折叠地图和拇指辅行，这是快速、高效读图的基础。读图动作技能与认知技能的训练常常同步进行，只是不同阶段侧重点不同。通常先以动作技能训练为主，然后动作技能和认知识技能练习并重，当动作技能达到熟练水平甚至自动化水平时，则以认知能力练习为主。

（1）标定地图，使地图与现地保持一致。

（2）利用地图信息和指北针确定下一个目标的方位，是在标定地图后接着要掌握的技能。在很多情况下，标定地图和确定前进方向是同时进行的。

（3）折叠地图能更便捷有效地读图。拿到地图后应根据个人的习惯将地图折叠成方便持图的大小。在跑动中要不断根据需要折叠地图，以便能更方便快捷地读图。

（4）拇指辅行是初学者所采用的基本技术。从起点开始，将拇指压于站立点侧后方，在行进过程中不断移动拇指，使拇指在地图上的移动与个体在实地行进过程保持同步。在用地图导航行进中，不断移动拇指，转动地图，保持位置、方位的连贯性与正确性。

（5）简化地图指忽略地图上复杂的或次要的特征，只选择对导航和"捕捉"检查点有实际意义的重要特征。在许多情况下并不是所有的细节都有导航作用，如非必要，只需要读地图上比较大的或具有导航作用的特征。

（6）概略读图和精确读图对初学者而言没有任何区别，初学者使用概略读图技术几乎总是找出能够直接引导到达检查点的那些大的特征，而概略读图和精确读图是到达在中级水平时才开始出现，这时必须通过检查点附近区域的地形细节来导航。

（7）提前读图是中等水平以上定向参赛者需要掌握的一项技术。在定向比赛前，通过提前读图，将能随着地形的变化而跑得更快、更顺畅。在具备了一定的读图技巧之后，在继续的练习中就要开始有意地培养提前读图的技能。

掌握提前读图技能主要培养提前读图意识。当对地图的符号体系有了较好的理解并有了一定的标定地图、折叠地图、拇指辅行基础后，就可以在动作技能的练习中增加提示读图的练习内容，即有意识地提前读图，可反复按以下程序进行练习：确定站立点—标定地图（或标定地图—确定站立点）—确定前进方位—提前判读点前方、左右侧即将出现的特征—前进中对照实地地形，核查自己是否通过提前读图正确预计到将要看到的特征，同时拇指也相应地向前移动。

（二）指北针使用技术

与地图的重要性相比，指北针只是一种辅助读图和导航的工具。指北针的应用必须建立在读图的基础上，在定向运动中指北针使用的要点如下。

（1）指北针的主要作用是标定地图和确定前进方位。

（2）用指北针确定前进方位时，应该确保指北针正好位于身体前方正中线位置。

（3）读指北针时应该确保指北针呈水平位，并在磁针稳定后再进行。

（4）如果要沿着前进方向穿越特征稀少的开阔地，仅依靠指北针很容易偏离航向，应该在用指北针确定前进方位后，沿着前进方位向前看，尽量利用前进方位方向上可视的目标来导航，减少对指北针的依赖。

（5）在使用地图就能进行导航时，不要使用指北针。这时如果用指北针反而可能降低行进速度。

（三）距离判断技术

距离判断是指利用所遇到的特征、步测技术、时间判断技术、比例尺和目测技术判断实际行进的距离。距离判断的准确性主要取决于平时积累的经验，它只是一种经验性的估计手段，受参赛者当时所处的环境影响，如地形、心理状态、外界干扰等。如何在复杂的地形环境中，在高度紧张的比赛中综合运用各种距离判断技能准确判断，需要经过长期的练习和比赛实践，在实践中总结经验，形成自己的距离判断风格。

（四）路线选择技术

路线选择指在检查点间选择行进路线的技能，它是定向运动的灵魂，是定向运动区别于越野跑的本质特征。定向运动要求参赛者在尽可能短的时间内完成比赛，但距离最短的路线并不一定是最佳的路线。路线选择受到竞技状态、地形、植被、爬高量等因素影响。一般认为找到检查点最重要，但路线选择与找到检查点同样重要。在选择路线时，首先要确定检查点特征，然后确定攻击点，最后确定路线。与路线选择相关的技术主要有攻击点技术、偏向瞄准技术、等高线技术等。

（五）重新定位技术

重新定位指在丢失站立点后利用标定地图、路线回忆、安全方位和重新定位特征重新确定站立点的技术。发现丢失站立点后首先要做的事是：立即停下来，标定地图，进行图地对照、回忆与思考。重新定位时需要回忆和思考的主要内容有以下几个。

（1）经过的路线，步测距离与地图上的距离是否一致？

（2）是否在易跑路段发生了方向偏移？在此之前你经过哪些特征物？

（3）在此之前，在地图上能够准确定位的最后位置。

(4) 目前能看到的最显著特征是什么？

如果得到的结论不能重新定位，应该检查地图，然后跑向最近的显著特征，在显著特征处通过标定地图进行重新定位。迷失后必须牢记的一点是：继续在迷失的地方漫无目的地搜索将会耽误更多的时间。

（六）检查点捕捉技术

捕捉检查点是定向运动的最重要环节之一，所有的技术都是围绕检查点的捕捉来进行的。捕捉检查点首先要找到检查点附近大的标志物、地貌，再根据检查点说明表上所指示的检查点的具体位置来捕捉检查点，在能够确定检查点的位置后，不要急于打卡，而是应快速确定下一个检查点的出口方向，确定后以最快的速度打卡并快速离开。从捕捉检查点至到打卡再到离开检查点奔向下一个检查点，整个过程应做到快速、流畅。

四、定向越野的锻炼指导

（一）锻炼前的准备

（1）去医院检查身体，了解自己的健康状况和体能现状，制订相应的训练计划，以适应高原、登山的需要。

（2）准备好指北针和地图。

（3）带上足够的水和干粮。水的量以当时的气温而定，同时考虑个人对水需求量的差异。带的干粮应以不易变质、利于保存的食品为主，如大饼、方便面等，适当备些水果和巧克力。

（4）带上相应的药品。防蚊虫叮咬药品有红花油、清凉油、风油精、季德胜蛇药等；防中暑药品有藿香正气胶囊、人丹、十滴水等；防腹泻药品有易蒙停、诺氟沙星胶囊等；止血用品有创可贴、绷带、胶布等；防过敏药品有息斯敏等；有特殊疾病者应随身携带有针对性的急救药品或常服用的药品。

（二）定向越野的体能基础——越野跑

定向越野的水平一般来说是由野外定向和识图用图的能力决定的，但奔跑技术的好坏有助于参赛者发挥最大的体能优势，取得好成绩。定向越野的越野跑是一种长距离的间歇式赛跑。由于在途中常常需要停下来看图和辨别方向，在崎岖的道路上不可能始终保持均匀跑速，所以它总是表现出定、跑、停相交替的间歇跑的特点。在野外清新环境中的奔跑可以使肌肉的紧张与放松、身体负荷与精神的专注不断交替。同其他长跑项目一样，定向越野的越野跑要求一方面尽可能地减少人体能量的消耗，维持一定的跑速；另一方面又能根据越野路线和地形的情况，具有不断变速的能力。

（三）锻炼中的遇险自救

在野外活动时，由于处在自然环境中，很多事情无法控制，经常会遇到危险。如果在锻炼过程中发生危险，要冷静面对、迅速补救。

（1）迷路。在野外，特别是树林中很容易迷失方向。迷路时，应立即停止前进，赶快回忆刚走过的路线，迅速沿原路返回；或者登上高处眺望，辨清方向后再行进。

（2）受伤。在野外，如受轻伤，应稍作休息及简单处理后返回，取消野外活动。不要坚持"轻伤不下火线"，这样会加重伤情，使自己处于进退维艰的境地。受重伤时，应尽快与外界取得联系，寻求帮助，可让同伴去寻找救援。这种情况下要先安排好伤者，稳定伤势，例如，流血的止血，骨折的要固定好，安置在相对安全、地势较高之处。

（3）遭遇兽、虫、蛇。在野外活动时，遇到猛兽的机会不多，但遇到牛、狗、蜂、蛇等动物还是很可能的。

穿着颜色鲜艳的衣服时，遇牛应提前避开。如是必经之路，应走到牛看不见的地方脱下衣服包好，慢行通过牛的身边，不能用树枝去逗牛玩。

通常狗会先发现你，在听到犬吠声时，应根据吠声传来的方向绕道而行。在你和狗相互看见彼此的情况下，应沉着、正常行进，不能失态、疾跑，否则会遭到攻击。

如果蜂停在你身上，不要用手去赶它，那样它会误认为遭到攻击而伤人。被蜂蜇了不会危及生命，但应立即去就近的医院治疗或用蛇药治疗。

在草丛中行走时，应手拿一根小棍不停地抽打前面的草，发出响声，把蛇吓跑。一旦被蛇咬，应就地休息，减少运动，以防毒素扩散，用生理盐水、冷开水、矿泉水冲洗伤口，然后再排毒、吸毒，最后再口服或外用随身携带的蛇药。

参 考 文 献

[1] 学校体育大辞典编委会. 学校体育大辞典 [M]. 武汉：武汉大学出版社，1994.

[2] 邹继豪. 全国普通高校体育教材 [M]. 大连：大连理工大学出版社，1997.

[3] 张洪建. 大学体育与健康教程 [M]. 昆明：云南民族出版社，2008.

[4] 张洪建，杨霞，张忍发. 医学院校体育与健康教程 [M]. 北京：北京体育大学出版社，2011.

[5] 张桂梅. 现代大学体育选项教程 [M]. 北京：人民体育出版社，2009.

[6] 孙民治. 球类运动篮球 [M]. 北京：高等教育出版社，1988.

[7] 陈南生，薛岚. 大学体育篮球 [M]. 杭州：浙江大学出版社，1994.

[8] 柳永青，等. 篮球理论知识问答 [M]. 西安：陕西科学技术出版社，1993.

[9] 蒋毅. 篮球运动的理论解读 [M]. 天津：天津科学技术出版社，2008.

[10] 孙民治. 现代篮球高级教程 [M]. 北京：人民体育出版社，2004.

[11] 虞重干. 排球运动教程 [M]. 北京：人民体育出版社，2006.

[12] 张洪建，杨霞，张思发. 医学院校体育与健康教程 [M]. 北京：北京体育大学出版社，2009.

[13] 张洪建. 大学体育与健康教程 [M]. 昆明：云南民族出版社，2008.

[14] 王家宏，邰崇禧. 体育教材教法研究 [M]. 北京：北京体育大学出版社，2008.

[15] 田麦久. 运动训练学 [M]. 北京：人民体育出版社，2000.

[16] 亚洲足球联合会. 亚洲足球教练员C级培训教程 [M]. 北京：人民体育出版社，2004.

[17] 许博. 关于高等体育院校球类运动项目教材设计与编写的理论研究 [D]. 北京：北京体育大学，2001.

[18]《中国教育年鉴》编辑部. 中国教育年版鉴：1949—1981 [M]. 北京：中国大百科全书出版社，1984.

[19] 王崇喜. 球类运动——足球 [M]. 北京：高等教育出版社，2001.

[20] 钱文军. 中国蹴鞠未发展成为现代足球的文化原因 [J]. 武汉体育学院学报，2005，39（12）.

[21] 姚春立. 朱春艳. 中国足球文化建设的现状及对策分析 [D]. 上海：华东师范大学，2005.

[22] 高宝华. 普通高校足球课程教材 [M]. 天津：南开大学出版社，2012.

[23] 德国足球协会. 国际足球教练员培训教程 [M]. 北京：人民体育出版社，2005.

[24] 成守允. 足球 [M]. 合肥：合肥工业大学出版社，2002.

［25］全国体育院校教材委员会. 现代足球［M］. 北京：人民体育出版社，2000.

［26］刘涛. 足球理论与实践［M］. 北京：北京体育大学出版社，2009.

［27］黄汉升. 体育教育训练学高级教程［M］. 桂林：广西师范大学出版社，2003.

［28］曾丹平. 大众足球［M］. 北京：中国水利水电出版社，2004.

［29］张瑛秋. 乒乓球直拍技术图解［M］. 北京：北京体育大学出版社，2011.

［30］蔡明枢. 乒乓球基本技术与训练［M］. 广州：广东人民出版社，1991.

［31］中国乒乓球协会. 全国青少年奥运项目教学训练大纲——乒乓球［M］. 北京：人民体育出版社，2011.